Ivan Araújo

A gênese de Ita

Copyright© 2021 by Literare Books International
Todos os direitos desta edição são reservados à Literare Books International.

Presidente:
Mauricio Sita

Vice-presidente:
Alessandra Ksenhuck

Diretora executiva:
Julyana Rosa

Diretora de projetos:
Gleide Santos

Capa, diagramação e projeto gráfico:
Gabriel Uchima

Foto da capa:
TV Tapajoara

Revisão:
Ivani Rezende

Relacionamento com o cliente:
Claudia Pires

Impressão:
Gráfica Paym

Dados Internacionais de Catalogação na Publicação (CIP)
(eDOC BRASIL, Belo Horizonte/MG)

A663g Araújo, Ivan.
A gênese de Ita / Ivan Araújo. – São Paulo, SP: Literare Books International, 2021.
368 p. : foto. ; 16 x 23 cm

ISBN 978-65-5922-235-3

1. Itaituba (PA) – História. 2. Memórias. I. Título.

CDD 981.13

Elaborado por Maurício Amormino Júnior – CRB6/2422

Literare Books International.
Rua Antônio Augusto Covello, 472 – Vila Mariana – São Paulo, SP.
CEP 01550-060
Fone: +55 (0**11) 2659-0968
site: www.literarebooks.com.br
e-mail: literare@literarebooks.com.br

DEDICATÓRIA

Oh, senhor Deus... Tudo isso veio de ti e tudo é teu. Agradeço pela inspiração. Agradeço também a minha esposa Conceição, a meus filhos Iury e Marjana. Em especial aos meus pais, Urbano Nascimento e Joana Araújo, (*in memoriam*). Ainda ao Casal Oreste e Marlene Greiner e a todos que contribuíram para esse momento de vitória.

Muitíssimo obrigado.

AGRADECIMENTOS ESPECIAIS

- Vilson João Schubert;
- Gil Barata;
- Armando Mendonça;
- Paulo Eduardo;
- Marilene S. Leite;
- Professora Regina Lucirene;
- Professora Genésia Batista;
- Nato Aguiar;
- Marinelza Galvão Figueira;
- Professor José Ednaldo;
- Equipe de Jornalismo TV Tapajoara;
- Chico Caçamba;
- Silvio Macedo;
- Idolasy Moraes das Neves;
- Socorro Neves;
- Ana Clara Neves;
- Luiz Henrique Macedo;
- Reinaldo Queiróz;
- Andreia Siqueira;
- Darlan Patrick;
- Raimundo Nonato (Rato);
- Grupo Águia do Tapajós.

PREFÁCIO

Março de 1982, passando férias em Itaituba, na casa da minha irmã Eunice, com apenas 17 anos de idade, tive o privilégio de participar de um aniversário na residência do casal dona Maria e Manduquinha.

Acompanhando minha irmã e seu esposo Raifran, eu ainda não conhecia a família Oliveira; mais tarde, formaríamos laços de grande amizade.

Na festa, fui apresentado pelo meu cunhado Raifran ao empresário Francisco Fernandes da Silva, o Chico Caçamba, que me convidou para no dia seguinte conhecer a TV Itaituba, a qual funcionava na Rodovia Transamazônica. Chico, com seu jeito cativante, terminou me convencendo a trabalhar em sua emissora, na época, retransmissora da Rede Globo de Televisão.

Depois do primeiro banho nas águas sulfurosas da sonda, o garoto recém-formado no ensino médio que, aos 14 anos tinha perdido a sua mãe, não via muita perspectiva em Santarém, então, decidi pedir as contas da TV Tapajós e mudei de mala e cuia para a casa do meu cunhando e minha irmã em Itaituba, começando a trabalhar como operador de VT e cinegrafista da TV do Chico Caçamba.

Na arte de fazer televisão, fui aprendendo com muita gente e fazendo aperfeiçoamento em outros centros. Mas, em toda essa trajetória, tinha algo que desconhecia em mim, uma voz calada que teimava em vicejar poeticamente. Isso acho que aprendi a desenvolver com meu

A gênese de Ita

sócio na década 80, na Atchim Produções, o poeta e compositor Aroldo Pedrosa; "mais pedra do que Rosa", segundo ele.

Autor de obras imensuráveis como *Democracia*, vencedora do primeiro festival da música em Itaituba, *Carnaval das Águas*, e tantas outras somente aqui em Itaituba, seguiu profissionalmente o caminho da arte, se tornando um dos grandes letristas da terra que é dividida pela linha do equador, sua terra natal (Macapá).

Entre Cirandas, Balangandás e Tropicalismo, fui convivendo e trabalhando com Pedrosa, na TV Itaituba, e sócios na Atchim Produções, confesso que não era muito a minha praia, estava mais para a jovem guarda e *The Beatles*. Mas foi tudo muito importante.

Com o tempo fui amadurecendo, e bons livros começaram a ser meus companheiros, abrindo um horizonte à minha frente. Depois da graduação em Sociologia, pós-graduação em Antropologia e em Gestão Social e Políticas Públicas, comecei a enxergar a oratória e a realidade sociocultural, a poesia e as contradições do capitalismo que exterminam as culturas nativas interrompendo seu processo dinâmico sustentado no pilar da tradição.

Com todas essas experiências e lendo o jornalista e escritor Pedro Coelho, passei a sonhar com uma televisão de proximidade, em que os autores sociais e suas obras são pautas permanentes, e a comunidade tem voz.

Aprendi também que, definitivamente, não é pela economia nem pela política que haverá a progressão do homem, mas pela arte e a cultura, pois entendo que o homem é um ser individual que busca um sentido e um significado para a sua existência. Assim como também é um ser social capaz de se adaptar, apropriar e criar situações para a convivência social. É em função de sua individualidade e coletividade que o homem cria a sociedade e a cultura, por isso precisa ser constantemente redescoberto.

A gênese de Ita

Em 2002, com o amigo Marlúcio Couto, assumi a direção da TV Tapajoara, onde já havia um trabalho com essa vocação cultural baseado no conhecimento empírico, mas dentro dos valores éticos construídos pelo Silvio Macedo e dona Marilú.

A partir de 2005, passamos a fundamentar o nosso trabalho cientificamente dentro da visão da televisão de aproximação, na qual abraçamos todas as linguagens artísticas e seus personagens históricos. Foi onde veio a concepção com os projetos de eventos e o jornalismo cultural.

No esporte, a Copa Ouro; na música, o Ita em Canções; na dança, o Festival Tapajoara; as Excursões Turísticas, o Festival de Poesia, na pintura, a Mostra de Arte; no cinema, o Reconto (Festival de Filmes Etnográficos). Toda essa construção deu maior identidade ao nosso trabalho.

A proposta deste livro é fazer uma homenagem a essa terra que me acolheu e muito me fez bem, com uma Odisseia Tapajoara, em uma perspectiva que a cada capítulo seja externado o registro e que os sentidos se renovem clareando o passado, contrastando com o presente e enriquecendo as aspirações para o futuro.

Sou do meio da selva, sou filho do rio, sou pedra miúda, olhar do poeta meu canto é nativo no seio dessa terra.

Ivan Araújo

Palavra puxa palavra, uma ideia traz outra,
e assim se faz um livro, um governo, ou uma revolução,
alguns dizem que assim é que a natureza
compôs as suas espécies.

Machado de Assis

Rendo minhas homenagens a todo homem,
toda mulher que, de forma direta e indireta, foram operários
que consolidaram essa construção.
Cada tijolinho é o pedaço de um todo que
promove a nossa unidade social.
Que Itaituba, essa velha senhora, continue a nos
dotar de sabedoria e experiência de vida.

SUMÁRIO

QUEM É VOCÊ, ITAITUBA?...17

OS PRIMEIROS TEMPOS...19

EMANCIPAÇÃO POLÍTICA..21

CARACTERÍSTICAS..25

ITAITUBA - UMA VIAGEM AO PASSADO......................................29

A PRELAZIA DE ITAITUBA E SUA HISTÓRIA................................35

A IGREJA DE DEUS..39

EX-PREFEITOS E O ATUAL PREFEITO DE ITAITUBA.................43

A GÊNESE DE ITA E SUA FORMAÇÃO POLÍTICA.......................45

A REVOLTA DE JACAREACANGA...49

INTENDENTES..55

DELEGADO TERRITORIAL..57

PREFEITOS..63

VILSON JOÃO SCHUBER, ÚLTIMO PREFEITO
DE ITAITUBA NO REGIME DE EXCEÇÃO......................................67

SÍLVIO DE PAIVA MACEDO, O PRIMEIRO PREFEITO
APÓS O PROCESSO DE REDEMOCRATIZAÇÃO.........................73

BENIGNO RÉGIS:
O MÉDICO E O POLÍTICO...77

WIRLAND FREIRE: SURGE O CARISMA
DE UM HOMEM DE POUCAS PALAVRAS 81

EDÍLSON BOTELHO:
UM HOMEM À FRENTE DO SEU TEMPO 83

WIRLAND FREIRE, O PAI DOS POBRES,
NÃO COMPLETOU MANDATO DE 4 ANOS 87

ROSELITO SOARES:
UM NOME NOVO NO CENÁRIO POLÍTICO 91

VALMIR CLIMACO E
O MANDATO DE DOIS ANOS 95

ELIENE NUNES: A MULHER SENDO
PROTAGONISTA NO CENÁRIO POLÍTICO 97

VALMIR CLIMACO: A CONSTRUÇÃO
DE UMA LIDERANÇA QUE ULTRAPASSA
OS LIMITES TERRITORIAIS DE ITAITUBA 101

PARTICULARIDADES DE ITAITUBA 109

BIOGRAFIAS (VULTOS HISTÓRICOS DE ITAITUBA) 113

PATRIMÔNIO NATURAL E CULTURAL DE ITAITUBA 141

ASSOCIAÇÃO DOS FILHOS DE ITAITUBA 213

A LENDA DE ARACÚ E PIAU 217

A HISTÓRIA DA AVIAÇÃO 221

FRAGMENTOS HISTÓRICOS
DOS JOGOS ABERTOS DE ITAITUBA 243

HISTÓRICO COPA OURO 251

A HISTÓRIA DO FUTEBOL ITAITUBENSE 259

1980: OS VEÍCULOS DE COMUNICAÇÃO E
O PROTAGONISMO NO CONTEXTO SOCIAL 311

1982: BRASIL X ITÁLIA – ITAITUBA CALOU 319

UM SALTO PARA INOVAÇÃO:
A PARABÓLICA VIA SAT 321

TV TAPAJOARA CANAL 7:
O PRIMEIRO CANAL OFICIAL DE ITAITUBA 327

TV TAPAJOARA: UM NOVO TEMPO..335

AS AÇÕES SOCIAIS DA TV TAPAJOARA EM ITAITUBA.............339

CRONOLOGIA DA COMUNICAÇÃO..345

QUEM SOU EU?..355

ITA, MEU DESEJO..363

REFERÊNCIAS 365

QUEM É VOCÊ, ITAITUBA?

Itaituba é um município do estado do Pará, no Brasil. Sua população em 2010 era de 97 343 habitantes, de acordo com o Instituto Brasileiro de Geografia e Estatística. Sabe-se que a demanda do município está em fase de crescimento por conta da implantação de Portos Graneleiros e do Complexo Hidrelétrico do Tapajós, que está em fase de estudos; já se estima mais de 130 mil habitantes com base no Cadastro Único da Secretaria Municipal de Assistência Social.

A origem do nome vem do tupi, significando "ajuntamento de água da pedra", pela junção dos termos *itá* ("pedra"), *i* ("miúda") e *tuba* ("ajuntamento").

O acesso à cidade pode ser feito por via aérea, por meio do Aeroporto de Itaituba. Voos regulares conectam a cidade a importantes cidades na região e no país. Outras formas de acesso incluem as Rodovias BR-163 (Rodovia Cuiabá-Santarém) e BR-230 (Transamazônica), além do Rio Tapajós.

Primeira caçamba em Itaituba, que deu origem ao apelido "Chico Caçamba", Francisco Fernandes da Silva.

A partir do Porto de Itaituba, partem regularmente embarcações de pequeno, médio e grande porte, conectando a cidade aos portos de Santarém, Belém, Manaus e Macapá.

OS PRIMEIROS TEMPOS

A presença dos holandeses, franceses e ingleses, no estuário do Rio Amazonas, concorreu para a permanência de portugueses no Pará e para a expedição de Francisco Caldeira Castelo Branco que, em 1616, fundou a cidade de Belém.

Com a fundação da capitania, o governo expulsou os estrangeiros, tendo sido organizadas várias expedições para destruir os estabelecimentos que haviam sido criados e, dentre essas, quanto ao Município de Itaituba, a do capitão Pedro Teixeira, em 1626, é a mais importante, pois atingiu, pela primeira vez, o Rio Tapajós, entrando em contato amigável com os nativos, em um sítio que hoje é considerado como sendo a baía de Alter-do-Chão.

Em 1639, Pedro Teixeira retorna ao Rio Tapajós, seguido dos jesuítas. Um forte, na foz desse rio, foi estabelecido por Francisco da Costa Falcão, em 1697, tendo os jesuítas instalado, sucessivamente, as aldeias de São José ou Matapus, em 1722, São Inácio ou Tupinambaranas, em 1737, e Borari e Arapiuns, que se destacaram pelo desenvolvimento apresentado.

Na administração do governador e capitão-general Francisco Xavier de Mendonça Furtado, o governo iniciou o afastamento dos jesuítas dessas aldeias, situadas na zona do Tapajós, e elevou à categoria de vila, com a denominação de Santarém, a aldeia dos Tapajós. Posteriormente, também ocorreram mudanças nas de Borari e Arapiuns, em 1757, com os nomes de Alter-do-Chão e Vila Franca e, em 1758, as de São Inácio e São José, com as denominações de Boim e Pinhel.

A gênese de Ita

Na gestão de José de Nápoles Telo de Menezes, foi criado o lugar de Aveiro, em 1781, onde foi erigida a freguesia de Nossa Senhora da Conceição. Com base na documentação histórica existente, sabe-se que, em 1812, o lugar de Itaituba já existia, pois foi mencionado na relação de viagem de Miguel João de Castro no Rio Tapajós, como centro da exploração e comércio de especiarias do Alto Tapajós. Com a Cabanagem e os acontecimentos ocorridos no período, fundou-se a Brasília Legal, em 1836, como posto de resistência, à margem esquerda do Tapajós. Conforme Ferreira Penna, em 1836, Itaituba era um aldeamento de índios, da dependência do Grão-Pará, para onde foi enviado um pequeno destacamento. Dentre os nomes que a história pode destacar para o município, menciona-se o do tenente-coronel Joaquim Caetano Correia, por ter sido um precursor do desbravamento da região tapajônica, sendo considerado, inclusive, o fundador do Município.

EMANCIPAÇÃO POLÍTICA

Com a Lei 266, de 16 de outubro de 1854, Brasília Legal recebeu a categoria de vila e, como não correspondeu à expectativa, a Lei 290, de 15 de dezembro de 1856, transferiu para Itaituba a sede do Município, somente instalado em 3 de novembro do ano seguinte.

A Lei 1.152, de 4 de abril de 1883, desmembra parte do município de Itaituba, para constituir o de Aveiro, que havia sido criado com a elevação da Freguesia de Nossa Senhora da Conceição de Aveiro à condição de Município. O predicamento da cidade lhe foi conferido em 1900, por meio da Lei 684, de 23 de março, sendo instalada em 15 de novembro do mesmo ano.

Pelo Decreto Seis, de 4 de novembro de 1930, o Município foi mantido, porém o Decreto 72, de 27 de dezembro do mesmo ano, colocou seu território sob administração direta do Estado. Como unidade autônoma, também figura na relação da Lei Oito, de 31 de outubro de 1935.

No quadro anexo ao Decreto-Lei 2 972, de 31 de março de 1938, aparece constituído de dois distritos: Itaituba e Brasília Legal, permanecendo, dessa forma, na divisão territorial fixada para o período de 1939-1943, estabelecida pelo Decreto-Lei 3 131, de 31 de outubro de 1938, como também na divisão estabelecida para o quinquênio 1944-1948, fixada pelo Decreto-Lei 4 505, de 30 de dezembro de 1943. Perdeu o distrito de Brasília Legal para constituir o Município de Aveiro, que foi restaurado, por intermédio da Lei 2 460, de 29 de dezembro de 1961.

MUNICÍPIOS DESMEMBRADOS

Da área territorial de Itaituba desmembraram-se os seguintes municípios: Novo Progresso (13 de dezembro de 1991); Trairão (13 de dezembro de 1991) e Jacareacanga (13 de dezembro de 1991).

SÍMBOLOS DA MUNICIPALIDADE

Itaituba possui quatro símbolos que representam o município, três foram criados por Lauro Mendonça, irmão do então Prefeito Francisco Xavier de Mendonça. São eles: o Selo, a Bandeira e o Brasão.

Símbolos do município.

O Hino do Município é outro símbolo criado em 1977 pelo poeta Emir Bemerguy, a pedido do senhor Altamiro Raimundo da Silva.

A música do hino foi cifrada pelo sargento Stéfano do 53 BIS e gravada oficialmente em 2005, pelo Projeto da TV Tapajoara Ita em canções. Emir Bemerguy chama atenção na letra com uma metáfora, para o progresso iminente. "Quando os prédios encobrem a lua, cresce um povo, mas sem coração."

O Selo do Centenário do Município foi criado pela Lei 865 de 10 de junho de 1983. Segundo seu Lauro Mendonça, a palma da seringueira e a bateia representam as riquezas vegetal e mineral e importantes ciclos vividos pelo município.

A gênese de Ita

O Brasão, um distintivo representando as armas, as cores e a vocação cultural do município.

A Bandeira é outro símbolo indissolúvel ligado ao Pará e ao Brasil, simbolizando a selva, o Rio Tapajós e o ouro. A Bandeira foi outro símbolo idealizado pelo senhor Lauro Mendonça.

Lauro Mendonça, criador dos símbolos.

CARACTERÍSTICAS

A cidade se localiza a uma latitude 04°16'34, sul, e a uma longitude 55°59'01, oeste, na margem esquerda do Rio Tapajós.

CLIMA

O clima da região se traduz como de temperatura mínima superior a 18°C. Itaituba apresenta uma umidade relativa com valores acima dos 80% em quase todos os meses do ano. As estações chuvosas coincidem com os meses de dezembro a junho e as menos chuvosas nos meses de julho a novembro.

Considerada pelo IBGE como um centro sub-regional (terceiro na hierarquia de classificação de centros urbanos do IBGE, caracterizado pela existência de atividades de gestão e de influência sobre os municípios mais próximos) de médio porte (por possuir população entre 100.000 e 500.000 habitantes), a cidade de Itaituba encontra no setor de serviços o principal motor de sua economia. Responsável por 71% de toda a riqueza produzida no município, o setor de serviços é um dos 10 maiores do estado do Pará.

No período entre 2002 e 2007, o Produto Interno Bruto da cidade de Itaituba apresentou um crescimento de 8,9%, o que coloca a cidade na seleta lista de 104 municípios cujo crescimento médio do PIB no período foi superior ao crescimento médio nacional.

A gênese de Ita

COMPOSIÇÃO ECONÔMICA DA CIDADE DE ITAITUBA

O Município de Itaituba se apresenta no Oeste do Pará, como um dos municípios que mais cresce economicamente. Hoje, a economia privilegia outros segmentos que geram emprego e renda, além disso, a cidade vem se tornando um atrativo para investimentos privados, principalmente, no setor de mineração.

A instalação de grandes conglomerados ligados à essa atividade fez com que, em 2008, Itaituba, de acordo com IBGE, fosse responsável por 1,1% de toda a riqueza produzida no setor no Estado do Pará, figurando entre os 14 maiores. A mineração, antes um processo de extração artesanal do ouro, deu lugar à mecanização, tendo como pioneiras empresas de capital.

Foto de domínio público.

No entanto, com todos esses investimentos que contemplam o fator econômico, observou-se um crescimento desorganizado da cidade, com um significativo aumento da pobreza em áreas periféricas, bem como uma grande degradação ambiental causada pelo mercúrio na zona garimpeira.

Na década de 90, a cidade começou a ver surgir também empreendimentos ligados, principalmente, aos setores agropecuário e madeireiro.

Registra-se que, em 1998, a cidade de Itaituba passou a ser atendida pelo Projeto Tramoeste, o qual leva energia produzida na Hidrelétrica de Tucuruí para diversas cidades no oeste paraense, fato este que contribuiu para o crescimento econômico.

A gênese de Ita

SIPRI, UM SINDICATO, E A MISSÃO DE DIVERSIFICAR A ECONOMIA

Itaituba que, ao longo de sua história, vivenciou fases produzidas por ciclos econômicos que evidenciavam apenas um segmento da economia, seringa e ouro, principalmente, com a queda de produção dessa economia única, um grupo de empresários e entusiastas resolveram que era chegado o momento de a cidade ter novas experiências com agricultura familiar e com a pecuária. Eles entendiam que dessa forma o município continuaria explorando seu potencial gerando crescimento e desenvolvimento.

E essa ideia foi ganhando forma e adesão de novos adeptos para a construção de um parque de exposições agropecuárias, que seria um referencial econômico para o município. Mas para isso, precisavam de um grupo muito bem organizado com objetivo de primeiro de criar um sindicato. Foi então criado o Sindicato Patronal Rural de Itaituba, o SIPRI, com a participação dos empresários Clovis Penedo, Juarez Alves, Galego, Valmir Climaco, Djalma Freire, Armando Miqueiros, Juvêncio Pereira, Joaquim Lima.

Joaquim Lima evidenciou, nos 30 anos de consolidação da Expoagro, essa virada de jogo "com certeza, hoje mais de trinta por cento da economia de Itaituba vêm necessariamente da pecuária e do agronegócio". Juvêncio Pereira, emocionado, destacou a importância da Expoagro para Itaituba e região, "nós acreditamos que poderíamos sair dos ciclos de monoeconomia, fomos em frente e hoje nos orgulhamos do rebanho de elite que temos".

Juarez Alves enfatizou o papel do sindicato nesse processo evolutivo da pecuária e do agronegócio, "o sindicato veio para somar junto ao produtor rural e vendo o sindicato como nossa vitrine; na verdade, veio também para agregar a credibilidade junto ao produtor gerando uma economia diversificada", acrescentando, "hoje nós exportamos gado de corte para outros estados e municípios. Na verdade, desfocamos do ouro e, atualmente, o homem do campo está determinado a produzir grãos e a criar animais de abate".

Itaituba é um dos municípios do Pará que mais faz melhoramento genético do seu rebanho com inseminação artificial, produzindo gado de elite com considerável ganho em produção leiteira e de corte.

O município passou a ser disseminador e reprodutor de touro Pura Origem (PO). A Expoagro de Itaituba é uma das maiores do estado do Pará em volume de negócios.

ITAITUBA - UMA VIAGEM AO PASSADO

Fotos: acervo Museu Aracy Paraguassú.

Depois de um século de fundação, nesses longos anos, Itaituba viveu grandes transformações. Histórias de um pequeno vilarejo que foi criando formas, vislumbrando com todo o seu esplendor, revelando seus encantos, mistérios, lendas e mitos que ainda hoje povoam a nossa imaginação. São muitas histórias narradas por várias gerações promovendo o resgate da sua cultura contada por patrimônios vivos de seu município.

A gênese de Ita

Construções em 1962 (Barracas de Palha na Hugo de Mendonça).
Foto: Museu Aracy Paraguassú.

No decorrer de sua história, Itaituba expressou e continua revelando diversas personalidades que contribuíram, e contribuem, para continuar escrevendo cada capítulo de sua história política, econômica, religiosa, social e cultural.

Foto: Acervo Museu Aracy Paraguassú.

O pioneirismo em Itaituba revelou homens e mulheres guerreiros que não fugiram da luta e desfraldaram uma bandeira na profissão que abraçaram com muito amor à terra querida. Pessoas que compõem um museu espetacular de geração em geração, que vão dando forma a uma cidade, edificando ao longo dos tempos, esculpindo, criando grandes transformações para o desenvolvimento de sonhos que se tornam realidade.

Foto: Acervo Museu Aracy Paraguassú.

Ao longo de sua história, Itaituba revelou diversos expoentes na política, desde a época dos intendentes, delegados territoriais, passando por prefeitos nomeados e políticos escolhidos pelo voto popular. Esses políticos vivenciaram as transformações sociais daquela época, quando o município passava por diversos ciclos de economia, como os da borracha, do ouro e da madeira. As expressões políticas que revelam a história de uma época, de um povo e de um município que vive a expectativa de dias melhores.

Foto: Acervo Museu Aracy Paraguassú.

A gênese de Ita

Um município que muito nos orgulhou com as transformações dando um ar de sorriso a sua gente que viu o progresso chegar com o desenvolvimento da Transamazônica. Homens com culturas diferentes migraram para Itaituba em busca de sonhos.

Foto: Acervo Museu Aracy Paraguassú.

O solo, rico em ouro, cassiterita, titânio, manganês e calcário que, aliado ao extrativismo vegetal como óleo de pau rosa, malva castanha do Pará, leite de maçaranduba, além de atividade agropecuária, colaborou com o desenvolvimento socioeconômico de toda a região do Tapajós. Riquezas que a natureza se encarregou de legar foram exploradas e, com o esbanjamento do ouro, o tão sonhado progresso precoce à Itaituba que, sem planejamento de governantes políticos para sustentar a invasão, explodiu nos anos 70.

Ali nascia uma nova era. Sem planejamento, com o passar dos anos, nas décadas de 80 e 90, o que se viu foi o pobre se transformar em rico, o peão virar coronel e os poderosos eram as leis do banditismo que imperava na região. E o ouro que era a principal renda econômica, aos poucos, foi ficando escasso, deixando um rastro de miséria, de filhos órfãos, viúvas transformando a vida dos migrantes em pesadelos. Ouro, pepitas, águas claras, praias e avenidas arborizadas são lembranças escritas pelos poetas, que deixaram versos de saudades de quem aqui viveu momentos de glória.

A gênese de Ita

A Itaituba de hoje reflete a esperança dos itaitubenses da gema e do coração de viverem bons momentos, como uma bela princesa. Nas falas do poeta, agradecemos à mãe natureza por estar fazendo a sua parte. Mas é preciso muito amor para juntar os pedacinhos de esperança que restam para reerguer das cinzas como uma fênix, essa tão acreditada e sonhada cidade querida.

Foto: Acervo Museu Aracy Paraguassú.

Entre um ciclo e outro, veio a fonte principal para o desenvolvimento: a energia elétrica direto das represas de Tucuruí. Muito já foi feito, mas sabemos que ainda há muito a fazer, porque o progresso é uma ação contínua e não pode parar.

A gênese de Ita

Fotos: Acervo Museu Aracy Paraguassú.

A PRELAZIA DE ITAITUBA E SUA HISTÓRIA

Foto de domínio público.

A história da construção da igreja Matriz de Santana ainda não foi suficientemente pesquisada. O repórter Sebastião Lima, em 1990, produziu um pequeno documentário sobre a construção do prédio. Suas pesquisas foram fundamentais para o registro da história.

O material com o tempo se deteriorou, mas conseguimos salvar algumas das imagens e informações. Pelo que consta, a construção se difere das outras igrejas construídas às margens do Rio Tapajós, que tiveram suas fundações nas missões das catequeses determinadas pelos missionários jesuítas. Em 1950, quando Itaituba não passava de uma pequena aldeia, já existia uma capela.

A gênese de Ita

A planta inicial da igreja contava com apenas uma torre na entrada principal. No decorrer da construção, foi sofrendo alterações. Foram projetadas duas torres e duas sacristias e, ao redor da construção, novas paredes. Como a construção se prolongou lentamente até 1910, graças ao grande esforço do frei Edmundo, do povo católico e a presença do monsenhor Frei Trula administrador da prelazia de Santarém, a que a igreja era subordinada, a inauguração aconteceu em 26 de julho de 1942.

Em 1944, com a chegada dos franciscanos e a expansão da igreja, começou um trabalho assistencial à população. Foi construído um novo convento em 1953, uma escola primária no salão paroquial em 1956 e, em 1958, foi adquirido um terreno e construída uma escola agrícola na maloquinha, para assistir filhos de lavradores que viviam às margens do Rio Tapajós, onde hoje pertence à Mão Cooperadora. Em 1968, foi implantado um ginásio normal sob os cuidados das irmãs missionárias da Imaculada Conceição.

No ano de 1983, por determinação da prelazia de Santarém, a igreja que era matriz das capelas circunvizinhas, passou a ser catedral. Em 2 de outubro de 1988, chegou a Itaituba o bispo Dom Capistrano para dirigir a nova prelazia.

No ano de 2000, o então vigário da Paróquia de Sant'Ana, Frei Paulo Zoder, começou uma reforma de ampliação no prédio da matriz, reforma essa questionada pela Associação dos Filhos de Itaituba, que poderia alterar a arquitetura original do prédio.

O pastor do povo católico, já com 23 anos na liderança da prelazia e com a saúde fragilizada, pediu afastamento e retornou para sua cidade natal. Em abril de 2011, chegou a Itaituba o novo bispo Dom Vilmar Santin para conduzir o destino da Igreja Católica.

Uma das dificuldades em relação à manutenção da originalidade do prédio centenário é o piso que necessita urgentemente de uma restauração ou a sua troca completa. Porém já existe um impasse entre os defensores do patrimônio histórico e os religiosos.

FESTEJOS DE NOSSA SENHORA DE SANTANA

Foto: Acervo Ascom/PMI.

As festividades começam com o Círio Fluvial. Após a chegada ao porto da cidade, segue-se levando a imagem em translado até o Bom Remédio. No dia seguinte, pela manhã, sai desse lugar em procissão percorrendo as principais ruas da cidade indo até à Catedral de Santana, onde acontece a missa campal de abertura oficial das festividades. Todas as noites são realizadas missas e, após a tradicional parte social, se evidenciam as barracas com comidas típicas e variadas, barracas de entretenimentos e parque de diversão para crianças. Finalizando no dia 26 de julho, data oficial em comemoração à Santana, Padroeira de Itaituba, acontece a procissão de encerramento pelas ruas e termina com a missa campal em frente à igreja.

A IGREJA DE DEUS

Foto: Acervo família Henke.

A história da Igreja de Deus no Brasil começou com a chegada de imigrantes alemães, servos de Deus que vieram para o Brasil trabalhar na lavoura após a crise da primeira Guerra Mundial.

Na região norte do Brasil, Itaituba foi contemplada, em junho de 1974, quando a missão americana enviou o casal de pastores Bill e Beth Mottingere para iniciar os trabalhos. O lugar escolhido foi a avenida São José, em frente ao porto da Balsa, nesse local foi construído o primeiro templo da Igreja de Deus.

O casal pastoral Greiner, recém-casado e recém-formado, foi enviado, em fevereiro de 1975, pelo seminário ITBT em concordância com a diretoria nacional da Igreja, para conduzir a obra em Itaituba.

Oreste e Marlene Greiner, nos primeiros meses, desempenharam o ministério como auxiliares, mas logo assumiram a titularidade em decorrência do casal americano Monttingere ter sido deslocado para outra frente de trabalho, dessa vez em Santarém.

A gênese de Ita

Em 1979, o Pastor Edgar Henke, que trouxe o casal Greiner, retornou para Itaituba com a família, em consequência, os Greiner retornaram ao sul do país para assumir outra igreja. O trabalho social da Mão Cooperadora, que havia começado com os Greiner, foi ampliado nos anos seguintes sob a responsabilidade da Família Henke.

Ao longo desses 47 anos foram muitos os desafios, homens e mulheres pagaram o preço na obra do senhor, levando as boas-novas, desbravando uma nova região, uma nova cultura e um novo povo. Uma Amazônia até então desconhecida em suas particularidades geográficas foi conhecendo o agir de Deus por meio dos seus servos consagrados para a missão.

Na linha sucessória pastoral, outros nomes marcantes entraram para a construção da historicidade da Igreja de Deus na Amazônia, como a família Posiadlo, Adolfo e Ondina, o casal Simei e Ilanir Araújo, e mais o Pr. Eliseu e sua esposa Renate Aguilar, são partes dessa história.

Em 2000, o casal Greiner reassumiu os trabalhos pela terceira vez na igreja de Itaituba, acumulando a titularidade pastoral e a direção do Seminário ITBT Amazônia.

O crescimento da Igreja foi notável e expressivo, além de um alcance extraordinário das ações de assistência social e educacional, desenvolvidas com a prática da fé cristã, foi se expandindo na cidade de Itaituba e ao longo da BR 230. Pessoas foram alcançadas, templos foram construídos e histórias foram vivenciadas.

Em 2009, a Igreja central fez um convite ao Pastor Antônio Carlos, filho espiritual de Edgar Henke, que servia na igreja Jardim Aeroporto, para assumir os trabalhos na igreja mãe, ficando o Pastor Oreste na direção das obras sociais e o no seminário ITBT Amazônia.

Em 2010, a convite do Pastor Flavio, Antônio Carlos, o "Genésio" como é chamado carinhosamente, participou da primeira

Conferência do Modelo de Discipulado Apostólico, o MDA, em Santarém, na Igreja da Paz, o que o motivou a estudar e implantar a visão na igreja central.

Entendendo que o propósito de Deus continua o mesmo, ele quer o seu reino implantado sobre a Terra, o próprio Jesus disse: "eu edificarei a minha igreja e as portas do inferno não prevalecerão". Isso significa que o Reino de Deus aqui na Terra se manifesta e é centralizado na Igreja do senhor Jesus.

Com a implantação da Visão do M.D.A, o empreendedorismo social e espiritual do Pastor Antônio Carlos e toda sua liderança, a Igreja pôde experimentar um crescimento vertical e horizontal, expressivo dentro da comunidade, sendo necessária a celebração de dois cultos e já está se pensando no terceiro. Então veio o grande desafio de construir um templo maior e que acomodasse melhor as pessoas.

Em 2017, em concordância com a diretoria e membros, houve o lançamento do projeto do novo templo, e a edificação começou em 2018.

Em 2020, a pandemia do coronavírus assolou o mundo e fechou muitas portas, inclusive as portas dos templos. Em meio isolamento social, o povo da igreja de Deus não parou, foi implementada a célula em família. Agora, com a flexibilidade social, as células na visão do MDA voltam para ganhar, consolidar e enviar, pois o trabalho do senhor não pode parar.

A Igreja central, com essa visão de inclusão, vem crescendo vertical e horizontalmente no seu papel social, com um trabalho para crianças, jovens e adultos dentro da comunidade.

Com esse crescimento, um novo projeto de ampliação era necessário, então começou, em 2019, a construção de um novo templo com uma arquitetura moderna e a capacidade para abrigar mais de 1.400 pessoas sentadas.

EX-PREFEITOS E
O ATUAL PREFEITO DE ITAITUBA

- 1903 a 1912 – Coronel Joaquim Lages;
- 1912 a 1915 – Coronel Raimundo Pereira Brasil;
- 1915 a 1918 – Major Francisco Guimarães Correia;
- 1918 a 1921 – Pedro Argemiro de Moraes Sarmento;
- 1921 a 1924 – José Joaquim de Moraes Sarmento;
- 1924 a 1930 – Major Adrião Ferreira.
- No período de 1931 a 1947, não há registros oficiais sobre os administradores oficiais e os arquivos foram queimados, segundo levantamento de pesquisas. De lá para cá, foram prefeitos:
- 1948 a 1949 – Julião Galúcio Pereira;
- 1951 a 1954 – Teófilo Olegário Furtado;
- 1955 a 1958 – Altamiro Raimundo da Silva;
- 1959 a 1962 – Teófilo Olegário Furtado;
- 1963 a 1969 – Tibiriçá de Santa Brígida Cunha;
- De 1973 até 1982, Itaituba ficou sob a administração de área de segurança nacional. Nesse período, o prefeito foi Altamiro Raimundo da Silva. De 1982 a 1985, Francisco Xavier Lages de Mendonça. Nesse ano, o município deixou de ser área de segurança e quem assumiu a gestão foi o presidente da Câmara Municipal, Wilson João

A gênese de Ita

Schuber, que ficou no poder de 1º de abril de 1985 até 31 dezembro do mesmo ano, quando, então, a escolha para o próximo prefeito do município de Itaituba ocorreu por meio das eleições diretas com a escolha do voto popular;

- 1985 a 1988 – Silvio de Paiva Macedo;
- 1989 a 1992 – Benigno Olazar Régis;
- 1993 a 1996 – Wirland Machado Freire;
- 1997 a 2000 – Edilson Dias Botelho;
- 2001 a 2004 – Wirland Machado Freire e Benigno Olazar Régis;
- 2005 a março de 2010 – Roselito Soares da Silva;
- De março a junho de 2010 – Silvio de Paiva Macedo;
- De junho de 2010 até dezembro de 2012 – Valmir Climaco de Aguiar;
- 2012 a 2016 – Eliene Nunes da Silva;
- De janeiro de 2017 até os dias de hoje – Valmir Climaco de Aguiar.

A GÊNESE DE ITA E SUA FORMAÇÃO POLÍTICA

Itaituba, Cidade Pepita soberana do Rio Tapajós! Essa foi a primeira frase do poeta itaitubense Emir Bemerguy para o hino oficial da cidade. O poeta nasceu em Fordlândia quando ainda era distrito de Itaituba. Emir, nessa letra encantadora, profetizou sobre a história dessa terra e seus encantos.

A etimologia da palavra Itaituba é de origem indígena Tupi, *Ita* -pedra- *I* -miúda – *Tuba* – abundância. Para muitos lugares dos pedregulhos, seixos rolantes, eu particularmente sou apaixonado pelo termo poético, "terra de grandes olhos d'agua", tradução essa me passada pelo Amâncio Munduruku em uma data comemorativa na Aldeia do Mangue, no bairro Jardim das Araras. Para o professor indígena Amâncio, Itaituba também tem diferentes significados nas línguas de outras etnias.

As pedras rolantes do tempo, levadas e trazidas pelas correntezas da exploração do homem branco, chegou nesse lugar, a partir de 1812. Segundo documentos históricos que pesquisamos, já havia um aldeamento em que viviam índios da etnia munduruku. Esse lugar privilegiado de águas abundantes era chamado pelos mundurukus de Itaituba, que servia como centro de exploração e comércio de especiarias do Alto Tapajós.

Também já havia a presença dos jesuítas que chegaram à referida zona por volta de 1639, catequizavam os índios e constituíram com os aborígines aldeamentos de produção apreciável na economia do Brasil Colonial.

A gênese de Ita

Todos esses fatos foram mencionados na relação de viagem de Miguel João de Castro no Rio Tapajós. Em 1836, conforme Ferreira Penna, esse aldeamento chamado Itaituba dependia da Província do Grão-Pará, para onde foi enviado um pequeno destacamento, sob o comando português, com a finalidade de desbravar a região.

O Tenente-Coronel Joaquim Caetano Correia, considerado fundador da povoação, saiu de Santarém em 1835, tangido pela guerra dos Cabanos, e instalou-se nas terras onde hoje se encontra o distrito-sede, na margem esquerda do Rio Tapajós, construindo casas de moradia e uma capela dedicada a Santana.

Para resistir à Cabanagem, um destacamento de voluntários acampou, em 1836, em Brasília Legal, dando origem ao novo povoado. A Lei provincial 266, de 16 de outubro de 1854, elevou Brasília Legal à categoria de vila. Todavia, o município não havia sido instalado ainda quando a Lei 290, de 15 de dezembro de 1856, transferiu a sede municipal para Itaituba, promovendo a condição de vila para povoado.

A instalação verificou-se, então, a 3 de novembro de 1857, e a 23 de março de 1910, a nova sede foi elevada ao nível de cidade, pela Lei 684. O Decreto Estadual 78, de 27 de dezembro de 1930, colocou Itaituba sob administração direta do Estado, sendo-lhe restituída a autonomia somente em 31 de dezembro de 1935 pela Lei Estadual 08.

A comarca, criada em novembro de 1890 e instalada em janeiro do ano seguinte, foi duas vezes extinta e duas vezes restaurada. A última reinstalação verificou-se em 25 de agosto de 1954, em cumprimento à Lei Estadual 761, de 8 de março do mesmo ano.

O confronto dos dados preliminares do recenseamento de 1960 com os resultados do Censo de 1950 revela que a população local cresceu de 27% (10 862 habitantes, em 1950, para 13 793, em 1960). Na zona urbana e suburbana, o crescimento foi superior a 70% (873/1493), enquanto na rural limitou-se a 23% (9 989/12 300).

Quanto à cor, religião, nacionalidade e alfabetização, os dados disponíveis, de 1950, indicavam que cerca de 80% dos habitantes são pardos, quase todos católicos e brasileiros natos, sabendo ler aproximadamente 30% das pessoas de 10 anos e mais. A produção extrativa vegetal era a principal atividade.

Com a Lei 266, de 16 de outubro de 1854, a povoação de São João Baptista recebeu a categoria de vila passando a chamar-se de Brasília Legal e, como não correspondeu à expectativa, a Lei 290, de 15 de dezembro de 1856, transferiu para Itaituba aquela categoria, somente instalada em 3 de novembro do ano seguinte. O predicamento de cidade foi conferido a Itaituba em 1900, pela Lei 684, de 23 de março, sendo instalada em 15 de novembro do mesmo ano.

A Lei 1.152, de 4 de abril de 1883, desmembrou parte do município de Itaituba, incluindo em seu território o distrito de Brasília Legal para constituir o de Aveiro, que havia sido criado com a elevação da Freguesia de Nossa Senhora da Conceição de Aveiro à condição de Município. Pelo Decreto 6, de 4 de novembro de 1930, o município de Itaituba foi mantido, porém o Decreto de nº 72, de 27 de dezembro do mesmo ano colocou seu território sob administração direta do Estado. Como unidade autônoma, figura na relação da Lei 8, de 31 de outubro de 1935.

A REVOLTA DE JACAREACANGA

Entre outubro de 1955 e janeiro de 1956, os militares antigetulistas, ligados à UDN e liderados pelos ministros Eduardo Gomes, da Aeronáutica, e Amorim do Vale, da Marinha, sofreram sérias derrotas. A primeira foi quando viram Juscelino Kubitschek e João Goulart, apoiados pela aliança PSD-PTB, serem eleitos presidente e vice-presidente da República, em 3 de outubro de 1955. A segunda, quando o Movimento do 11 de novembro, liderado pelo Ministro da Guerra, general Henrique Teixeira Lott, depôs o presidente em exercício Carlos Luz, substituiu Eduardo Gomes por Vasco Alves Seco, Amorim do Vale por Antônio Alves Câmara, e garantiu as condições necessárias à posse dos eleitos. A terceira, quando os eleitos efetivamente foram empossados, em 31 de janeiro de 1956.

Poucos dias após a posse do novo governo, na noite de 10 de fevereiro de 1956, oficiais da aeronáutica insatisfeitos, liderados pelo major Haroldo Veloso e pelo capitão José Chaves Lameirão, partiram do Campo de Afonsos, no Rio de Janeiro, instalaram-se na base aérea de Jacareacanga, no sul do Pará, e ali organizaram o seu quartel general. Esses militares temiam uma represália do grupo militar vitorioso no dia 11 de novembro e, por essa razão, não concordavam com a permanência, no governo JK, do ministro Vasco Alves Seco na pasta da Aeronáutica.

Dez dias depois do início da rebelião, os rebeldes já controlavam as localidades de Cachimbo, Belterra, Itaituba e Aragarças, além da cidade de Santarém, contando, inclusive, com o apoio das populações locais.

A gênese de Ita

Haviam recebido também a adesão de mais um oficial da Aeronáutica, o major Paulo Victor da Silva, que fora enviado de Belém para combatê-los.

Apesar de ter sido uma rebelião de pequena monta, o governo encontrou dificuldades para reprimi-la devido à reação de oficiais, sobretudo da Aeronáutica, que se recusavam a participar da repressão aos rebelados.

Após 19 dias, a rebelião foi afinal controlada pelas tropas legalistas, com a prisão de seu principal líder, o major Haroldo Veloso. Os outros líderes conseguiram escapar e se exilar na Bolívia. Todos os rebelados foram beneficiados pela "anistia ampla e irrestrita", concedida logo depois pelo Congresso, por solicitação do próprio presidente JK. (Fonte: Célia Maria Leite Costa).

REMINISCÊNCIAS

O Paraná-Miry foi adquirido por Francisco Moreira de Mendonça em 1903, no governo de João Antônio Luiz Coelho. Em 1911, foi descoberto um grande seringal onde começou uma exploração de borracha, sernambi e caucho (produto retirado da produção de leite de seringa) e exploração de juta.

A economia do Paraná-Miry tinha seu forte na produção de borracha. Mais tarde, passou a ser administrado por Manoel Lauro Figueira de Mendonça e sua mulher Maria Madalena Lages de Mendonça (Mary), que tiveram os filhos: Francisco Xavier Lages de Mendonça (Fran Mendonça), Eládio Ivens Lages de Mendonça, Manoel Lauro Lages de Mendonça (Laurinho), Celini Emanoel Lages de Mendonça, Luiz Landozi Lages de Mendonça, Maria da Consolação Lages de Mendonça (Consolo), Consuelo, que faleceu ainda jovem, e Raimundo Nonato, que faleceu criança.

Após a administração de Francisco Moreira de Mendonça, assume Manoel Lauro Figueira de Mendonça, sendo sucedido por Francisco

A gênese de Ita

Xavier Lages de Mendonça (Fran Mendonça) e Manoel Lauro Figueira de Mendonça Filho (Laurinho). Nas décadas de 40 e 50, com o apogeu da borracha, abrigou vários soldados da borracha vindos do nordeste do país cuja produção era vendida no município de Altamira.

O comboio saía do Paraná-Miry até a localidade chamada Bom Lugar, onde a borracha era entregue ao comprador. Seu percurso era feito em 12 (doze) dias de viagem em comboio de muitos burros. Mesmo assim, por algumas vezes, o comboio seguia do Paraná-Miry até a cidade de Altamira, distando 616 km de Itaituba.

O fato marcante no Paraná-Miry foi a prisão do Major Veloso em 1956, quando insurgiu o movimento para derrubada do governo de Juscelino Kubistchek, encabeçada pelo Brigadeiro Veloso, com base no Jacareacanga.

A revolta de Jacareacanga ocorreu em 11 de fevereiro de 1956, duas semanas após a posse de JK. Persistiam sérios focos de descontentamento entre os setores militares derrotados nas eleições de 11 de novembro. Desse ressentimento, nasceu a revolta iniciada pelo major-aviador Haroldo Veloso e o capitão-aviador José Chaves Lameirão. Esses acreditavam que os antigetulistas da Marinha e do Exército só esperavam uma ocasião para pegarem armas contra o governo.

Os rebeldes deixaram na redação da Tribuna da Imprensa um manifesto denunciando supostos entendimentos do presidente com grupos financeiros internacionais para a entrega de petróleo e minerais estratégicos, e infiltração comunista nos postos-chaves militares, com a divisão nas Forças Armadas fomentada pelo Ministro da Guerra, general Lott.

A própria Aeronáutica, em nota oficial, reagiu com energia, apontando o movimento rebelde como uma "ação indisciplinada" de dois oficiais. Os revoltosos dedicam sua insurreição à memória do major Vaz e voam para Santarém, onde recebem a adesão de outro oficial, o major Paulo Victor, que fora combatê-los. Eles dominam Jacareacanga, Santarém, Belterra, Itaituba e Cachimbo, com o auxílio de uns poucos caboclos e índios da região.

A prisão do Major Veloso ocorreu na residência de Manoel Lauro Figueira de Mendonça, a qual era chamada de Barracão, uma casa de taipa coberta de palha. O Brigadeiro Veloso chegou só no Paraná-Miry, quando portava uma metralhadora envolvida em jornais.

Condução de Aroldo Veloso.

Simeão, homem que entregou Aroldo.

Ao sentar-se, Manoel Lauro, chamado por Sinduca, pediu delicadamente para guardar aquele objeto, em função da presença de crianças que circulavam por ali. Enquanto isso, uma senhora chamada Orlandina fala em particular que aquele cidadão era o Major Veloso e que as forças armadas estavam em sua busca. Manoel Lauro (Sinduca) pede ao caboclo João Simeão que vá até Itaituba buscar força para prenderem o Major Veloso.

A prisão é concretizada. O Major Veloso não ofereceu resistência e disse: "Tantos homens armados para prenderem um só homem". A partir desse momento, o Major Veloso foi preso, sendo transportado para Itaituba na voadeira do Frei Vitorino da Paróquia de Sant'Ana.

Por Armando Mendonça.
Fonte: relatos de Francisco Xavier Lages de Mendonça.

INTENDENTES

Os Intendentes que governaram o Município de Itaituba no período de 1890 até 1930 foram os seguintes.

O primeiro Intendente de Itaituba nomeado foi o Padre Mateus Augusto da Silva, e o referido não aceitou a sua nomeação. Foi indicado, então, Bernardino Rodrigues de Oliveira, que tomou posse no dia 23 de abril de 1890. Coronel Bernardino Rodrigues de Oliveira foi o primeiro Intendente do Município de Itaituba depois da Proclamação da República, no ano de 1889.

O Primeiro Intendente Constitucional do Município de Itaituba foi o Tenente-coronel Vitor José Pinto de Campos, que governou no período de 1891 a 1894.

No período de 15 de novembro de 1894 a 15 de outubro de 1895, Adrião Ferreira Caldas renunciou ao mandato e o cargo passou para o Alferes José Francisco Leite, que governou de 16 de outubro de 1895 a 15 de fevereiro de 1896.

CRONOLOGIA DOS INTENDENTES

- 16.10. 1895 a 15.02. 1896 – Intendente Alferes José Francisco Leite;
- 15.02.1896 a 15.11 .1900 – Intendente José Joaquim de Moraes Sarmento;
- 1900 a 1910 – José Joaquim Lages;

A gênese de Ita

- De 15 de novembro de 1912 a 1915 – Intendente Coronel Raimundo Pereira Brasil;

- 1915 a 1918 – Intendente Major Francisco Caetano Guimarães Correa;

- 1918 a 1921 – Intendente Pedro Argemiro de Moraes Sarmento;

- 1921 a 1924 – Intendente José Joaquim de Moraes Sarmento;

- 1924 a 1930 – Intendente Major Adrião Ferreira;

- 09.11.1901 – 14.02.1907 – 20.03.1903 – Intendente Interino José dos Santos Sampaio em vários períodos: Joaquim Caetano Correia, José Joaquim Lages, Raimundo Pereira Brasil. Dos nove Intendentes que administraram o Município de Itaituba, somente encontramos imagens dos três acima citados. Não encontramos nada escrito, a não ser um requerimento.

DELEGADO TERRITORIAL

O Decreto Estadual 6, de 04 de novembro de 1930, manteve o Município de Itaituba, o que, entretanto, não se verificou pelo Decreto Estadual de nº 78 datado de 27 de dezembro de 1930, que colocou seu território sob a administração direta do Estado.

Após a Revolução de 1930, que colocou no Governo da República o Doutor Getúlio Dorneles Vargas, e, no Pará, o Tenente Joaquim de Magalhães Cardoso Barata, a estrutura política mudou, e a nominação de Intendente passou a ser Delegado Territorial.

O chamado Regimento Discricionário no Brasil vigorou dos anos de 1930 a 1945, exatos quinze anos de ditadura e centralismo político. Nessa época, o Pará teve três interventores Federais e Itaituba recebeu, no mesmo período administrativo, doze delegados territoriais.

Itaituba recebeu, durante os quinze anos de governo da Era Vargas, os delegados Territoriais em conformidade com o Regimento Discricionário até então em vigor. De todos os dez delegados que administraram o município nesse período, somente Dr. Hugo de Mendonça e Fortunado da Cunha eram filhos de Itaituba, os outros vinham exclusivamente de Belém.

Para esse importante cargo, foi nomeado para a função o Doutor Hugo Oscar Figueira de Mendonça, o primeiro Delegado Territorial de Itaituba após a Revolução de 1930. Conforme informações da Senhora Itahy Iracema Couto Lima, o Sr. Dr. Hugo de Mendonça era um homem baixo e foi o primeiro interventor nomeado em Itaituba pelo governador

A gênese de Ita

Magalhães Barata. Dr. Hugo de Mendonça nasceu em Itaituba e se formou em Belém. Quando foi nomeado para delegado de Itaituba, não fez muita coisa, porque dividia seu tempo sendo prefeito e advogado.

Administrou como prefeito mesmo só cuidando da limpeza da cidade. A rua Dr. Hugo de Mendonça foi uma homenagem a esse filho da terra.

O segundo Delegado Territorial foi Manoel Augusto de Moraes, aliás, um dos delegados que já moravam em Itaituba, não sabemos se ele era filho de Itaituba. Era um moreno alto, casado com dona "Dina", irmã do Dr. Hugo de Mendonça, pessoa pobre e honesta.

Foi compositor de poesias e músicas da região. Gostava de uma seresta, e, segundo dona Itahy Couto, ela viu e ouviu muitas vezes ele cantando "ele cantava e tocava muito bem". O governo dele foi igual ao dos outros, não fez nenhuma benfeitoria para a cidade. Quando terminou seu mandato, continuou com sua vida normal de seresteiro e homem da noite, por isso teve muitos filhos bastardos e até hoje tem menino neto dele espalhado na cidade, concluiu dona Ithay Couto.

O terceiro Delegado Territorial foi Francisco Corrêa Franco, nomeado igual os outros, mas o governador Magalhães Barata não apoiava o governo dele por aqui, tanto que ele não pode fazer nada durante sua administração na cidade. Pobre coitado morava sozinho, sua família morava toda em Belém. Aquele homem viveu muito solitário aqui, até dava dó dele, relata Itahy Couto.

O quarto Delegado Territorial foi Fortunato da Cunha Carneiro. Ele era filho da região, nasceu em Brasília Legal e chegou ao município para trabalhar na firma Arruda Pinto que funcionava em São Luiz do Tapajós – casado com a Sra. Cacilda Soares Carneiro com a qual teve 6 filhos. Do seu segundo casamento com a Sra. Laurinda Serra Prata, teve dois filhos – Ildebrando Carneiro e Aurelino Carneiro, que se casou com a Sra. Maria Lucia Santos Carneiro – tiveram 07 filhos dos quais podemos destacar o Ildebrando Carneiro conhecido como Nena – ex-funcionário do Banco do Brasil.

"Ter muitos filhos – antigamente a riqueza da gente eram os filhos. Já faz tanto tempo que eu nem lembro se ele foi prefeito duas vezes, mas no governo dele, a cidade não mudou nada. Funcionava assim: eles assumiam o poder e só se preocupavam em obedecer às ordens do governador, não ligavam para os problemas e necessidades da cidade – muito triste para nós – por isso perdemos tanto tempo", lembra Ithay Couto.

Quinto Delegado Territorial, Artur Carneiro Mendes, veio de Belém só para dirigir a cidade, governou depois de ser nomeado. Nessa época, não tinha esse negócio de governador não, quem mandava era o Interventor Federal do Estado. Depois que terminou o mandato, foi embora igual aos outros, ninguém nunca mais ouviu falar dele por essas bandas, ressalta Itahy Couto.

O sexto Delegado Territorial foi Ildefonso Almeida, de acordo com Itahy Couto, veio de Belém, mas não demorou muito não, se ele passou um ano foi muito. "Ele é pai do meu cunhado, uma de minhas irmãs casou com o filho dele e foi embora pra Belém com eles, meu pai quase morreu do coração na época. Não realizou muitos feitos, só as funções de prefeito mesmo e nada de mudanças em Itaituba."

Dona Ithay Couto continua com seu relato, evidenciando que o sétimo delegado foi Manoel Maria Macedo Gentil, "veio morar aqui do lado de casa com a família dele. Depois de ser nomeado – igual eu já te falei – veio de Belém para morar aqui na cidade. Era um homem simpático, mas não fez nada por Itaituba, igual os outros e só se preocupava em obedecer ao governador dele. Ele governou, mas não demorou muito tempo, trabalhou com a limpeza das duas ruas da cidade e, quando acabou o mandato, foi embora com a família. Como diz o ditado, "terra do feio por onde veio".

A gênese de Ita

Já o nono delegado Territorial foi Artur Carneiro Mendes e veio nomeado de Belém para administrar Itaituba. Era um homem de duas mulheres; quando chegou aqui, foi com sua mulher, família e secretária. Não foi por muito tempo. A esposa descobriu que a secretária era amante dele e denunciou o caso para o governador que logo o retirou do cargo de delegado territorial. Continua dona Ithay Couto: "para as normas tradicionais da época, foi o maior vexame que poderia acontecer com um prefeito. Se fosse hoje em dia, todo mundo ia era achar engraçado. O governo dele foi curto e fez menos que os outros por Itaituba, só deixou foi a história para a gente contar agora".

Décimo delegado Alderico Lima de Castilho, como recorda dona Ithay Couto, foi nomeado também em Belém, depois veio morar aqui em Itaituba durante seu governo. "Não era muito novo quando veio para cá, tinha uma família grande e a mulher dele foi professora na escola da cidade. O governo foi igual ao do Dr. Hugo de Mendonça e dos outros 'Delegados Territoriais', não fez muitas realizações e, se eu não me engano, foi nomeado anos depois mais um mandato em Itaituba".

Benedito Correa de Souza foi o décimo primeiro delegado, filho ilustre de Itaituba, foi prefeito e vereador durante três candidaturas, todas como presidente da Câmara Municipal de Itaituba. A esse tipo de governo nós chamamos de "discricionários", um só manda e todos obedecem. Em 15 anos de governo ditatorial de Getúlio Vargas no Brasil, Itaituba recebeu administração de 12 Delegados Territoriais. Mesmo assim, ainda experimentou alguns melhoramentos.

Já no quadro anexo do Decreto-Lei Estadual de 2792, de 31 de março de 1938, apenas dois distritos compõem o município de Itaituba, e Brasília – Legal, o mesmo acontecendo no quinquênio de 1944/1948, pelo Decreto Lei nº 4.505, de 30 de dezembro de 1943.

A gênese de Ita

O Regimento Discricionário compreendeu dos anos de 1930 a 1945. Depois disso, eleições livres foram realizadas, e permanecem até nossos dias. Para Prefeito Municipal de Itaituba, foi eleito o Sr. Julião Galúcio Pereira, que governou de 1946 a 1948. Quando renunciou, assumiu em exercício Benedito Correa de Souza.

HUGO OSCAR FIGUEREDO DE MENDONÇA

Dr. Hugo de Mendonça foi o primeiro "Delegado" territorial nomeado em Itaituba pelo regime discricionário que Getúlio Vargas implantou no Brasil a partir de 1930. Filho de Itaituba, era advogado formado em Belém, possuía estatura baixa, pele morena e cabelos escuros.

Sua administração como chefe do executivo no município intercalava-se com seus trabalhos de advogado. A rua Dr. Hugo de Mendonça – antiga 24 de outubro e, atualmente, principal centro do comércio de Itaituba – é uma homenagem a esse filho da terra, que pouco fez – como político – por sua cidade.

Dito que a partir da implantação do novo regime de governo brasileiro em 1930, os municípios não possuíam autonomia de decisão e melhorias, o governo de Hugo de Mendonça resumiu-se a uma simples administração do que já existia. Não realizou nenhum tipo de melhoria – assim como seus sucessores – na estrutura física e social do município. Administrou de maneira indireta e, como menciona a senhora Ithay em suas entrevistas, "não fez nem de mais, nem de menos".

ALDERICO LIMA DE CASTILHO

Major Alderico Lima de Castilho foi o primeiro "Delegado Territorial" vindo de Belém para exercer a função de administrador de Itaituba

– após ser nomeado para a função, mudou-se provisoriamente para a cidade. Quando chegou e assumiu seu cargo no executivo do município, Alderico já não era tão jovem, possuía numerosa família e sua esposa passou a ser professora na escola do município.

PREFEITOS

Depois do período que o Município de Itaituba foi administrado por Delegados Territoriais, o município passa a ser ministrado por prefeitos eleitos pelo povo.

Palácio Municipal, década de 50.

Em1946, o primeiro representante do Poder Executivo Municipal foi Julião Galúcio Pereira, do PSD.

Teófilo Furtado. Foto: Gil Barata.

A gênese de Ita

Após quatro anos de mandato, assumiu o cargo de prefeito o Senhor Teófilo Olegário Furtado-PSD, que tomou posse em fevereiro de 1951. Em 31 de janeiro de 1955, a direção do município ficou sob o comando do senhor Altamiro Raimundo da Silva-PSD. Em 31 de janeiro de 1959, retornou ao comando do executivo municipal Teófilo Olegário Furtado-PSD. Em 02 de janeiro de 1963, houve mudança no cenário político, com a posse de Tibiriçá de Santa Brígida Cunha. Há de se ressaltar que foi nesse governo que aconteceram transformações profundas na sociedade brasileira, pois os militares assumiram o poder em 31 de março de 1964.

Tibiriçá de Santa Brígida assumindo o governo.
Arquivo Francisco Fernandes da Silva.

Nesse contexto, em 31 de janeiro de 1969 a 1982, Itaituba teve como prefeito nomeado Altamiro Raimundo da Silva da agenda sob a legenda da ARENA. No período de 1982/1984, Itaituba ainda como área de segurança teve o prefeito nomeado Francisco Xavier Lages de Mendonça; em seguida, Wilson João Schubert em um mandato tampão de 1983 a 1986.

Percebe-se que, nesse período, a história de Itaituba apresentou uma nova configuração sociopolítica que evidenciou um novo modelo de governo, com o fechamento do congresso nacional, publicação da Lei de Segurança Nacional, bem como os Atos Institucionais que foram suportes governamentais. A transição política do Brasil pós-64 aconteceu precisamente nos anos 80 com advento da anistia livre, geral e irrestrita e eleições indiretas para o cargo de presidente tendo como concorrentes os civis.

VILSON JOÃO SCHUBER, ÚLTIMO PREFEITO DE ITAITUBA NO REGIME DE EXCEÇÃO

Nas eleições do ano de 1982, os Estados, Distrito Federal e a maioria dos municípios brasileiros (exceto 201 municípios que eram do interesse da segurança nacional e das estâncias hidrominerais) elegeram governador, vice-governador, prefeito, vice-prefeito e vereadores.

No Pará, foi eleito governador o então deputado federal Jader Fontenelle Barbalho, tendo como vice Laércio Dias Franco e senador Hélio Mota Gueiros, tendo como suplente João Menezes.

Para a Câmara Federal, o PDS-Partido Democrata Social elegeu 05 (cinco) deputados federais e o PMDB-Partido do Movimento Democrático Brasileiro elegeu 08 (oito) parlamentares.

Em Itaituba, o PDS elegeu 05 (cinco) vereadores: José Alexandre Primo, Osvaldo de Andrade Filho, Arlindo Pereira Braga, Francisco Fernandes da Silva e Vilson João Schuber. Pela legenda do PMDB, foram eleitos 04 (quatro) vereadores: Miguel Ovídio Correia Batista, José Eurípedes da Silva, Francisco Macedo da Silva e Manoel João Leal.

Ocupava o cargo de prefeito municipal o Sr. Francisco Xavier Lages de Mendonça, do PDS, que cuidou de reunir em seu gabinete no Paço Municipal os vereadores eleitos do seu partido para traçar a estratégia para composição da mesa diretora da Câmara Municipal para o biênio 1983/1984 e, subsequentes, quando ficou acordada a indicação para

A gênese de Ita

a presidência o Sr. Francisco Fernandes da Silva, pela sua experiência legislativa, 1º secretário Arlindo Pereira Braga e 2º secretário Osvaldo de Andrade Filho.

Para o biênio 1985/1986, foi indicado para a presidência Vilson João Schuber, primeiro-secretário, Osvaldo de Andrade Filho e, segundo-secretário, Arlindo Pereira Braga. Também ficou avençado que, para o biênio 1987/1988, seriam escolhidos integrantes do grupo, com o apoio dos demais, assumindo todos os compromissos.

Não houve surpresa na eleição para o primeiro período legislativo, tampouco para o segundo. Todos os vereadores cumprindo o compromisso firmado sob a liderança do prefeito Francisco Xavier Lages de Mendonça.

Em 19/12/1984, o Presidente da República, General João Baptista de Figueiredo, sancionou a Lei nº 7.291 que excluía da "área de segurança nacional" e diversos municípios, dentre eles o de Itaituba, e estabelecia o dispositivo legal que tais municípios teriam eleições em 15/11/1985 para eleição de prefeitos cujo mandato seria de 1º/01/1986 a 31/12/1988, o chamado mandato tampão.

A eleição para a mesa da Câmara Municipal ocorreu em 15/02/1985, com a posse dos eleitos Vilson João Schuber (Presidente), Osvaldo de Andrade Filho (1º Secretário) e Arlindo Braga (2º Secretário) na mesma sessão.

Em 15/01/1985, o Colégio Eleitoral reuniu-se e Tancredo Neves foi eleito presidente para um mandato de seis anos. Sua posse estava marcada para 15/03/1985, mas nunca ocorreu. No dia 14/03/1985, teve de ser operado às pressas no Hospital de Base, em Brasília. Era o início de uma série de intervenções cirúrgicas que se estenderia até a sua morte, anunciada em 21/04/1985.

Dessa forma, em 15/03/1985, assumiu o vice-presidente eleito na chapa de Tancredo Neves, José Sarney, que tomou posse perante o Congresso

Nacional, mas não recebeu a faixa presidencial do Presidente João Figueiredo, que se retirou do Palácio do Planalto antes da cerimônia.

Nesse interregno, o sr. "Fran Mendonça", carinhosamente chamado, ciente da mudança política no quadro nacional, na qual o PMDB assumia a Presidência da República, alinhando-se com os seus governadores e excluindo o Município de Itaituba da condição de "área de segurança nacional" tomou uma decisão histórica, a de apresentar à Câmara Municipal, para que encaminhasse ao Governador do Estado, o seu pedido de exoneração do cargo de Prefeito Municipal de Itaituba.

Antes disso, reuniu os vereadores integrantes do legislativo municipal e expôs suas razões: dada sua trajetória de vida em Itaituba, onde desempenhara cargos de livre nomeação de autoridades superiores, sem nunca ter sido exonerado, não a macularia na oportunidade, em que pertencendo aos quadros do PDS, Governador e Presidente da República, ambos do PMDB, seria natural que pudesse "decair da confiança do governador ou de ambos", pela razão de estar filiado em partido político diferente. Asseverou que encarava com a maior naturalidade a circunstância, mas o seu caráter, sua honradez o levavam a solicitar sua exoneração, como homenagem aos novos tempos políticos que se avizinhavam e poupar o governador do constrangimento de exonerá-lo, uma vez que a relação entre ambos sempre foi amistosa e respeitosa, independentemente da coloração partidária.

Na sessão do dia 20/02/1985, entregou à mesa diretora da Câmara Municipal seu pedido de exoneração, emocionado, acompanhado de sua esposa dona Maria Mendonça, dando ciência que no dia seguinte empreenderia viagem para fora do município, de sorte que o Presidente da Câmara deveria ficar à frente do Executivo Municipal.

A gênese de Ita

Foto: Acervo João Schuber.

O Chefe da Casa Civil da Governadoria do Estado encaminhou expediente datado de 15/04/1985 informando que o Sr. Governador do Estado havia aceito o pedido e agradecia os bons serviços prestados pelo Sr. Francisco Xavier Lages de Mendonça à municipalidade de Itaituba.

Assim, Vilson João Schuber, nascido em Prudentópolis-PR, economista, chegado a Itaituba em 19/09/1973, aos 22 anos de idade como gestor de indústria madeireira, assumiu, na condição de Presidente da Câmara Municipal de Itaituba, o Executivo Municipal, nos termos da Lei Orgânica Municipal e Constituição Federal vigente, pelo período de 30 dias, ficando o Legislativo Municipal com um vereador a menos, pela desistência do mesmo ao Poder Executivo Municipal e não podendo ser convocado suplente, pois só estava à frente do Executivo Municipal pela condição de vereador, ocupando o cargo de Presidente do Legislativo Municipal.

As semanas passaram céleres e, na imprensa estadual, especulava-se quem seria o indicado a prefeito municipal de Itaituba. A classe política santarena, com representação estadual e federal, buscava indicar nomes ao cargo, mas em Belém o governo estadual mantinha-se silente.

A gênese de Ita

Na iminência de completar os 30 dias à frente do Executivo Municipal, nos termos da legislação de regência, Schuber encaminhou expediente diretamente ao Sr. Governador Jader Barbalho, via telex, sob a orientação do advogado Dr. Washington Lucena Rodrigues, habilmente digitado pela secretária Suely dos Santos, assessorado pelo Sr. Alberto de Figueiredo, chefe de gabinete. Tendo recebido resposta, via telegrama cujo signatário era o então Secretário de Interior e Justiça, Dr. Itair Sá e Silva, nos termos seguintes: "Informo Vossência deverá assumir Executivo Municipal de Itaituba, até ulterior deliberação".

Imediatamente foi encaminhada cópia do comunicado ao Legislativo Municipal, então sob a presidência do vereador Osvaldo de Andrade Filho, prosseguindo os trabalhos legislativos com um vereador a menos, dada a impossibilidade jurídica de convocação do suplente Ruy Barbosa de Souza Ferreira.

Dias depois, o Sr. Governador Jader Barbalho veio a Santarém para se reunir com os prefeitos da região. Vilson João Schuber compareceu e, graças à interferência do Deputado Federal Arnaldo Morais Filho, foi recebido em audiência particular, tendo a oportunidade de relatar as necessidades prementes do município, tendo sido orientado pelo próprio governador sobre os procedimentos para firmar convênios com o Governo do Estado, por meio da Secretaria de Planejamento-SEPLAN.

Com apoio do engenheiro civil, Dr. Nilson Guerra, que elaborou os projetos, memoriais descritivos e orçamentos, Vilson João Schuber foi à capital do Estado para os procedimentos, sendo na SEPLAN elogiado pelo Secretário de Estado, Dr. Frederico Monteiro, pela qualidade da solicitação, que não se resumia a um simples ofício, despido de anexos e informações para facilitar a análise na Secretaria.

A gênese de Ita

Foto: Acervo de domínio público.
Wilson João Schuber assinando filiação no PMDB, em reunião com
o Governador Jader e o Deputado Federal Arnaldo Morais Filho.

    A sociedade de Itaituba vivenciou nessa década também profundas mudanças sociais e políticas até porque o município fazia parte das chamadas áreas de Segurança Nacional criadas pelo Governo Federal em defesa da Amazônia. Como expressado anteriormente, os seus gestores foram nomeados pelo governo e um aspecto interessante, como Marabá, por exemplo, Itaituba não teve militares patenteados no poder executivo municipal. A ARENA que fazia parte da base de sustentação do governo militar era quem indicava os nomes para o cargo de prefeito.

SÍLVIO DE PAIVA MACEDO, O PRIMEIRO PREFEITO APÓS O PROCESSO DE REDEMOCRATIZAÇÃO

Sílvio Macedo e Ivan Araújo.

A década de 80, considerada a década perdida no aspecto econômico, trouxe a concretude do voto direto para os cargos de governador e prefeito. Foi assim com a redemocratização que os eleitores do município de Itaituba votaram no cargo de prefeito e em um candidato que representava um partido de oposição, o PMDB.

Em 1985, a cidade vivia o apogeu da febre do ouro. O fluxo de migrantes era cada vez maior e os problemas sociais, como a violência e a prostituição, começaram então a surgir. Para falar sobre os fatos da época, Sílvio de Paiva Macedo nos concedeu a seguinte entrevista.

A gênese de Ita

Pergunta: Sílvio, o senhor era um empresário conceituado em Itaituba no ramo do ouro e de móveis eletrodomésticos. Como a política entrou na sua vida?

Sílvio: *Quando me estabeleci em Itaituba no comércio de compra de ouro, eu comecei a ajudar muita gente. Eu fazia tudo desinteressadamente. Ajudava as pessoas com passagens, cirurgias, com isso fui convidado para entrar na política. No começo, não aceitei porque eu não entendia da política e meu negócio realmente era na área do comércio. O assédio dos políticos era muito grande e meu nome era bem cotado para ser candidato concorrendo com Nilson Pinheiro e Alexandre Primo.*

Eu relutava em não aceitar, mas fui percebendo que Itaituba precisava mudar, principalmente na segurança pública. O que me fez realmente aceitar disputar o cargo de prefeito foi um dia em que comprando ouro chegaram uns garimpeiros do Penedo com marcas no rosto dizendo que apanharam e que os policiais teriam levado o ouro. Mas não eram policiais e sim bate-paus, eram pessoas travestidas de policiais.

Pergunta: Então, sua decisão foi essa revolta com a violência praticada nos garimpos?

Sílvio: *Quando eu via trabalhadores sofrendo esse tipo de violência, ficava indignado. Então, falei para minha esposa Marilu Macedo que ia aceitar a tal convenção que não sabia o que era. Ela se ajoelhou e disse que, se Deus quiser, tu vais perder essa convenção porque a nossa vida é boa para você se meter nessa área.*

Em todos os meus comícios, eu cantava "todo mundo nessa, todo mundo nessa, para querer votar de novo. Vote em Sílvio Macedo, candidato do povo".

Dessa forma, Sílvio de Paiva Macedo entra para a história como primeiro prefeito eleito de Itaituba pelo voto direto, assumindo o executivo municipal em janeiro de 1986. Foi um governo de transição de pouco mais de três anos, mas que deu tempo para mudar o cenário itaitubense. Pela primeira vez, o município teve um programa de defesa social com a criação da FASIPI, chefiada pela primeira-dama Marilu Macedo, que contemplava crianças, adolescentes e população idosa.

Em um momento da entrevista, Sílvio Macedo evidenciou "a Marilu me deu muita força. Fomos juntos e eu criei a ação social através da Fundação de Ação Social Integrada a Prefeitura de Itaituba (FASIPI), um modelo inédito que contemplava as famílias de baixa renda".

Além disso, houve também mudanças no ambiente urbano com a bloquetação de ruas, praças e um espaço cultural aproveitando as belezas naturais do Rio Tapajós. No governo de Sílvio Macedo, pode-se afirmar que o município viveu um período de efervescência cultural com o surgimento de compositores, músicos e cantores na noite itaitubense.

A BOÊMIA NA PAUTA DO DIA: UM JEITO ESPECIAL DE SER

A administração de Sílvio Macedo foi marcada também com o incentivo à cultura. O mesmo disse que a boêmia nada mais é do que uma expressão cultural e, na época, incentivou os grandes shows em Itaituba, destacando "eu acho bacana um prefeito que olha para a cultura e para o esporte porque daí surgem os grandes talentos".

Sobre a obra que mais marcou seu governo, disse que a mesma é de certa forma abstrata, ou seja, a área social porque contemplou o ser humano, colocando o mesmo no centro da atenção. Sobre as mudanças promovidas na época de sua gestão, disse que Itaituba contribuiu muito para o desenvolvimento do Brasil e da Amazônia, em especial em função da economia do ouro.

BENIGNO RÉGIS:
O MÉDICO E O POLÍTICO

Benigno Olazar Régis e Ivan Araújo.

Benigno Olazar Régis chegou ao município na década de 1980 e ficou conhecido pelo seu trabalho de médico. Essa popularidade deu suporte para que o mesmo enveredasse pelos caminhos da política itaitubense.

No ano de 1988, o médico Benigno Olazar Régis, sob influência dos deputados Ademir Andrade e João Batista, começou a articular um grupo político em Itaituba que deu origem ao Partido Socialista Brasileiro (PSB). Com a formação e fortalecimento desse grupo, Benigno resolveu disputar a eleição daquele ano. Sobre a política, disse: "eu nunca gostei de política e entrei assim para ajudar e depois acabamos formando um grupo político", acrescentando "tínhamos que lançar um candidato ao cargo de prefeito e escolhemos várias personagens, mas ninguém aceitou, e aí eu entrei, mas sem querer ser candidato".

Eleito, Dr. Benigno assumiu em janeiro de 1989, imprimindo um modelo de administrar o município pelo seu temperamento ameno. Realizou obras de infraestrutura, mas não conseguia acompanhar o crescimento desordenado da cidade com a formação de novos bairros, bem como o aumento populacional e suas demandas.

Sobre essas questões disse que: "naquele tempo, Itaituba era muita complicada porque a extensão territorial era imensa com Trairão, Jacareacanga e Novo Progresso". Perguntado sobre as áreas de governo que priorizou disse: "naquele tempo Itaituba era carente de tudo, mas priorizamos a questão urbana com a abertura e recuperação de ruas".

Uma ação importante para a dinâmica da administração pública realizada por Benigno foi a descentralização do poder com a criação de secretarias municipais de governo, que passaram a atender as demandas da população nas áreas essenciais, como saúde, educação, agricultura e infraestrutura.

Conforme Benigno, apesar dos pífios recursos, conseguiu construir postos de saúde, lembrando que a secretaria de saúde era gerenciada pelo sociólogo Ireno Lima.

Na área da educação, cuja secretária foi Socorro Neves, lembra que as dificuldades também eram enormes já que tinha que enviar carteiras escolares para Novo progresso, Jacareacanga e Trairão, além de outras localidades garimpeiras. Mas em 1990, Benigno destaca que conseguiu com os vereadores da época a criação do projeto para emancipar essas localidades, dando-lhes o status de município, garantindo a Itaituba a concentração de recursos para atender as necessidades mínimas da população.

Mesmo assim, as mazelas sociais se espalhavam por todos os lados. A violência nos garimpos, o chamado acerto de contas terminava por acontecer na cidade aumentando o índice de criminalidade na zona urbana. Outra dificuldade no governo Benigno Régis foi a grande crise ideológica com seu vice Edílson Dias Botelho, que culminou com sua saída do PSB, migrando então para o PMDB.

Com sua entrada no PMDB, ganhou suporte do então governador Jader Barbalho. Sobre esse momento em que trocou de partido, Benigno destacou que: "isso foi mais por problema interno do próprio partido. Então, Ademir Andrade naquela época era mais jovem, era bastante afoito, Itaituba precisava de aliados para seguir em frente, foi o que fizemos".

A história segue seu ciclo sob a intervenção do homem. Um dos maiores vendedores de combustível da América Latina entra para a vida política de Itaituba: o empresário Wirland Freire.

WIRLAND FREIRE: SURGE O CARISMA DE UM HOMEM DE POUCAS PALAVRAS

Wirland Freire e correligionários.

De coadjuvante, o PMDB entrou outra vez em cena como protagonista. Dessa vez com a eleição de Wirland Freire, em 1992, em que assumiu a prefeitura em 1º de janeiro de 1993. Wirland Freire privilegiou em seu mandato a pavimentação de ruas, a abertura e reforma de estradas e vicinais.

Sonhava obsessivamente em tirar o povo da poeira no verão e da lama do inverno. Para isso, investiu na aquisição de uma usina de asfalto e todo equipamento que era necessário para esse projeto. "O homem do asfalto", como ficou conhecido, começou a mudar a cara de Itaituba com a pavimentação das principais ruas da cidade. "Eu, na época de campanha, sempre preguei em cima de palanque que não era homem de promessa, mas de realizações", dizia Wirland.

A gênese de Ita

O crescimento econômico começou a surgir na cidade, mas o desenvolvimento social ainda era deficiente. A falta de uma energia firme engessava ainda mais esse desenvolvimento, e o fechamento de vários garimpos da região aumentava ainda mais os problemas sociais. Wirland Freire, numa tentativa de minimizar esse problema, criou o "Programa Sopão" em diversos bairros carentes. Na educação, trouxe o "Projeto Gavião" para capacitação dos professores do município.

Outra ação marcante do governo de Wirland Freire foi a abertura de vicinais, uma delas, a "Vicinal dos Doidos" de difícil acesso. "Eu graças a Deus tive sorte com meus assessores, eu tive sorte de trabalhar com os funcionários da prefeitura que cooperaram com os trabalhos. E esses homens trabalhavam muito, superando nossas expectativas", evidenciou Wirland Freire.

Por meio da parceria com o governador Jader Barbalho, trouxe para Itaituba o 15º Batalhão de Polícia Militar e a construção da Escola Benedito Correa de Sousa.

EDÍLSON BOTELHO: UM HOMEM À FRENTE DO SEU TEMPO

Edílson Botelho e Ivan Araújo.

O médico tenente do exército Edílson Dias Botelho, após ter participado do governo de Benigno Régis como vice-prefeito, foi cassado pela câmara de vereadores e reintegrado ao cargo quase no final do mandato, continuou no seu partido de origem, o PSB. Após esse fato, reestruturou o partido fortalecendo suas bases, tendo como suporte Ademir Andrade, presidente regional do partido. Nesse processo, convidou a agrônoma Inês Guaíba para compor a chapa e participar das eleições de 1996.

"Eu não tinha grupo político. Por incrível que pareça, eu só tinha ideias na cabeça e achava que eu tinha que chegar até as pessoas e mostrar para elas que poderíamos fazer alguma coisa. Eu saía andando de casa em casa colocando nossas ideias, nossas propostas, os primeiros passos do que seria um programa de governo, daquilo que Itaituba precisava e daquilo que nós poderíamos construir. O grupo político na verdade foi o grupo do povo", lembrou Botelho.

Pergunta: Como começou o processo do seu nome para disputar a eleição de 1996?
Edílson: *O primeiro passo foi que outras forças políticas tentaram me afastar do processo como se eu não tivesse direito de participar e, de repente, eu tive oportunidade de participar do Partido Liberal (PL), que naquele momento era Ana Júlia e o presidente do sindicato dos bancários Carlos Lévi, hoje falecido, que me colocaram o partido nas mãos, e eu pude, então, apesar da vontade contrária de quase todos os outros partidos, participar desse processo porque eu tinha uma força e não era a força de um deputado A, B ou C, eu tinha a força da população.*

Eleito, Botelho assumiu a prefeitura de Itaituba em 1º de janeiro de 1997, sucedendo, então, Wirland Freire. Assim, as alternâncias no poder entre PMDB e PSB continuaram.

A eleição de Edílson Dias Botelho promoveu mudanças profundas na sociedade itaitubense. No seu governo, dinamizou a máquina administrativa ampliando as secretarias de governo, criou a Rede Municipal de Saúde, investiu muito na educação com a implantação de cursinho pré-vestibular gratuito, capacitação do quadro de professores, implantação da Escola de Trabalho e Produção e outros benefícios.

Além da educação, Edílson Botelho deixou sua marca na infraestrutura com a construção do Terminal Hidroviário, Praça do Cidadão, construção e reforma dos estabelecimentos de ensino na cidade e no interior. Na área de Defesa Social, criou a Casa do Cidadão, um suporte para a população de baixa renda.

A gênese de Ita

Pergunta: Qual foi a mais importante realização que o senhor considera de seu governo?
Edílson: *Eu teria assim dificuldade de colocar alguma delas, em específico. Mas se nós queríamos progresso, se nós queríamos qualidade de vida para os cidadãos, eu teria que pensar em dois campos. O campo da educação, pois sem a educação não há prosperidade em lugar nenhum do mundo. A educação é o verdadeiro caminho para chegarmos a um futuro que todo mundo gostaria que acontecesse: é exatamente esse do progresso, do desenvolvimento e da qualidade de vida.*

Pergunta: A educação hoje em Itaituba é um fruto desse trabalho?
Edílson: *Com certeza. Quando eu entrei, a Universidade Federal do Pará e a Universidade Estadual do Pará simplesmente tinham seus entraves por falta de pagamento. Claro, o município não tinha obrigação nesse sentido de bancar, mas tinha seu governante, responsabilidade para com a educação. Então, nós trouxemos de volta a UFPA, a UEPA e abrimos espaço no futuro para as faculdades particulares. É o que acontece hoje, porque o número de vagas públicas é pequeno.*

As faculdades particulares vieram complementar essa necessidade, até porque quando você consegue chegar aonde nós chegamos, tendo geração de emprego e renda, as pessoas mesmo com sacrifício realizam esse desejo de chegar até a faculdade. Então, a faculdade, hoje privada, é fruto lá de trás, daquele trabalho que nós implementamos.

A sociedade vivenciava mudanças e inovações, mas seu governo foi bastante criticado por trazer profissionais de outras cidades, ou seja, os importados.

Pergunta: Houve realmente a necessidade de contratar pessoas de fora e por quê?
Edílson: *Não tínhamos gente da terra para que pudéssemos fazer o trabalho que gostaríamos de fazer e fomos obrigados, naquele momento, trazer*

A gênese de Ita

pessoas de fora. Na verdade, não foi muita gente, mas a mídia naquele tempo explorou demais e dava a impressão de que todo mundo era de fora. Um exemplo: se eu construía uma escola, todo o pessoal técnico era de fora e quem eram? Eram engenheiros, técnicos em edificações e o resto? Todos os demais trabalhadores eram daqui porque era uma exigência do prefeito naquele momento, as empresas que ganhavam as licitações eram obrigadas a contratar o povo da terra.

Um dos maiores projetos do governo federal para a região chegou em Itaituba no governo de Edílson Botelho, que foi o Linhão de Tucuruí, trazendo energia firme e acelerando o processo de globalização no município de Itaituba. Presente na inauguração, o então governado Almir Gabriel, várias autoridades e um grande show com a cantora Roberta Miranda. Mas o prefeito Edílson Botelho teve problemas e, no final do seu governo, enfrentou fortes críticas da oposição, greves em várias secretarias por salários em dia. Enquanto isso, a câmara de vereadores colocou em pauta a criação de uma Comissão Parlamentar de Inquérito (CPI) para investigar possíveis irregularidades em sua administração.

O fato causou indignação entre seus militantes e simpatizantes que tomaram as dependências da câmara tentando impedir a realização da sessão, e conseguiram. Nesse dia, depredaram parte das dependências da sede do poder legislativo municipal. Depois disso, a câmara de vereadores votou sua cassação. A vice-prefeita Inês Guaíba chegou a assumir o cargo, mas a justiça reintegrou o prefeito Edílson Botelho nove horas depois de sua cassação. Botelho não conseguiu a reeleição e no seu lugar, pelo voto do povo, Wirland Freire volta ao poder do executivo municipal.

WIRLAND FREIRE, O PAI DOS POBRES, NÃO COMPLETOU MANDATO DE 4 ANOS

Wirland Freire e Fátima D'Almeida.

Usando como *slogan* "A volta da esperança", Wirland Freire conquistou, no ano de 2000, o direito de governar pela segunda vez o município de Itaituba. Assumiu a prefeitura dia 1º de janeiro de 2001. No discurso de posse, evidenciou: "quero agradecer as pessoas que confiaram em mim e dizer muito obrigado e que vou retribuir cada voto com muito trabalho nestes próximos quatro anos".

Nesse mandato, o seu projeto de cem quilômetros de asfalto para a cidade continuou. Recuperou e comprou novos maquinários da Secretaria Municipal de Infraestrutura. A partir daí, o asfalto beneficiou dezenas de ruas em todos os bairros da cidade. Sobre o trabalho na Lagoa dos Patinhos, destacou: "para estes moradores aqui foi um sonho realizado porque nessas ruas nunca passou um carro. Agora estamos aqui em cima do asfalto onde antes era uma lagoa. Nós realmente entramos

A gênese de Ita

na prefeitura para trabalhar pelo povo de Itaituba e isso nós estamos fazendo, dando, acima de tudo, uma demonstração da capacidade. Eu não estou fazendo nada mais do que a minha obrigação".

Além do trabalho no ambiente urbano, Wirland Freire dinamizou a rede municipal de educação com a construção de grandes escolas, como a de São Francisco e Djalma Serique, também construiu e reformou escolas na zona rural. "Fomos eleitos para trabalhar e isto nós estamos fazendo, embora com muitas críticas, mas temos certeza daquilo que estamos fazendo. Não é fácil o tanto de escolas que nós já fizemos em um ano de governo para quem recebeu uma prefeitura inadimplente."

"Eu tive que sanar as dívidas para o município receber verbas e, em apenas um ano de governo, já estamos com dez quilômetros de asfalto e 167 quilômetros de vicinais." Sobre o seu relacionamento com a Câmara de Vereadores, foi enfático: "Eles pensavam que o meu governo ia continuar com aquela bandalheira de dar propina para vereador, como eu não dei, aí eu passei a não prestar para os maus vereadores. Tem nove vereadores que me apoiam e, agora aqueles que queriam só propina, isso aí no meu governo acabou".

Wirland Freire, considerado o "Pai dos pobres", dessa vez não conseguiu completar o mandato de quatro anos. Com a saúde fragilizada, se submeteu a um tratamento em São Paulo, mas não resistiu. Em 18 de agosto de 2002, faleceu. A notícia de sua morte provocou uma comoção coletiva no município de Itaituba. Na ocasião, Jader Barbalho disse: "Wirland Freire sai da vida e entra na história de Itaituba, seguramente, por ser o prefeito mais trabalhador, por ser o prefeito mais querido. Entra na história não só definitivamente desta terra, mas na lembrança e no coração de todos nós".

"Quando se é líder, é líder até depois de morto." (Fátima D'Almeida/empresária); "Wirland Freire foi um pai para Itaituba." (Sandra

A gênese de Ita

Perín/empresária); "Deixou um vão na política de Itaituba. (Valmir Climaco/empresário); "Não morreu! Foi para outra vida e, com certeza, deixou muita saudade. Trabalhei 25 anos com ele e, com certeza, foi um aprendizado de vida." (Valdecy Matos/amigo); "Meu tio Wirland não era apenas um tio para mim, era um pai, um grande amigo." (Marilene Freire/sobrinha); "Dizia que o pior dia da semana era o domingo porque no domingo não ia muita gente na casa dele e ele gostava de ficar no meio do povo." (Wilmar Freire/filho); "Foi um líder humano que alguns tentam, mas não conseguem ser iguais.".

Com o falecimento de Wirland Freire, Benigno Régis, que era seu vice, retornou ao cargo de prefeito. Segundo ele, não estava preparado naquele momento para atender as expectativas populares já que Wirland tinha um carisma muito grande com seu povo. "Eu não estava preparado nem cogitava sobre essas coisas, aí quando aconteceu aquilo, eu estava em Belém e me chamaram com urgência. Vim nessas condições, pensando no que deveria fazer em dois anos e quatro meses." Benigno concluiu o mandato, mas não conseguiu a reeleição. O poder executivo municipal apresentou um novo nome no cenário político.

ROSELITO SOARES:
UM NOME NOVO NO CENÁRIO POLÍTICO

Roselito Soares.

No ano de 2004, surgiu uma nova liderança rompendo a hegemonia do PSB e do PMDB, pois veio do ninho dos tucanos, o PSDB, aparecendo então no cenário político. Roselito começou o seu mandato em 1º de janeiro de 2005.

Pergunta: Como foi essa campanha? Qual foi o marketing que o senhor usou? Aproveitou alguma coisa da campanha anterior?
Roselito: *Eu acredito o seguinte: é natural que, quando passei pela primeira eleição, quem ganhou foi o seu Wirland. Eu já tinha buscado informações que me facilitavam muito continuar naquela luta, porque eu já estava no caminho e queria ser prefeito de Itaituba. Então, era natural que já estava um pouco na frente. Em 2004, tiveram outros pretensos candidatos,*

no caso, o Afábio Freitas, Botelho, Valmir Climaco e o próprio Benigno, que concorria à reeleição. Naquela ocasião, o Benigno acabou o mandato com sérias complicações e a população, revoltada, queria alternativa.

Roselito valorizou o magistério e o servidor público, além disso trabalhou nos setores da infraestrutura, agricultura e social criando o Cartão Baruquita, um benefício de transferência de renda para famílias carentes que não eram contempladas pelos programas federais. "Essa foi uma grande conquista porque, se você pegar o nosso plano de governo de 2004, vai perceber que atuamos em todas as áreas da administração pública municipal", disse Roselito.

Foi um prefeito popular tendo contato direto com os moradores que cobravam atendimento de suas reivindicações. "Eu estava em uma rua e uma senhorinha me pediu que saísse e, mostrando uma vala, perguntou quando eu ia arrumar aquilo, eu falei que ia arrumar naquele momento porque do jeito que estava não dava para ficar. Mas o que eu gostei foi da liberdade porque ela me tratou como um filho dando um puxão de orelhas", lembrou Roselito.

Sobre o primeiro ano de governo, admitiu muitas dificuldades: "Foi muito difícil mediante duas coisas: a primeira era responder à sociedade e, outra, resolver os problemas internos. Então, como eu falei que ia fazer casa popular, comprar maquinários para a Seminfra, investir em água tratada e tudo isso dependia da CND Prefeitura e toda organização que não depende da noite para o dia". Uma das maiores dificuldades, segundo ele, foram as medidas tomadas para a educação que não foram entendidas como, por exemplo, quando tentou trazer as escolas conveniadas para as escolas municipalizadas.

Roselito foi para a reeleição, conseguiu o segundo mandato e deu continuidade às suas ações na educação e na infraestrutura, fortalecendo a parceria com o governo do estado na construção da orla e do Ginásio Municipal.

Denunciado por crime eleitoral, ainda tentou uma estratégia para livrar-se do processo de cassação: renunciou ao mandato em nome de Sílvio de Paiva Macedo, mas foi cassado dia 15 de abril de 2010 pelo Tribunal Regional Eleitoral. Mais uma vez, o PMDB entrou na cena política e Valmir Climaco assumiu a prefeitura de Itaituba. "O meu plano de governo de 2008 era fazer de Itaituba um canteiro de obras", declarou Valmir, quando assumiu a prefeitura.

VALMIR CLIMACO E
O MANDATO DE DOIS ANOS

Valmir Climaco.

Com o afastamento do então prefeito Roselito Soares, Valmir Climaco assumiu o poder executivo municipal com a proposta de melhorar a infraestrutura do município, principalmente a trafegabilidade dos corredores da Estrada de Barreiras e de Pimental. Além disso, investiu no melhoramento das vias públicas e no Hospital Municipal, onde revitalizou o setor de emergência, tornando o espaço adequado para receber as grandes demandas emergenciais.

Também no segmento da saúde, contratou especialistas em diversas áreas para evitar o deslocamento de itaitubenses para outros centros. Logo em seguida, veio mais um processo eletivo e Valmir candidatou-se à reeleição, tendo como ênfase em seu programa de governo as frentes de trabalho na cidade e no interior.

ELIENE NUNES: A MULHER SENDO PROTAGONISTA NO CENÁRIO POLÍTICO

Eliene Nunes recebendo a chave da cidade das mãos da professora Maria do Lago.

A candidatura de Eliene se apresentava como um fato novo, por sua história de vida de mulher, mãe e servidora pública municipal. Com um carisma ímpar e empatia com a população, Eliene foi se fortalecendo e conduzindo sua campanha com a proposta de gestão democrática, valorização do magistério, investimentos no esporte e na cultura, além da saúde, agricultura e infraestrutura.

Profissional da educação, a professora Eliene Nunes fez do magistério uma profissão de fé, consorciando a educação transformadora com o suporte social vislumbrando o olhar para a questão da vulnerabilidade entre jovens e adolescentes, especificamente do bairro Bom Remédio.

Professora da Escola Antônio Gonzaga Barros percebeu que tinha que fazer a diferença em um território de risco que comprometia o futuro de jovens e adolescentes, pois o bairro oferecia os elementos para que os jovens trilhassem por um atalho perigoso: o mundo das drogas, da violência, entre outros. Nesse contexto, a professora, em parceria com a instituição A Mão Cooperadora, criou o Projeto Escola Cidadã, com o objetivo de inserir os adolescentes em possibilidades de trabalho por meio de um ofício, no caso uma marcenaria que produzia móveis com técnicas inovadoras.

O projeto teve apoio da comunidade estudantil e dos pais de alunos. Com resultados positivos, a professora Eliene Nunes foi convidada pelo prefeito Roselito Soares para assumir a Secretaria Municipal de Educação. Era mais um desafio para a professora da Escola Gonzaga Barros que, no cargo, escolheu uma excelente equipe de trabalho que cumpriu as expectativas do então prefeito Roselito Soares, tendo como foco a valorização do magistério e do servidor público.

Por seu carisma, simplicidade e empatia, a professora Eliene Nunes foi candidata ao cargo de prefeito, colocando a mulher como protagonista e produtora de sua história. Nesse contexto, essa identificação com a mulher mãe de família, dona de casa e trabalhadora possibilitou grande adesão das mulheres à candidatura de Eliene Nunes, que propunha uma gestão democrática e abertura de espaços para a juventude por meio da cultura e do esporte. Eliene teve uma vitória espetacular vencendo Valmir Climaco, do PMDB.

Seu governo foi diferenciado, com mulheres tendo importante papel nas secretarias de governo, bem como investimentos na educação, saúde, infraestrutura, esporte e cultura, também a convocação de concurso público em atendimento às demandas, principalmente da educação, saúde e social. No esporte, o seu governo deu suporte para a Copa Ouro, Jogos Indígenas, Jogos Abertos, entre outros.

A gênese de Ita

Inauguração Paço Municipal. Foto: Ascom-PMI.

Revitalizou espaços históricos como, por exemplo, o Museu Aracy Paraguassú e o Paço Municipal, por meio de emenda do então deputado federal Dudimar Paxiúba. A prefeita Eliene Nunes implementou os portos graneleiros pleiteando das empresas investimentos socioambientais no município de Itaituba. Diante disso, o distrito de Miritituba ganhou um Centro de Referência de Assistência Social (CRAS), obra da prefeitura com contrapartida dos portos graneleiros.

Hoje o CRAS III de Miritituba oferta, entre outros programas, o Serviço de Convivência e Fortalecimento de Vínculos, cursos de capacitação para famílias de baixa renda e usuários dos programas ofertados pela Secretaria Municipal de Assistência Social.

Com um secretariado especificamente técnico para atuar em diferentes áreas, um dos legados da gestão da prefeita Eliene Nunes foi a realização do Concurso Público para preenchimento de vagas em todos os setores da administração pública municipal e, ainda, a criação do Consórcio Tapajós, que reuniu prefeitos da região com a missão de reivindicar interesses comuns para a coletividade frente aos grandes investimentos públicos para o Tapajós como, por exemplo, o Complexo Tapajós; no setor privado, os portos graneleiros que geraram contrapartidas para Itaituba nas questões socioambientais.

VALMIR CLIMACO: A CONSTRUÇÃO DE UMA LIDERANÇA QUE ULTRAPASSA OS LIMITES TERRITORIAIS DE ITAITUBA

Prefeito Valmir Climaco.

Eleito no ano de 2017, Valmir Climaco assumiu pela segunda vez a Prefeitura Municipal de Itaituba. Dessa vez, com mais experiência acumulada, descobriu, como se diz, o caminho das águas e fez de Itaituba um município em movimento, com um expansionismo até então nunca visto, principalmente no segmento da infraestrutura.

Orla de Itaituba. Foto: Ascom-PMI.

Com Valmir, a cada dia, a cidade começou a ganhar nova aparência urbana, sendo atrativa na periferia, distritos e no centro. A urbanização veio rápido, acompanhando o crescimento urbano, com a formação em curto prazo de novos bairros e residenciais.

Foto: Ascom-PMI.

Com isso, a cidade recebeu, em plena crise, dezenas de investimentos governamentais e privados, o que possibilitou a geração de emprego e renda, principalmente na construção civil. Grandes volumes de obras têm absorvido a mão de obra local e, no atual cenário, com demanda muito grande, a oferta de profissionais da construção civil (pedreiros, serventes, pintores, eletricistas, encanadores etc.) tornou-se rara.

Foto: Ascom-PMI.

A gênese de Ita

No mandato de 2017 a 2020, o prefeito Valmir Climaco investiu muito na recuperação de estradas e vicinais e asfaltamento de ruas, renovação das galerias de esgoto, iluminação pública. No segmento social, implantou o Programa de Segurança Alimentar, Vigilância Socioassistencial, fortaleceu os conselhos municipais, principalmente o Conselho Tutelar, o Conselho Municipal de Assistência Social e o Conselho Municipal da Criança e do Adolescente.

No bairro Jardim Aeroporto (KM 05), construiu um centro ofertando para as famílias carentes cadastradas nos programas sociais o Serviço de Convivência e Fortalecimento de Vínculos, implantou um lar provisório tendo como público-alvo moradores de ruas e pessoas doentes, sem referência familiar no município de Itaituba.

Também estendeu a oferta da Instituição de Acolhimento da Pessoa Idosa com reforço da equipe técnica e adequação do espaço que recebe os idosos para acolhimento. Construiu, no bairro Buriti, um amplo espaço onde atualmente funciona a Instituição de Acolhimento para Crianças e Adolescentes. Por meio do Projeto de Lei 31/2020, denominou essa instituição com o nome do Pastor Edgar Henke.

Esse serviço que acolhe Crianças e Adolescentes em medidas protetivas por determinação judicial, em decorrência de violação de direitos (abandono, negligência, violência) ou pela impossibilidade de cuidado e proteção por sua família.

O afastamento da criança ou do adolescente da família deve ser uma medida excepcional, aplicada apenas nas situações de grave risco à sua integridade física e/ou psíquica. O objetivo é viabilizar, no menor tempo possível, o retorno seguro ao convívio familiar, prioritariamente na família de origem e, excepcionalmente, em família substituta (por meio de adoção, guarda ou tutela).

Ainda no primeiro mandato, início de 2020, a administração priorizou planos de contingência de enfrentamento à Covid-19 e, se antecipando aos fatos, o prefeito Valmir Climaco buscou parcerias públicas e privadas para adequar a estrutura de saúde.

Foto: Ascom-PMI.

Para atender a demanda dos portadores do vírus, fez aquisição de equipamentos respiratórios, montou uma usina de produção de oxigênio e trabalhou para que o Hospital Regional do Tapajós dispusesse uma ala específica para atendimento, além disso colocou em funcionamento a Unidade de Pronto Atendimento. Diante da grande demanda inicial, reforçou o quadro dos profissionais da saúde. Inaugurou a Unidade Básica de Saúde (UBS) Maria dos Santos Oliveira, no bairro Wirland Freire, o Centro Especializado de Reabilitação (CER), no bairro Buriti, e a Unidade Básica de Saúde Fluvial Brizamar Muniz, no terminal hidroviário da cidade.

Foto: Ascom-PMI.

Nesse aspecto, a administração municipal atendeu as expectativas e, em dado momento, com sua estrutura na rede de saúde, Itaituba passou a atender pacientes de municípios da região e de outros estados.

No contexto da pandemia, Valmir Climaco foi reeleito prefeito de Itaituba. No segundo mandato em andamento (2021), distribuiu dez mil cestas básicas para famílias cadastradas nos programas sociais da Secretaria Municipal de Assistência Social.

Foto: Ascom-Semdas.

Asfaltou dezenas de ruas e travessas, dinamizou o trânsito, deu início à construção do prédio da Secretaria Municipal de Assistência Social, um grande complexo que vai comportar a gestão, as diretorias Administrativa e Social, Vigilância Socioassistencial, Cadastro Único, Centro Cultural, Conselho Tutelar e Centro de Referência de Assistência Social (CRAS I).

Itaituba é uma cidade dinâmica, em movimento constante que evidencia seu progresso, seu crescimento seu desenvolvimento humano. A paisagem urbana muda a cada dia com o surgimento de novos bairros residenciais, comércios de pequeno, médio e grande portes, empresas se instalando no município e o setor de serviços apresenta crescimento, algo jamais visto nem mesmo no ciclo do ouro.

A gênese de Ita

Hoje Itaituba se apresenta no espaço regional como um município promissor para investimentos privados ou públicos. Possui uma Rede Pública de Ensino que abrange a cidade e as localidades mais distantes divididas em zonas ribeirinha, rural e garimpeira. Possui uma ampla Rede de Saúde com Unidades Básicas de Saúde, Hospital Municipal, Unidade de Pronto Atendimento, Hospital Regional de Média e Alta Complexidade, Unidade Fluvial de Saúde, Centro Psicossocial e Centro de Reabilitação.

Ressalta-se que um dos divisores de água para a atual dinâmica do município, sem dúvida, foram os portos graneleiros, que geram centenas de empregos diretos e indiretos. Uma expectativa futura é a Ferrogrão e, ainda, a Ponte do Tapajós para interligar Itaituba com os distritos de Miritituba, Campo Verde, Moraes Almeida, comunidades rurais e garimpeiras.

Com certeza, o atual prefeito de Itaituba Valmir Climaco se projetou, por meio do trabalho, além dos limites territoriais de Itaituba por ser ousado no que diz respeito aos investimentos que o município precisa. Ressalta-se que, recentemente, com recursos próprios, o prefeito promoveu a duplicação da Rodovia Transamazônica, no perímetro urbano e ainda construiu rotatórias para fluir o trânsito.

Foto: Ascom-PMI.

Recentemente, Valmir Climaco recebeu como prêmio o título de melhor prefeito do Oeste do Pará/Transamazônica-Xingu.

Fotos: Ascom-PMI.

PARTICULARIDADES DE ITAITUBA

A cidade de Itaituba, mesmo com as fortes influências da globalização, pelas aberturas das Rodovias Federais e o aumento significativo da sua população, com um grande número de migrantes, foi criando especificidades próprias e curiosas.

Na lista dos fatos inusitados, destacamos que o avião chegou primeiro que o carro, tal qual a TV que o rádio; o presídio se localiza no Bairro da Liberdade; o Bairro da Floresta não é bem arborizado; as vilas Nova e Caçula são os bairros mais antigos; O Zé da Brahma, empresário bem-sucedido, notabilizou-se pela venda da marca Skol; a "Irmã moça" tem muitos filhos. E, assim, segue a cultura local. Rivalidade esportiva e nomenclaturas contraditórias que dão vida às nossas lendas e contos.

EDVALDO DE PAIVA MACÊDO (IN MEMORIAM)

Em 9 de setembro de 1979, Itaituba, então com vida saudável e pacata, perdia, precocemente, um grande cidadão. Possuidor de uma legião de amigos, o meu tio PERREMÁ - PEdro da REdenção MAcêdo (como o pai dele queria que fosse batizado), mas o real foi EDVALDO mesmo - findou sua história, num acidente bobo, de moto, em plena Hugo de Mendonça. Há 38 anos já. E doze dias depois, nasce um garoto, filho do tio Alci com a grande Bel, carregando o mesmo nome. Hoje, ele é comandante de jato, da encorpada Companhia AZUL.

Que assim seja, Cmte Edvaldo Macêdo Sobrinho!

Merecidamente, a "Oitava Rua da Cidade Alta" denomina-se, oficialmente, Rua Edvaldo de Paiva Macêdo.

CRÔNICA AMILTON RAMOS (IN MEMORIAM)

O garimpo ficou no passado, o garanhão já não existe mais, o dinheiro acabou e o avião não foi comprado. A cidade Pepita hoje viu silenciar mais uma voz que não cansava de dizer o quanto era grande esse amor por ela. Faleceu sábado, por volta das 17 horas, em terras Santarenas, Lourival Gonçalves Ramos, o nosso Amilton Ramos, cantor e compositor de uma história marcante na vida do nosso povo.

Os garimpos, as praias, as fontes e as estradas que ligam lonjuras estão de luto. Nesse Brasil do ouro, que já foi evidenciado, ovacionado e aplaudido, hoje apenas um rosto na multidão. Cantou muitos amores e dores, andou por todo esse Brasil levando sua música genuinamente brega, que nascia no meio da sua convivência.

Não ganhou nenhum Grammy, mas foi insuperável nas histórias das mesas de bares dos garimpeiros. Também não ganhou nenhum Oscar, mas a TV Tapajoara o premiou com o Ita em Canções, em que foi elevado à categoria de rei do Brega, reconhecido pelo próprio Reginaldo Rossi.

Amilton Ramos foi um dos autores sociais mais importantes na construção da história cultural garimpeira desse município. Foi o porta-voz de Itaituba desde a década de 70, cantando o que vivia, trazendo

A gênese de Ita

para o palco das emoções ou para as mesas de bares os personagens reais e fazendo-os se sentirem parte da prosopopeia musical por ele cantada. O Brega está triste. Partiu Amilton Ramos!

★ **25-07-1948**
† **20-02-2016**

BIOGRAFIAS
(VULTOS HISTÓRICOS DE ITAITUBA)

TEÓFILO OLEGÁRIO FURTADO
(Por seu filho, Paulo Eduardo Cabral Furtado)

Fotos: Acervo Família Furtado.

Paraense, Teófilo Olegário Furtado nasceu em Itaituba, em 5 de março de 1913, no prédio onde hoje funciona o Museu "Joanilha Santos", na Avenida Getúlio Vargas, na orla da cidade. Mudou-se com os pais, ainda criança, para Belém, onde residiu até a fase adulta.

Teófilo era filho de Raimundo Antônio Furtado e Floripes Gomes Furtado. Casou-se com D. Judith Cabral Furtado, em Belterra, no dia 4 de dezembro de 1943, com quem teve 6 filhos: Maria do Socorro Cabral Furtado, Carlos Roberto Cabral Furtado (*in memoriam*), Maria Lúcia Cabral Furtado, Maria Floripes Cabral Furtado, (*in memoriam*), Paulo

A gênese de Ita

Eduardo Cabral Furtado e Wilson José Cabral Furtado. Teófilo faleceu em Itaituba, no dia 18 de dezembro de 1993, aos oitenta anos de idade.

Teófilo voltou à região do Tapajós em 1940, quando chegou a Belterra para trabalhar no Hospital "Henry Ford", no âmbito do projeto desenvolvido pela Companhia Ford Industrial do Brasil cujo objetivo era "o desenvolvimento de uma plantação gigante de seringueiras com a intenção de atuar em múltiplas atividades extrativistas, industriais, comerciais e financeiras".

De Belterra foi transferido para Fordlândia, onde continuou trabalhando na área de saúde (no homônimo Hospital "Henry Ford"), alternando funções, em períodos, no setor de farmácia, outros períodos, no setor de enfermagem.

Em 1950, chegou a Itaituba, onde começou seu trabalho como político, disputando seu primeiro mandato, oportunidade em que foi eleito Prefeito de Itaituba pela primeira vez, em parceria com um dos principais líderes políticos do Pará, Joaquim de Magalhães Cardoso Barata, na época candidato ao governo do estado do Pará. Exerceu o mandato de Prefeito Constitucional de Itaituba de janeiro de 1951 a janeiro de 1955.

Na eleição seguinte, em outubro de 1954, fez seu sucessor o jovem Altamiro Raimundo da Silva, eleito, na época, o prefeito mais jovem do país. Altamiro cumpriu seu mandato de janeiro de 1955 a janeiro de 1959. Teófilo sucedeu Altamiro na eleição de outubro de 1958, obtendo o seu segundo mandato de Prefeito de Itaituba, exercido de janeiro de 1959 a janeiro de 1963, sendo sucedido, na eleição de 1962, por Tibiriçá de Santa Brígida Cunha. Foi vereador por cinco mandatos, sendo, ainda hoje, um dos detentores dos recordistas em mandatos eletivos de vereador da Câmara Municipal de Itaituba.

Teófilo foi, ainda, vice-prefeito na eleição de 1968, em pleno regime militar, sendo cabeça de chapa e, portanto, prefeito eleito, seu

A gênese de Ita

grande amigo, companheiro e correligionário, Altamiro Raimundo da Silva. Essa eleição tem uma curiosidade. Teófilo era uma pessoa de grande prestígio do município de Itaituba. Era muito popular e tinha um eleitorado cativo e fiel, em razão, principalmente, do seu trabalho social na área de saúde.

Nessa eleição de 1968, as pessoas deviam anotar, no voto, o nome de Altamiro, cabeça de chapa, que era o candidato a prefeito, e não o nome de Teófilo, como candidato a vice-prefeito. Com receio de que as pessoas anotassem o nome de Teófilo e, com isso, o voto fosse anulado, a coordenação de campanha massificou uma propaganda esclarecendo que as pessoas não precisavam escrever o nome de Teófilo da cédula eleitoral, bastando anotar o nome de Altamiro. A peça de propaganda era: "o voto é vinculado; votando em Altamiro, Teófilo já estará votado".

Como prefeito de Itaituba, Teófilo criou um programa de reforma agrária, embora na época não tivesse esse nome. Abriu estradas (Rodovia Itaituba – Flexal, hoje integralmente incorporada pela Transamazônica) para escoamento dos produtos de agricultura produzidos pelos colonos. Alocou colonos em lotes doados pela Prefeitura (alguns colonos vindos de estados do Nordeste), ampliando o trabalho na agricultura, disponibilizando uma beneficiadora de arroz, num incipiente, mas corajoso e visionário processo de industrialização da produção agrícola.

Foi nessa época que chegou a Itaituba, comprado pela prefeitura, o primeiro veículo automotor do município, um caminhão Chevrolet, com partida a manivela, que fazia, à época, o papel do que hoje chamamos de motor de arranque.

Ampliou escolas públicas na sede e criou escolas no interior do município, como Barreiras e Brasília. Trouxe o "Posto Médico" da extinta Fundação Serviços de Saúde Pública (SESP), para atendimento ambulatorial e provisão de medicamentos, nos idos dos anos de 1950.

A gênese de Ita

O primeiro chefe do Posto Médico da SESP foi o senhor Queiróz, sucedido pelo senhor Mário Alves.

Criou um campo para a prática de futebol que levou seu nome, "Estádio Municipal Teófilo Olegário Furtado" nos anos 1960; incentivou o esporte no município e foi atuante como dirigente do Auto Esporte Clube, agremiação vitoriosa do esporte itaitubense, clube do qual foi fundador.

O Estádio Municipal Teófilo Olegário Furtado não existe mais. No local, existe atualmente o Hospital Regional do Tapajós, que leva seu nome "HRT – Teófilo Olegário Furtado". Também foi na gestão de Teófilo, nos anos de 1950, que foi construído o primeiro aeródromo de Itaituba, popularmente conhecido como "Campo de Aviação" cujo terminal localizava-se atrás do prédio da "Prefeitura Velha", no fim da Rua Hugo de Mendonça. Esse aeródromo foi o de maior movimento em pousos e decolagem do Brasil nos anos 1980. Funcionou até o início dos anos 1990.

Como profissional de saúde, Teófilo era detentor do título de "Farmacêutico Prático" com reconhecimento e inscrição no Conselho Regional de Farmácia – CRF.

Por sua atuação na área de saúde, Teófilo foi elevado à condição de herói em Itaituba, desses desbravadores arrojados, exemplo de vida e coragem, cheio de histórias de bravura. Vejamos: fez quase 2.000 partos. Viajou inúmeras vezes de canoa e voadeira para atender e salvar vidas na região ribeirinha do Tapajós, de dia e de noite, sem cobrar um centavo.

Atendeu muitos doentes em sua farmácia sem nada cobrar, quando não podiam pagar, especialmente pessoas acometidas de doenças endêmicas, como a malária, providenciando o diagnóstico e a terapêutica adequados. Muitos garimpeiros, nessa situação, foram por ele atendidos e salvos. Fez cirurgias inacreditáveis para as condições estruturais higiênico-sanitárias existentes à época ou mesmo da própria ausência de instrumentos adequados para realização de cirurgias. Mesmo assim, recompôs o couro cabeludo, com sucesso, de uma jovem (Iracema), que sofreu um escalpelamento ocorrido em barco-motor da região. Amputou, com sucesso, a perna de um ribeirinho picado de cobra e com a perna necrosada, com auxílio do açougueiro da cidade. Igualmente amputou o braço de um pescador que teve a mão esfacelada em pesca com explosivos.

Recuperou os movimentos da mão de um trabalhador rural, suturando (ligando) os tendões extensores mão esquerda rompidos pelo corte acidental, com facão, do antebraço, durante procedimento de capinação de sua terra agrícola. Além disso, promoveu as ações básicas médico-hospitalares em pacientes vítimas de bala e faca ocorridas na cidade e nos garimpos. Ou seja, atuou na área cirúrgica com muita competência, ora como ortopedista, cirurgião-geral, ora atuando como, simplesmente, um enviado de Deus, como indicava a gênese de seu nome.

Teófilo foi, de fato, o maior agente de saúde do município durante mais de vinte anos, salvando vidas e abrandando a dor e o sofrimento de milhares de concidadãos itaitubenses. E mais importante: era reconhecido pela sociedade de Itaituba como "O Médico da Cidade", em quem confiavam e acreditavam como se tivesse poder divino.

ALTAMIRO RAIMUNDO DA SILVA

Altamiro Raimundo da Silva nasceu em 25/11/1930, na localidade "Boca do Cury", entre os municípios de Itaituba e Aveiro, filho de Arthur Cândido da Silva e Gertrudes Porto da Silva.

Ex-prefeito de Itaituba, Pará, promotor de justiça aposentado. Iniciou seus estudos em Brasília Legal, posteriormente, em Fordlândia, no Grupo Escolar "Henry Ford", e em Santarém, no Colégio "Dom

Amando". Casou-se em 1955 com a Sra. Maria Viana da Silva, com quem educou e formou os onze filhos. Sempre incentivou e deu condições aos filhos (07) e às filhas (04) para estudarem, realizou o sonho de vê-los profissionais de nível superior, atuantes em várias áreas, e sempre dizia aos filhos e às filhas: "o maior tesouro de vocês é o conhecimento", ensinamento que se estendeu aos netos e netas.

Foto: Acervo da Família Altamiro.

Em 1950, foi admitido apontador do SMER (Serviço Municipal de Estradas e Rodagem) pelo então Prefeito de Itaituba, Benedito Corrêa de Sousa.

Na vida pública deixou um grande legado, marcado pela seriedade, competência e comprometimento com o município. O ex-prefeito, Altamiro Raimundo da Silva, administrou o município de Itaituba durante 17 anos, à época, o maior município do mundo em extensão territorial. De 1955 a 1959 – Prefeito Constitucional, eleito pela legenda do PSD (Partido Social Democrático).

De 1969 a 1973, eleito prefeito pela legenda da ARENA (Aliança Renovadora Nacional). De 1973 a 1982, prefeito nomeado, com aprovação do Presidente da República, pelo Ministro da Justiça, uma vez que o município de Itaituba se transformara em Área de Segurança Nacional.

A gênese de Ita

Nesse período, o governo de Altamiro Raimundo da Silva, por meio de um Programa Integrado dos governos Federal-Estadual-Municipal, contemplou Itaituba com o maior volume de benefícios e vários Órgãos foram instalados, dentre eles DNER, Incra, Receita Federal, 53º Batalhão de Infantaria de Selva, Polícia Rodoviária Federal, FAG (Fundação de Assistência aos Garimpeiros), Funai, Fundação Sesp, Telepará, Embratel, Banco do Brasil, Caixa Econômica Federal, Banco da Amazônia, Agência Bradesco, Linhas Aéreas da Vasp, Companhia das Docas do Pará, Petrobras, Emater, Ceplac, Sucam, Cobal (Companhia Brasileira de Alimentos), IBGE, 14ª Divisão Regional de Educação e Setor Regional de Merenda Escolar. Durante essa gestão, Itaituba saiu do isolamento e ficou nacionalmente conhecida com a abertura da Rodovia Transamazônica, a qual em Itaituba não passaria. No entanto, em um trabalho conjunto do prefeito e os vereadores, foi possível que a Rodovia Transamazônica passasse por Itaituba, o mesmo ocorrendo com o 53º Batalhão de Infantaria de Selva, que teve sua construção garantida nessa cidade, por esforço do Executivo e Legislativo Municipal.

Altamiro Raimundo da Silva integrou a caravana que fez a primeira viagem via Transamazônica, Tapajós/Xingu até a cidade de Altamira/PA. Com o aumento do fluxo migratório, além da doação de terrenos às instalações das entidades públicas, houve necessidade de facilitar moradia e, por meio de loteamento, a prefeitura facilitou acesso da população aos lotes. Com isso, surgiram outros bairros, dentre eles Vila Nova, Vila Caçula, Bela Vista, Nova Avenida, Perpétuo Socorro e Vila da Rebelo. Pelo apreço pela classe Estudantil, levou vinte e três estudantes e três professores do antigo Ginásio Normal "Sant'Ana" até a Capital Federal, Brasília/DF, onde foram recebidos pelo Sr. Presidente da República. Também mantinha a "Casa do Estudante Universitário" na Capital do Estado e do Estudante Secundarista, em Santarém/PA.

A gênese de Ita

Durante sua gestão, assinou Convênio com MINTER E UDESC (Universidades para desenvolvimento do Estado de Santa Catarina) para a instalação do Campus Avançado do Projeto Rondon em Itaituba. Construiu o Centro Social Urbano, assim como incentivou os Jogos Abertos de Itaituba e foi um dos idealizadores da chegada da Televisão na Cidade (TV Itaituba Canal 6).

No Marco Centenário da Cidade de Itaituba, entregou à população a Praça do Centenário (hoje totalmente descaracterizada), na confluência da Travessa 13 de Maio com a Avenida Getúlio Vargas. Realizou grandiosas obras como a construção do Cais de Saneamento em frente à cidade, objetivando protegê-la do desmoronamento da orla fluvial e das grandes enchentes do Rio Tapajós.

Implantou um sistema de drenagem em ruas e travessas pela colocação de bueiros, aterros e terraplanagem, preparando as vias arteriais para pavimentação, além do assentamento de aproximadamente 20000m de meio fio e galerias para drenagem de águas pluviais. Associado a tudo isso, está o ousado projeto, à época, que foi o aterramento da Travessa 13 de Maio, que permitiu a ligação do bairro da Bela Vista com o restante da cidade, ou seja, "cidade alta" com a "cidade baixa". Também se destaca a drenagem da enorme lagoa que existia na Rua Nova de Sant'Ana, às proximidades das Travessas 15 de Agosto e Victor Campos, onde depois construiu a Praça do Congresso no local.

Também construiu inúmeras escolas, dentre as quais "Gaspar Viana", "Castelo Branco", "Joaquim Caetano Correa", "Fernando Guilhon", "Antônio Gonzaga Barros", "Magalhães Barata" e muitas outras no interior do município de Itaituba e ao longo da Rodovia Transamazônica.

Construiu o trecho de 72 km da Estrada Itaituba/Barreiras. Inaugurou o Hospital do Sesp e contratou o primeiro médico residente (Dr. William Siqueira) para Itaituba. No governo de Altamiro Raimundo da

A gênese de Ita

Silva, Itaituba recebeu visitantes ilustres, dentre eles três presidentes da República, dez ministros e sete governadores.

Participou da assinatura da "Carta de Itajaí" no Estado de Santa Catarina, que reivindicava benefícios aos municípios brasileiros. Ao deixar o governo de Itaituba, ainda exerceu o cargo de Executor do INCRA e governou o município de Aveiro/PA por quatro anos. Altamiro Raimundo da Silva apostava na juventude, para ele sinônimo de transformação; mas sabia ouvir os conselhos dos mais velhos. Amava Itaituba, conhecia cada pedacinho desse lugar.

Uma vez a cantora Márcia Ferreira disse a seguinte frase: "Somente seu Altamiro tem a radiografia dessa cidade...". O ex-prefeito faleceu em 22/05/2010 na capital do estado do Pará. Altamiro Raimundo da Silva costumava usar a frase: "Itaituba será uma terra sempre feliz, porque vive banhada pela esperança das águas verdes do fabuloso Rio Tapajós".

FRANCISCO XAVIER LAGES DE MENDONÇA
Por Armando Mendonça

Fran Mendonça. Foto: Família Mendonça.

A gênese de Ita

Francisco Xavier Lages de Mendonça, brasileiro, nascido em 23/10/1924, na cidade de Itaituba, falecido em 23/01/2005, na cidade de Belém – Pará, filho de Manoel Lauro Figueira de Mendonça e Maria Madalena Lages de Mendonça, casou-se com Antônia Araújo de Mendonça, com quem teve 11 filhos.

Foi um homem espirituoso, visionário, dedicado às causas sociais. Com grande sentimento de religiosidade, participava ativamente das ações sociais da Paróquia de Nossa Senhora Sant'Ana, bem como das obras sociais do Rotary Clube de Itaituba. Solidário, bem-humorado, hospitaleiro, acolhedor e reconhecido pela sua capacidade de dar bons conselhos.

Vivenciou a movimentação da revolta comandada pelo Major Veloso com base em Jacareacanga, quando este tentava derrubar o governo de Juscelino Kubistchek de Oliveira da Presidência da República.

Na vida laboral, trabalhou com seringais no auge da borracha, teve alguns empreendimentos, como o bar e sorveteria "O Globo no Ar", além de comércio e produção de castanha-do-Pará, borracha, sernambi, caucho, agricultura, beneficiamento de malva e outras culturas de subsistência.

Apesar da formação escolar de 2º Grau completo, Fran Mendonça era um historiador nato, detinha a história do município e da cidade de Itaituba com precisão de pesquisa, sendo considerado fonte precisa de informação a estudantes e pessoas interessadas.

Gostava de escrever e documentar de forma organizada todos os fatos que considerava relevantes, o que o levou a constituir um verdadeiro acervo histórico sobre o município de Itaituba. Foi colaborador dos jornais Azulão, Apuí e Jornal Semanário Folha de Itaituba.

A seguir, enumeramos por período suas atividades e ocupações públicas exercidas em Itaituba:

- 1942 – Nomeado Fiscal da Prefeitura de Itaituba;

- 1945 – Convocado o Serviço Militar, na 2ª CIA. do 3º Batalhão de Fronteira - Cidade de Óbidos – Pará; Graduação em "Cabo de Esquadra";

- 1948 – Nomeado pelo Procurador Geral de Justiça do Ministério Público do Estado do Pará ao cargo de Adjunto de Promotor Público da Comarca de Itaituba;

- 1950 – Nomeado para compor a Comissão Censitária de Regional;

- 1950 – Nomeado professor do Ensino Supletivo;

- Entre 1950-1954 – Foi administrador do Mercado Municipal;

- 1954 – Eleito vereador pelo PSD de Itaituba (período de 1955 a 1958);

- 1958 – Reeleito vereador (período de 1959 a 1962);

- 1962 – Eleito vice-prefeito (período de 1963 a 1966);

- 1967 – Conclusão do Curso de Professor Regente pelo Colégio Ginásio Normal Sant'Ana de Itaituba;

- 1968 – Nomeado pelo Procurador Geral de Justiça do Ministério Público do Estado do Pará ao cargo de Adjunto de Promotor Público da Comarca de Itaituba;

- Atuou em várias sessões do Tribunal de Júri Popular conduzidas pelos Juízes de Direito na época, Dra. Maria Izabel Benone Sabbá, Dr. Manoel da Conceição e Dr. Nelson Amorim;

- 1971 – Contratado pela Companhia de Telecomunicações do Pará – COTELPA como Agente para implantar o sistema de telecomunicações de Itaituba;

- 1972 – Reeleito vereador da comarca de Itaituba (período de 1973 a 1976);

- 1973 – Designado para responder pela Prefeitura Municipal de Itaituba na transição para área de Segurança Nacional;

- 1974 – Designado para ministro da Eucaristia da Igreja Católica de Itaituba;

- 1975 – Contratado pelo Fundo de Assistência ao Trabalho Rural – FUNRURAL, para implantação desse serviço;

- 1978 – Nomeado Delegado da Aliança Renovadora Nacional;

- 1982 – Assumiu cargo de Prefeito Municipal de Itaituba no período de 1982 a 1985, o seu foco na administração era direcionado à educação e à infraestrutura. Em cada rincão onde houvesse uma criança, não media esforços para que fosse garantida uma sala de aula e uma professora municipal;

- Em 2000, se distanciou do cenário político, mudando-se para Belém do Pará, até o seu falecimento em 23/01/2005.

REGINA LUCIRENE, UMA REFERÊNCIA CULTURAL DE ITAITUBA

Dizem que ela é uma dádiva cultural, pois em parceria com a professora Antonieta Lima lutou pela criação, regulamentação e implantação do Museu Paraguaçu. O museu abriga uma interessante coleção de artefatos arqueológicos e históricos, doados por membros de diferentes coletivos sociais e que apontam para um passado profundo da região, ainda pouco estudado.

O Museu Aracy Paraguassú é uma instituição dedicada a buscar, conservar e expor objetos e memória, preservar utensílios e objetos de relevância, com o objetivo de manter viva a memória de Itaituba, que vem sempre buscando da melhor forma preservar os seus acervos, para bem contar a história do povo dessa cidade.

Regina Lucirene. Acervo particular.

Regina Lucirene Macêdo de Oliveira nasceu no município de Itaituba (PA), é descendente de uma família miscigenada de negros e brancos, sendo a mais velha de dez filhos do casal Benoni Leite e Maria Iracema dos Santos Macêdo; descende de escravos, integra a família dos quilombolas, pois seus tataravôs foram escravos.

Foto: Acervo Museu Aracy Paraguassú.

De todos os cargos que exerceu importantes para o desenvolvimento da sociedade, o que mais lhe trouxe prazer, mesmo sem reconhecimento da população, foi o cargo de mãe.

A gênese de Ita

Hoje se sente realizada com os filhos Moises Mendes de Oliveira, Marcelene Lucila Macêdo de Oliveira, Milena Regina Macêdo de Oliveira e Marcio Dalton Macêdo de Oliveira, os quais lhe deram 14 netos e 11 bisnetos.
Seu percurso profissional foi bastante diversificado.
Professora das séries iniciais (1986 a 1986) e de educação física e ciências nas séries finais do ensino fundamental (1986 a 2006).

- Supervisora na zona rural (1989 a 1993).

- Presidente do Sindicato dos Trabalhadores em Educação do Pará – SINTEPP.

- Diretora do programa de merenda escolar da 12ª URE (1992 a 1994).

- Diretora da Escola Padre José de Anchieta (1999 a 2001).

- Diretora de Educação Infantil e Ensino Fundamental Engenheiro Fernando Guilhon (06/01/2003 a 25/06/2005).

- Coordenadora do Núcleo Universitário de Itaituba / UFPA (25/06/2003 a 1º/01/2005).

- Coordenadora do Programa de Educação da Reforma Agrária – PRONERA.

- Diretora de Cultura da Secretaria de Educação e Cultura do Município de Itaituba. "Posso dizer que todas essas funções foram muito importantes para meu amadurecimento profissional."

- À frente do SINTEPP, na época ATEI (ASSOCIAÇÃO DOS TRABALHADORES EM EDUCAÇÃO DE ITAITUBA), aprendeu a reivindicar direitos e a falar em público, também teve a oportunidade de conhecer várias cidades do Brasil e interagir com importantes líderes de movimentos sindicais.

- Supervisora escolar da Secretaria Municipal de Educação.
- Coordenadora da Merenda Escolar da 12ª URE.
- Diretora da Escola Municipal Padre José de Anchieta.
- Coordenadora do Núcleo Universitário de Itaituba.
- Diretora da Escola Gonçalo Nazaré.
- Diretora de Cultura.
- Criou o Museu Aracy Paraguassú, na administração da Prefeita Eliene Nunes, porém foi afastada. Desenvolveu atividades na Escola Joaquim Caetano Correa.
- Retornou na administração do prefeito Valmir Climaco, para o Museu.
- Durante esses vários anos, participou muito de encontros, cursos, oficinas, tudo isso para o seu conhecimento e desenvolvimento educacional, cultural e histórico do município.

SEU NOME É WIRLAND FREIRE

Wirland da Luz Machado Freire nasceu em 23 de setembro de 1943, na cidade de Santarém. Filho do cearense Francisco Machado Freire e da paraense Maria de Nazaré Celestina da Luz, estudou no antigo prédio do Teatro Vitória, que funcionava como escola municipal em Santarém, onde concluiu o primário. Começou a trabalhar muito jovem como maquinista do barco São Pedro, de propriedade do seu irmão Pedro Machado Freire que, na época, comercializava arroz beneficiado para a capital amazonense.

A gênese de Ita

Rildo Lopes, Wirland Freire e Ivan Araújo.

Nas viagens, Wirland levava gaiolas com aves, pequenos animais, cocos na proa do barco onde negociava em Manaus. Com suas economias, conseguiu comprar o barco Ajuricaba, que passou também a transportar arroz, farinha e outros produtos para vender no beiradão do Rio Amazonas. Posteriormente, adquiriu o barco Nossa Senhora da Conceição.

Seus negócios prosperaram. Em junho de 1963, contraiu matrimônio com Maria Sousa Gomes, com quem teve 5 filhos. Em seguida, Wirland comprou um flutuante que transportou para Santarém transformando em um posto nas proximidades da Ponta Negra. No mesmo ano, montou o posto Tapajós. Almejando expandir seus negócios, na década de 1960, passou a investir em Itaituba, onde construiu um grande patrimônio com postos de combustíveis e derivados de petróleo ao longo da Transamazônica, BR 163 e km 140.

EDGAR HENKE, O PIONEIRISMO A SERVIÇO DA FÉ

Um homem que mostrou determinação, voluntarismo e amor em todo o percurso da sua vida, descendente de alemão, com cultura e costumes diferentes, mas com capacidade de adaptação em todas as diversidades culturais.

Pr. Edgar Henke. Foto: Acervo Família Henke.

Pr. Edgar Henke vem de uma família de seis irmãos, quatro homens e duas mulheres, que imigrou da Alemanha em 1922. Nasceu em 17 de fevereiro de 1939, em Dona Ema, Estado de Santa Catarina.

Aos dez anos de idade, sofreu um grande golpe, a perda de sua genitora, que faleceu ainda muito jovem, com apenas 38 anos, vítima de um câncer. Aos 22 anos, conheceu uma jovem evangélica Cilli Beinger, com que contraiu matrimônio.

Embora Edgar Henke tivesse uma família religiosa e atuante na igreja, pois seus avós eram pastores, somente em 1962, na cidade de Panambi, fez sua conversão evangélica. Essa decisão mais tarde foi confirmada com uma experiência que teve quando trabalhava em cima de um trator. "Foi impossível resistir ao chamado do senhor", confessou Edgar Henke.

A partir desse encontro pessoal com Deus, Edgar começou uma incomodarão em relação ao movimento o qual vivia, pois havia necessidade de novas lideranças. Essa inquietação foi crescendo dentro de si e o desejo ardente de dedicar-se ao serviço do Rei. Na época, não era tão fácil ingressar em seminário teológico, pois não havia um instituto para formação de líderes na igreja a qual pertencia. Somente em 1962 veio para o Brasil o casal Malzon, enviado pela Igreja de Deus da Alemanha, com o objetivo de iniciar os trabalhos de um seminário da igreja no Brasil.

1963 é o marco inicial para Edgar Henke no ministério pastoral da Igreja de Deus no Brasil.

Seminário inicia com apenas dois professores. Foto: Arquivo Família Henke.

Com a formação teológica, é ordenado pastor. Já desenvolvia a missão ministerial em várias frentes de trabalho, em Marechal Rondon e mais cinco cidades circunvizinhas. Aos domingos, após a Escola Bíblica, transmitia um programa de rádio.

A gênese de Ita

Em Marechal Rondon, vem ao encontro, que marcaria para o resto da sua vida ministerial, o trabalho social. A senhora Lillian realizava um trabalho em sua casa cuidando de 8 crianças carentes, entre elas o menino Oreste Greiner. Por meio desse trabalho realizado por essa serva, despertou o desejo ardente no casal Henke em servir no trabalho social.

Em 8 de abril de 1968, o casal mais uma vez é abençoado. Nasce, em Marechal Cândido Rondon, a filha Eunice Henke.

Foto: Acervo Família Henke.

Em meados de 1972, o casal volta para Curitiba para apoiar os missionários Kawdell, que vieram dos Estados Unidos para iniciar o Instituto Teológico da Igreja no Brasil. Mesmo assim, por mais de um ano, o jovem pastor tinha que ir uma vez por mês para a cidade de Marechal para realizar cultos. Em Curitiba, além das responsabilidades com o Seminário na construção, manutenção e atividades internas, o pastor atendia ainda as igrejas de Pinhais e Guarituba.

A gênese de Ita

Nesse período, foi criada na Alemanha Kinderhilfswerk uma obra social da igreja que tinha como público-alvo o atendimento para crianças carentes. Chegando ao Brasil, o irmão Pechman, vendo o interesse do casal Henke em ajudar pessoas não somente na vida espiritual, mas também com oportunidades de aprendizado, lançou o desafio de um trabalho com crianças. Segundo ele, um público que tinha toda vida pela frente.

Com dezesseis crianças na garagem do Seminário, Cilli e Edgar iniciam o trabalho social educacional da Mão Cooperadora. Com a grande demanda de crianças carentes, foi obrigado a alugar uma chácara, passando assim a instituição a atender oitenta crianças.

Em 1974, o casal ganha mais uma prole. Edgar e Cilli decidem adotar o menino Marcos Carlos, sobrinho da Marlene Greiner. Em 1978, Kinderhilswerk ganhou um terreno da prefeitura de Piraguara. Em parceria com o município, inicia-se a construção do primeiro CEMIC das obras sociais, tendo como responsável pela obra Pr. Edgar Henke, inaugurado em 1979, com capacidade para cento e cinquenta alunos.

A festa de inauguração serviu também como uma despedida para a Família Henke, pois a missão da igreja de Deus havia iniciado um trabalho na região norte do Brasil, abrindo possibilidade de um trabalho social, por isso precisava de alguém que se despusesse para obra com experiência em construção. Na reunião de assembleia, o pastor se voluntariou, a missão da igreja aceitou a proposta e estipulou o prazo de um ano para a família realizar o trabalho da construção do CEMIC e retornar para Curitiba.

Assim foi o início da grande jornada de trabalho do Pr. Edgar Henke na região norte, mais precisamente em Itaituba. A região não era estranha para o homem de Deus, pois já tinha visitado o trabalho em Itaituba com a construção do templo na beira do rio e na comunidade KM 30, porém dessa vez não veio sozinho, trouxe toda a família.

A gênese de Ita

Para que o pastor Edgar mudasse para Itaituba, era necessário que outro pastor assumisse os trabalhos dele em Pinhais, assim o casal Greiner, que servia em Itaituba, trocou com os Henkes.

Em 1981, iniciou a construção do segundo CEMIC, vindo também as casas lares, com o objetivo de atender as crianças órfãs. Assim, o trabalho social no município de Itaituba foi ganhando corpo.

Foto: Acervo da Família Henke.

Com o passar dos anos, o trabalho social da Igreja de Deus teve um crescimento extraordinário, com parcerias de organizações internacionais, governamentais e não governamentais, se tornando o maior trabalho social da Igreja de Deus em todo o Brasil.

Com a visão do sustento do trabalho na região, começou a construção de pontos comerciais no centro da cidade, onde os mesmos eram alugados.

Em 1985, criou o Centro Profissionalização Wernau em parceria com a Alemanha, com a perspectiva de ajudar adolescentes que não tinham oportunidade de aprender uma profissão. Foram compradas máquinas para movelaria que deram origem à Marcenaria Mão Cooperadora.

A gênese de Ita

Com o propósito de criação bovina e outros animais para também ajudar no sustento da obra, o pastor adquiriu algumas áreas de terra para implantação de fazendas, como no Km 28, sentido Rurópolis, e Km 15, sentido Jacareacanga.

A visão de empreendedor social do pastor Edgar Henke contemplou várias atividades, sempre no sentido de servir ao próximo: panificadora, malharia, lanchonete, creches e escolas. O trabalho foi ampliando e atingindo o entorno das Rodovias Transamazônica e Santarém-Cuiabá, com a construção de escolas e igrejas, tudo isso sem nunca perder a visão espiritual.

Todos esses projetos iniciaram com um sonho do pastor, sonho de melhorar a vida de pessoas carentes sem nenhuma perspectiva, dando atendimento não somente espiritual, mas também se preparando para a vida profissional. Muitas vezes, o Edgar era criticado, mas com a firmeza de sempre dizia: "Deus abriu as portas para conseguirmos apoio nas construções e com certeza vai preparar pessoas para colocar em prática o trabalho. Não vou parar de fazer a vontade de Deus, se ele deu condição de realizar essa obra, acredito que está preparando alguém para assumir".

Pastor Edgar Henke começou a apresentar problemas de saúde desde 1980, quando foi infectado por hepatite, ao doar sangue, e só descobriu quando já estava em estado avançado. Já usava marca-passo desde 1996, era diabético e o peso da responsabilidade em seus ombros era muito grande. Ao ser questionado pelo seu ritmo de trabalho, sempre falava: "Vou descansar somente no céu".

Faleceu em 27 setembro de 2005, aos 66 anos, em Belém do Pará. Seu corpo foi transladado para Itaituba, onde foi velado na Mão Cooperadora e sepultado no cemitério Santo Antônio, deixando um legado imensurável em todo o Brasil de persistência, coragem e fé.

A gênese de Ita

Senhora Cilli, sua esposa, ficou sendo cuidada pela filha Eunice e seu esposo Edmar José. Ela sempre se lembrava carinhosamente do seu amado: "Se eu tivesse que escolher de novo, sem dúvida escolheria ele, porque Deus me deu um esposo maravilhoso, carinhoso e corajoso. Depois da sua conversão, foi um homem muito fiel a Deus
e sua família. Um bom pai que sempre soube dar bons conselhos aos filhos e uma boa maneira de discipliná-los. Sempre me ajudou a superar meus medos e a timidez. Sempre vi nele um homem com muita determinação; o que falava no púlpito vivia".

Cilli Henke. Fotos: Acervo Família Henke.

Cilli Henke faleceu em 16 de abril de 2018, em Itaituba, aos 77 anos. Eunice Henke, com todas essas perdas, resolveu sair de Itaituba e mudou-se, com Ademar José, para Sinop, Estado do Mato Grosso.

Marcos Carlos, filho adotivo do pastor Edgar, é casado com Silvani Parno Suckou, com quem tem duas filhas, Emily e Débora, e residem em Jaraguá do Sul, em Santa Catarina.

IDOLASY MORAES DAS NEVES

Idolasy nasceu em 23/03/1933, em Brasília Legal, que na época era distrito do município de Itaituba. Teve uma infância simples, junto a seus quatro irmãos e a seus pais, o riograndense Rosendo Adrião de Moraes e a paraense Cecília da Silva Moraes. De Brasília Legal, guardou muitas lembranças e boas recordações, tais como dos muricizais do "Seu Bechara" e do início da sua vida escolar, com a professora "Tutica".

Aos nove anos de idade, mudou-se com sua família para a sede do município, Itaituba, onde prosseguiu seus estudos, cursando até a 3ª

A gênese de Ita

série do ensino primário e iniciou sua participação como figurante nos cordões juninos da madrinha Célia, a popular Celita.

Foto: Acervo da família.

Aos treze anos de idade, ficou órfã de pai, indo morar com familiares de sua mãe em Fordlândia, onde deu continuidade aos estudos, concluindo o curso primário. Naquela localidade, trabalhou como balconista no comércio local. Com a cultura já entranhada na alma, organizou em Fordlândia o seu primeiro "Cordão Junino", só com crianças. No decorrer dos anos, os cordões da Garça, Borboleta, Arara e Tangará marcaram sua trajetória nas quadras juninas de Itaituba.

Em 1949, aos dezesseis anos de idade, retornou para Itaituba, onde renovou as amizades, conquistando tantas outras. Naquela época, foi trabalhar como doméstica na casa do então prefeito municipal Benedito Correa de Souza (seu Bibito). Trabalhou também com o casal Filomena e Rui Mesquita, na Maloquinha. Sempre que podia, florescia suas ideias áureas da juventude, participando das comédias e cordões da Celita. Cantava nas serestas, dançava muito e tinha entre suas atividades o esporte, fazendo parte da equipe do "Ita Vôlei Clube". Como católica, participava da Irmandade Filhas de Maria.

Foto: Acervo da família.

Aos dezoito anos, casou-se com Manoel Pereira das Neves (Nezinho), com quem firmou residência na comunidade de Paraná-Miry, onde não perdeu tempo e logo conquistou grandes amizades, assim manteve boas relações com os moradores. Ali, todos os anos, passou a organizar e levar para a rua principal do vilarejo "cordões juninos" e "comédias", envolvendo crianças e jovens. No Paraná-Miry, além de se tornar uma mãe dedicada, também se destacava na igreja, como membro do Apostolado da Oração, ajudando a catequizar. Além de ser cabeleireira e costureira, dava aulas de reforço escolar para ajudar na alfabetização de muitas crianças.

Foto: Acervo da família.

A gênese de Ita

Em 1963, agora com cinco filhos, Oneide, Raimundo (Bidineco), Socorro, Maria José e Salete, muda-se para Itaituba, para facilitar os estudos. Na cidade, as dificuldades foram muitas e, para ajudar no sustento da família, Idolasy costurava, lavava roupas, fazia comida por encomenda e chegou a ser sócia de um pequeno restaurante no aeroporto local. Na bagagem, ela trouxe os cordões juninos e, assim, retomou suas atividades artísticas culturais: colocava nas ruas, anualmente, um dos seus "Cordãos Juninos" e, quando "matava" um pássaro e não tinha remédio ou feitiçaria que o curasse, já começava a pensar no próximo, para colocar nas ruas no ano seguinte.

É bom ressaltar que Idolasy criava as canções, as roupas dos brincantes e todos os acessórios do cordão, que eram trabalhados em papel crepom, papel de seda, tecidos, penas, palhas etc., produzidas por ela mesma, que contava sempre com a ajuda de algumas das brincantes.

Em 1972, Idolasy completa sua série genealógica de oito filhos, com Ana Clara, Rita e Lara, nascidas em Itaituba.

Foto: Acervo da família.

Entre os anos de 1988 e 1996, entre ir e vir, fez uma temporada em Alta Floresta, no Mato Grosso, onde fora diretora carnavalesca: desenhava, costurava as fantasias e criava os sambas-enredo, liderando a

A gênese de Ita

organização do Grêmio Recreativo Escola de Samba "Unidos do Pará" e, depois, "Unidos da Floresta", numa parceria que deu certo, com o genro, o popular Paulo Gaúcho, além de contar com os demais familiares, conquistando o título de pentacampeã em 1996.

No ano de 2000, em Itaituba, a convite da Diretoria de Cultura e Turismo do Município e sob o gerenciamento dela, trouxe de volta o "Cordão do Tangará". Ela fazia questão de enfatizar que aquela tinha sido "uma experiência inédita", incluindo entre os figurantes, adultos que haviam sido personagens de seus antigos cordões durante sua infância e/ou juventude.

Nos últimos anos, diante de suas condições físicas, não colocou mais seus "Cordões Juninos" nas ruas, mas não deixou de fazer cultura. Idolasy atendia a comunidade escolar do ensino fundamental, médio e superior com informações de seus conhecimentos folclóricos e culturais da história de Itaituba.

Foi membro da Academia de Letras de Itaituba, criava e contava lendas e sonhava em recuperar sua saúde, já debilitada, para levar de volta para as ruas e alegrar as noites itaitubenses, durante as quadras juninas, uma das mais tradicionais de suas criações, o "Cordão do Tangará".

Idolasy de Moraes Neves faleceu em 25 de julho de 2017.

PATRIMÔNIO NATURAL
E CULTURAL DE ITAITUBA

Este capítulo traz uma abordagem a respeito dos patrimônios naturais e as linguagens artísticas existentes em Itaituba, como as cavernas, o Parque Nacional da Amazônia, a sonda, as praias, a música, a literatura, a dança e o imaginário presente nas narrativas orais contidas nos elementos naturais e culturais em Itaituba.

A natureza foi generosa com essa região, pois, do meio da selva, nos corredores dos rios, igapós e cavernas, pulsa forte um coração verde em um céu de anil, com sua biodiversidade exuberante e um potencial ainda inexplorado, podendo ser altamente sustentável.

A preservação desses patrimônios tem sua importância discutida mundialmente, pois são temas recorrentes em várias esferas da nossa sociedade. O tombamento de áreas naturais vem ao encontro com essa nova visão preservacionista.

O patrimônio natural compreende áreas de grande importância para a preservação da nossa historicidade, da beleza cênica, das lendas indígenas, das toadas caboclas, como o canto do Tangará, a dança do Piau e Aracu, o turismo ecológico e religioso, todos contidos na cultura transformadora. Todo esse potencial cultural pode ser integrado, gerando assim uma cultura horizontalizada, solidária, autossustentável, trabalhando a consciência da população sobre a importância do ambiente natural para que nos lembremos quem somos, o que fazemos, de onde viemos e, por consequência, como seremos.

A gênese de Ita

Em 2019, o repórter Mauro Torres e o repórter cinematográfico Dioney Alves, ambos da TV Tapajoara, produziram uma série de reportagens especiais sobre o potencial dos patrimônios naturais dos municípios que compõem o polo turístico no Tapajós com o título "O mercado que cresce a cada ano e atrai a visão do mundo". A matéria foi cedida gentilmente pelos produtores. As alternativas inclusas na oferta turística no interior paraense competem no mesmo nível, com qualquer outro ambiente natural do mundo em que o turismo é explorado como item de mercado.

O Estado do Pará é uma das maiores unidades da Federação, são mais 1.247.689.515 km² (hum milhão, duzentos e quarenta mil quilômetros quadrados) de extensão, boa parte dela ainda mantendo as suas características naturais. Em 2019, dentro de uma proposta de identificar, mapear e traçar um roteiro da oferta turística, a equipe da Secretaria de Turismo do Estado (SETUR), em parceria com a Companhia Paraense de Turismo (PARATUR), desenvolveu um amplo levantamento em parceria com os municípios. O Estado se divide em seis polos turísticos: Xingu, Marajó, Belém e Região Metropolitana, Amazônia Atlântica, Araguaia-Tocantins e Tapajós, esta última sendo objeto dessa etapa do trabalho.

Os municípios do polo Tapajós são ricos em belezas naturais. Boa parte desse território ainda precisa ser estudada; novas descobertas virão, e o inventário turístico vai sendo enriquecido à medida que vai se atualizando. Segundo relatório recente da SETUR, o inventário se resume em um documento basilar que consiste no levantamento, identificação e registro dos atrativos turísticos, dos serviços, equipamentos e da infraestrutura de apoio ao turismo como instrumento base de informações para fins de planejamento, gestão e promoção da atividade, possibilitando a definição de prioridades para os recursos disponíveis e o incentivo ao desenvolvimento sustentável.

A gênese de Ita

Por todo o estado, os aspectos são diferentes e até mesmo a composição paisagística e geográfica se diferencia de região para região. E a cada nova descoberta, essas diferenças tornam o Pará cada vez mais atraente do ponto de vista da oferta turística nas mais diversas modalidades.

A primeira viagem foi pelos recantos sonolentos, bucólicos e paradisíacos que abrigam as cavernas de calcário, a riqueza da fauna e da flora, além das exuberantes cachoeiras. Os primeiros municípios do roteiro foram Rurópolis, a 145 km de Itaituba e Aveiro, distante cerca de 64,8 milhas náuticas de Itaituba, são porções do interior do estado que ainda contam com valiosos recursos paisagísticos, culturais e humanos para o desenvolvimento sustentável e duradouro dessa atividade.

Em Rurópolis, a equipe conheceu uma das cavernas do município conhecida por Caverna da Queimada, que já está sendo estudada. A altitude permite visualizar a cidade de Rurópolis, que fica a cerca de três quilômetros do local da caverna.

A equipe de pesquisadores foi formada pelos turismólogos Deoclécio Junior e Allyson Nery, da SETUR, além dos diretores da Associação para o Desenvolvimento do Turismo no Tapajós (ADTUR), Guilherme Oliveira e Rodrigo Mota. A Caverna da Queimada ainda mantém em suas paredes vestígios da presença humana. As pinturas rupestres são de símbolos, animais, pessoas e armas de caça.

Para os especialistas, todas essas marcas têm um forte significado para auxiliar no estudo das cavernas, pois significa dizer que os homens da pré-história não só passaram, mas chegaram a morar nesses locais, onde baseavam sua manutenção e cuidavam das famílias.

Eram grupos organizados que não precisavam disputar territórios de caça devido à riqueza natural ao alcance das mãos. Nesse local foi encontrada uma característica comum, imensas colônias de morcegos. Segundo revelam os estudiosos, os bichos se concentram ali devido à umidade, ao calor excessivo e à completa escuridão. Por esse fator, o uso do ambiente como parte da oferta turística ainda será estudado.

- **Caverna das Mãos** – o local foi estudado e mapeado pela espeleóloga Leda Zogbi e sua equipe, que ainda realizou o mesmo trabalho na Caverna Paraíso, na rodovia estadual Transfordlândia, entre Rurópolis e Aveiro, locais de exuberante beleza que ainda serão estudados em detalhes, para nortear os pontos destacados da oferta turística na região do Tapajós.

- **Paraíso** – o local foi descoberto ainda no século passado, mas passou décadas sem ser visitado. Só depois de mapeada, a caverna Paraíso começou a ser explorada, levando a descobertas que vão ser incluídas no inventário. A caverna é em calcário, sua composição é característica da maioria desse gênero na Amazônia.
Ela também abriga em seu interior galerias, colunas e anfiteatros, saltos e pequenas piscinas naturais que são invadidas por uma água cristalina durante o inverno, mas permanecem vazias no verão. Marcante desse tipo de caverna também são as estalagmites, projetadas de baixo para cima, e as estalactites, que ficam suspensas no teto das cavernas.

Essas duas formações são características de cavernas de calcário e são produzidas a partir de partículas de água infiltradas no calcário devido à chuva ácida e outros fatores físicos que dissolvem a rocha. A natureza pode levar milhares de anos para montar uma estrutura como essa, com menos de trinta centímetros.

- **Do Divino** – nesse ambiente encontram-se fragmentos de cerâmica, o que significa que os grupos que estiveram no local permaneceram mais tempo. As pinturas rupestres contam histórias que só podem ser decifradas com uma pesquisa mais detalhada, mas elas estão por toda parte e são fascinantes, enriquecedoras.

Os locais escondidos no meio da selva guardam riquezas históricas e culturais que podem revelar passagens importantes da história primitiva do Tapajós. Esses locais ainda são preservados, e é exatamente esse fator que se destaca como a garantia de termos muitos pontos a serem adicionados ao inventário turístico.

- **Caverna Estrela Cadente** – a denominação é uma referência às pinturas rupestres em forma de estrelas, os estudos se aprofundam, mas os detalhes revelados ainda são poucos diante da riqueza singular dos vestígios expostos nas paredes da caverna.

A professora Erismar de Sousa Silva, nascida na roça e moradora de Rurópolis, diz que conhece todas as cavernas, pois visitou grutas com mais de mil metros de extensão, em companhia de amigas, usando lamparinas para iluminar o caminho.

Ela afirma que nunca teve medo, apesar de estar entrando em um ambiente até então desconhecido, mas o fascínio por novas descobertas superava o medo e a professora seguia em frente. O objetivo sempre foi científico, além, é claro, do desejo pelo conhecimento. Cachoeiras, cascatas e outros presentes da natureza Cachoeira do Grim.

Em Rurópolis, a natureza se mostrou generosa e criativa, oferecendo locais exuberantes que se escondem entre a selva ou se perdem por áreas de difícil acesso, como a se proteger das ações do homem. Mas a quem deseja conhecer e desfrutar de forma sustentável desses ambientes, não é muito complicado chegar até eles.

A gênese de Ita

Um desses locais já é bastante conhecido, mas pouco explorado como oferta turística. O local é conhecido por "Cachoeira do Grim", um verdadeiro paraíso incrustado no meio da floresta, componente da paisagem natural que ainda se mantém intocada. Localizada a cerca de 14 km (quatorze quilômetros) da cidade de Rurópolis, a Cachoeira do Grim é a mais visitada dentre as duas mais conhecidas do município.

No local, preservação é palavra-chave para manter o ambiente com suas características tão particulares. O igarapé invade o coração da selva e despenca de uma altura de aproximadamente 30 metros em cinco grandes lençóis de água, transformando o ambiente em um mosaico emoldurado pelas rochas e pelo verde da floresta.

Um pouco mais distante da cidade, mas ainda dentro de Rurópolis, pela BR-163, chega-se ao ramal que leva à Cachoeira do Cem. Localizada em um ponto mais aberto da floresta, por onde passa o igarapé Ipixuna, o ambiente também é rico pela paisagem natural, cercada de verde e com grandes afloramentos de rochas.

Atualmente, a Cachoeira do Cem é muito utilizada por grupos de igrejas e estudantes que buscam o local para retiros e ambiente de estudo da fauna e da flora. Ainda faltam equipamentos de apoio ao turismo no local, mas isso é questão de providência posterior, a ser tomada com base nos relatórios que atualizam os polos turísticos. História construída e contada pelo homem na Amazônia, os caminhos do turismo no interior paraense são entremeados de diferentes meios, os principais são chãos e água.

Após essa passagem pela área de selva, cavernas, cachoeiras e outros recantos em Rurópolis e Aveiro, nos roteiros ainda podem ser incluída uma imensa oferta para diferentes gostos turísticos com passagens por locais já conhecidos, mas pouco ou ainda não explorados. A maioria deles é presente da própria natureza, são evoluções geológicas que trazem

A gênese de Ita

as marcas da presença humana, formações rochosas que fazem desenhos em cavernas e paredões que margeiam os rios.

Outros locais foram construídos pelo próprio homem e acabaram sendo incorporados como recurso ao turismo histórico. Fordlândia – da rodovia BR-163 (Santarém-Cuiabá), é preciso pegar a estrada estadual Transfordlândia, em Aveiro. São 48 Km (quarenta e oito quilômetros) de extensão até chegar à vila, que já faz parte da história de Aveiro como uma herança do ciclo da borracha no Tapajós. Iniciado na década de 1920 por intermédio do empresário norte-americano Henry Ford, o projeto Fordlândia foi o maior na sua categoria, durante cerca de dezoito anos, até ser encerrado em 1945.

O propósito divulgado pela Companhia Ford Industrial do Brasil seria a produção de borracha para abastecer a indústria automobilística por conta da escassez do produto, que antes era importado da Malásia. Com o fracasso do projeto, todo o patrimônio construído foi deixado para trás, até ser repassado ao patrimônio da União já no final do século passado.

Hoje, Fordlândia se resume em escombros do que foi, mas ainda abriga fragmentos dessa história que não teve a contribuição social que deveria, mas deixou marcas da cultura norte-americana em pleno coração da Amazônia. Os galpões ainda estão de pé, mas boa parte em ruínas, a vila Americana já passou por severas mudanças, se adaptando ao estilo de moradia dos brasileiros. Em Fordlândia, os investimentos estão chegando gradativamente. Um deles foi exclusivamente em função do turismo.

A Pousada Americana é um empreendimento que aposta mais no futuro. O proprietário, Guilherme Lisboa, acredita ser possível conquistar o seu espaço nesse mercado que se propõe a crescer na região.

Para o turismo, Itaituba possui boa infraestrutura hoteleira para receber turistas e visitantes, contando com diversos hotéis categorizados de 1 a 4 estrelas. O município apresenta também grande potencial ecoturístico, no qual estão incluídos atrativos de exuberante beleza, como: cavernas, cachoeiras, águas minerais e minero-termais, além de uma grande quantidade de praias e lagos piscosos, localizados principalmente próximo à sede do município.

Destacando-se nesse contexto a região denominada de São Luiz do Tapajós, que está situada a cerca de uma hora de carro, a partir da sede municipal. Evidencia-se também belas praias e ilhas ao longo do Rio Tapajós que, por sua vez, nos meses de agosto, setembro e outubro apresentam-se com águas esverdeadas e cristalinas, devido à formação rochosa do fundo do rio, característica encontrada somente nessa região.

Dessa maneira, vale conferir os atrativos de Itaituba, que possui um conjunto muito agradável aos turistas da pesca esportiva, os quais também poderão sair à procura de grandes tucunarés no Lago do Jacaré.

ROTEIRO TURÍSTICO ITAITUBA E REGIÃO

CAVERNA PARAÍSO

A Caverna Paraíso está localizada a cerca de 90 km a partir da cidade de Itaituba, pela Rodovia Transamazônica (BR 230) até o km 72, trecho compreendido entre Itaituba a Rurópolis, adentrando à esquerda na estrada vicinal Transfordlândia por mais 15 km até a chegada na caverna e, assim, contemplar a majestosa obra da natureza.

A entrada da caverna está localizada nas coordenadas 04º 04'04 S e 55º 26'45 W, entre os igarapés Baixa Fria e Jiboia. A caverna é constituída de calcário, apresenta mais de 300 metros quadrados de salões e galerias com belos e variados espeleotemas, como: estalactites, estalagmites, cortinas, travertinos etc. Além dessas maravilhas, podem-se encontrar rios subterrâneos, que são formações características de cavernas em rochas calcárias. É importante ressaltar que o local é considerado como a primeira caverna em calcário catalogada na Amazônia.

LAGO DO JACARÉ

Está localizado a cerca de 50 minutos por via fluvial da sede do município, subindo o Rio Tapajós. É propício especialmente à prática da pesca esportiva, possibilitando aos turistas ou nativos o conhecimento de vários tipos de peixes amazônicos, que encantam pela aparência, tamanho e gosto.

TABULEIRO MONTE CRISTO

Com o objetivo de proteger os Quelônios dos predadores e de sua possível extinção, foi implantado pelo Instituto Brasileiro de Desenvolvimento Florestal - IBDF o Projeto Quelônios da Amazônia – PQA, na área do Tabuleiro Monte Cristo. Esse projeto passou a ser Programa Quelônios da Amazônia – PQA e é executado pelo IBAMA. O Programa já vem atuando na área há mais de 34 anos pelo IBAMA e visa preservar as espécies de quelônios, como: tartarugas, tracajás, pitiú e uma variedade de aves (talhamar, gaivota, bacurau etc.). Essa área de nidificação natural está localizada dentro do município de Aveiro/PA, no limite com o município de Itaituba/PA, às proximidades da Vila de Barreiras (Itaituba).

HOTEL FAZENDA MALOQUINHA

Está localizada no km 15 da Rodovia Transamazônica, sentido Itaituba-Jacareacanga, na margem esquerda do Rio Tapajós. Pertence às Obras Sociais da Igreja de Deus no Brasil. Acolhe a todos os visitantes, os quais podem apreciar uma belíssima paisagem natural, contemplar prédios históricos, percorrer trilhas, apreciar peixes regionais mantidos em criatórios (pirarucu) e tomar banho de rio, tudo no mais íntimo contato com a natureza. A fazenda oferece ainda queijos, refeições, lanches e chás.

PARQUE NACIONAL DA AMAZÔNIA

O Parque Nacional da Amazônia, com seus 994.000ha, possui uma vasta floresta de mata tropical mista e matas aluviais, igapós ricos em açaí e buriti, numerosas formações geológicas de distintas idades, espécies raras de árvores terrestres e semiterrestres, além de várias espécies de animais. Localizado à margem esquerda do Rio Tapajós, o parque é cortado pela BR-230 (Transamazônica).

Saindo da sede do município, o percurso até o parque leva meia hora, de carro ou de ônibus. No acesso fluvial, leva-se cerca de 1 (uma) hora de viagem. O parque conta com uma boa infraestrutura, com trilhas educativas, mirante para o Rio Tapajós, além de fácil acesso. O clima no parque, em média, é quente úmido, com um a dois meses secos. Há predominância da floresta tropical úmida, com grande diversidade de espécies e formas, sendo que as maiores árvores possuem a altura média de 50 metros. Devido à luminosidade, os estratos inferiores apresentam grande número de plantas trepadeiras, musgos, líquens, orquídeas, entre outras.

O parque é rico em fauna, porém com pequeno número de indivíduos de cada espécie, normalmente de hábitos noturnos. Encontram-se também espécies ameaçadas de extinção, como a ariranha, o peixe-boi e o tamanduá-bandeira, além dos répteis e uma notável fauna aquática.

O Parque Nacional da Amazônia, Unidade de Conservação de Proteção Integral, foi criado em fevereiro de 1974, pelo Decreto 73.683,

A gênese de Ita

como parte do Programa de Integração Nacional (PIN), logo após a construção da Rodovia Transamazônica. O parque é responsável pela proteção de inúmeras nascentes de contribuintes dos Rios Tapajós e Amazonas, além de ser habitat de várias espécies ameaçadas de extinção, como a onça pintada, anta e ararajuba, animais avistados com certa frequência no interior da UC.

A floresta amazônica sempre foi um dos grandes patrimônios naturais brasileiros, a grandiosidade das flores, com uma quantidade infindável de espécies animais e vegetais, sendo conhecida como a região de maior biodiversidade do planeta.

Outro destaque do parque são as corredeiras do Uruá, local onde o rio parece tomar mais velocidade em decorrência do afloramento de numerosas formações rochosas, que formam um paredão de um lado para o outro do rio. Há no interior da unidade uma infraestrutura básica para receber o turista, o que se torna possível fazer algumas trilhas sinalizadas no interior da floresta, onde o turista pode avistar inúmeras espécies de aves. No verão, com a baixa do rio, formam-se os bancos de areia que, com as águas claras do Rio Tapajós, formam um paraíso perfeito para um banho.

CAMPO DOS PERDIDOS

Agora, um novo roteiro leva a um local pouco visitado, por isso ainda bem preservado. No Campo dos Perdidos, o tipo de vegetação muda bruscamente. No interior da selva, a vegetação se transforma em um tipo de savana, chegando a um lugar de pouco verde, mas com características que chamam a atenção.

A areia é branca como nuvem, algumas plantas raras ocorrem de forma alternada e são diferentes. O ambiente também é apropriado para uma planta típica, o curauá, espécie da família das bromeliaceae e que pode ser utilizado em diferentes tipos de produtos. Mas, em Itaituba, o curauá, no seu habitat natural, só é encontrado no Campo dos Perdidos.

Os estudos realizados pela equipe serviram para complementar o que já existia de informações relacionadas ao potencial turístico da região do Tapajós, até que se tenham novos detalhes que possam enriquecer mais ainda esse mercado que, segundo dados da Organização Mundial do Turismo, representava, em 2019, cerca de 10% do PIB do planeta e já era responsável pela geração de um em cada 11 empregos no mundo.

Em economias emergentes como o Brasil, a participação do setor cresceu de 30%, em 1980, para 45%, em 2015, e caminhava para chegar a 57% em 2030, equivalendo a mais de um bilhão de chegadas de turistas internacionais. Esses fatores já servem como alerta para a própria humanidade, para que cuide melhor dos seus recursos naturais, preparando um mundo melhor para o futuro.

SÃO JOSÉ DA CAPELINHA

A beleza cênica em harmonia com a fé. A história da Capelinha de São José ainda é cercada de mistério do ponto de vista da pesquisa do turismo religioso na região do Tapajós, parte do inventário cheio de rituais e oportunidades que vão desde as romarias comunitárias em homenagem a santos padroeiros até manifestações e tradições maiores, como os Festejos de Santana, padroeira do povo católico de Itaituba. Todas essas crenças têm uma raiz, um histórico que embasa a sua existência.

A capelinha foi originada em um período remoto da história de Itaituba, quando as cidades se limitavam a pequenos povoados, que tinham sua manutenção baseada na pesca, na caça e no extrativismo. Conta a história que certo extrativista caminhava pelas trilhas do que

A gênese de Ita

atualmente o Parque Nacional da Amazônia em busca de especiarias da floresta, como castanhas, seivas e essências diversas.

Ao final do dia, quando a fadiga em seus membros já o incomodava e a canseira era sua companheira, o homem buscava um local para repousar. Ao cair da noite, já com os animais descansando, foi surpreendido por uma forte ventania e uma presença estranha e assustadora. O que aparentava ser uma entidade espiritual maligna afugentou os animais para muito longe. Também apavorado e com armas simples que não seriam producentes contra a entidade, o explorador subiu em uma árvore em busca de proteção. Foi onde passou a noite.

No dia seguinte, ainda sob o poder do medo, o homem se "apegou" a São José, o pai de Jesus. A promessa implicava que, se ele encontrasse os seus animais e pudesse rever sua família, retornaria ao local e construiria uma capelinha em homenagem ao santo. Caminhando a ermo, ainda desorientado, o homem encontrou seus animais de carga à margem de um córrego, menos de cem metros do local onde foi surpreendido pela aparição. Seis meses depois, usando os mesmos animais, o homem trouxe ferramentas, juntou barro, produziu tijolos improvisados e usou palha para cobrir a pequena estrutura, deixando, ainda, uma pequena imagem de São José em um Santuário que teve sua história replicada por gerações.

EXPEDIÇÃO CAPELINHA

A Capelinha de São José passou décadas perdida no meio da selva. Na década de 1950, foi encontrada por exploradores e caçadores, tendo o saudoso Didi Galvão como um dos pioneiros nessa descoberta. Já em meados da década de 1990, o local foi novamente encontrado e passou a receber visitas periódicas.

A gênese de Ita

Na década seguinte, por iniciativa de Raimundo Santos Pimentel, o "Dico", foi criada uma expedição anual que reúne dezenas de romeiros a cada edição. São promesseiros que pedem graças ao Santo e, como parte do reconhecimento pela bondade de São José, percorrem a trilha e levam oferendas.

Para chegar à capelinha, o percurso é pela rodovia Transamazônica (BR-230) até um ponto localizado a 80 km de Itaituba, em sentido Jacareacanga. Naquele local, uma celebração marca o início da caminhada, que dura em torno de duas horas até chegar ao primeiro acampamento, conhecido por "Pedro Bico". O pernoite acontece nesse local. Já pela manhã, os romeiros retomam a caminhada, que dura também cerca de duas horas, chegando ao Santuário.

Um dos entusiastas da expedição religiosa é o padre Francineto Pinheiro que, mesmo não estando em Itaituba, se dispõe a fazer uma viagem todos os anos para estar na expedição e celebrar a missa na Capelinha de São José.

São José é um homem justo, modelo para a humanidade. Sua importância maior é o exemplo de fidelidade ao Criador de tudo Fonte Única da verdade. O evento realizado na primeira semana de agosto, no Parque Nacional da Amazônia, revela a veracidade de "José da Capelinha" para a humanidade. Sua origem não tem data exata, apenas dados que nos aproximam dos fatos. O homem que o fundou não foi ingrato, salvo das garras de uma fera desconhecida, embrenhado naquele mato, fundou o santuário naquele prado, em retribuição a São José. Pela força da sua fé, mantê-lo são e salvo, esse é o registro primoroso e o povo sabe disso muito bem. Por conta disso, vai ao local, movido pela fé que tem, faz peregrinação e turismo religioso na ocasião do evento. São José da Capelinha é, e será para muitos, modelo e exemplo. O santuário existe há mais de um século, e vai perdurar para sempre.

A gênese de Ita

O santuário está localizado a cerca de 25 quilômetros pelas trilhas do Parque Nacional da Amazônia. As trilhas foram sinalizadas pelo Instituto Chico Mendes de Conservação da Biodiversidade (ICMBio). Ao fim de cada expedição, o retorno pela trilha dura praticamente o mesmo tempo da viagem de ida.

O cansaço sempre aparenta ter desaparecido, o corpo físico está em perfeito estado e todos se sentem satisfeitos em saber que os votos foram pagos, mas eles querem novamente. Em uma próxima oportunidade, poderão estar de volta à trilha para uma nova visita à capelinha da mata, erguida em homenagem a São José, o Santo a quem foi dada a responsabilidade de cuidar de toda essa gente, que reconhece o seu poder e tem nele o maior dos sentimentos espirituais, uma profunda fé que nada supera.

A FONTE DE ÁGUA SULFUROSA

Perremá e Paulo Eduardo. Foto: Acervo Gil Barata.

A água da sonda, como ficou tradicionalmente conhecida em Itaituba, não foi um projeto para se obter água, mas fazia parte de uma pesquisa petrolífera feita pela empresa de serviços geológicos e mineralógicos do Brasil SGMB com a orientação na época de um pesquisador chamado Pedro de Moura. Os trabalhos de perfurações foram iniciados em 27 de dezembro de 1929, sendo concluído em 10 de setembro de 1930, com 360 metros de profundidade. A identificação foi feita como poço de sondagem número 88.

Foto: Acervo pessoal Sebastião Lima.

O historiador e repórter cinematográfico Sebastião Lima, filho nativo de Itaituba, sempre teve uma preocupação com os patrimônios históricos e culturais de Itaituba. No início dos anos 2000, fez uma ampla pesquisa e uma produção jornalística relacionada à origem da fonte sulfurosa e, para este livro, nos cedeu gentilmente.

Após a conclusão das perfurações, a Petrobras assumiu as pesquisas identificando que não tinha originada em formações vulcânicas, apenas jorrou do profundo solo itaitubense água sulfurosa. Foi então iniciada a construção da praça para o marco centenário de fundação da cidade de Itaituba, na confluência da Travessa 13 de Maio com a Avenida Getúlio Vargas, sendo o primeiro espaço público para humanização e socialização da comunidade.

Em 1956, o prefeito Altamiro Raimundo revitalizou construindo na pracinha uma espécie de cesta protegendo o veio de água da fonte,

A gênese de Ita

mais um quiosque com o nome Maracanã, batizando a fonte termal com o nome de Monteiro Lobato, entregando à sociedade na festa do centenário de Itaituba.

A homenagem a um dos maiores escritores da literatura infantil no Brasil foi dada em função da Escola Alice Carneiro ficar anexa à praça e muitos alunos ficarem estudando e pesquisando para seus trabalhos sentados nos banquinhos da praça próximo à fonte, daí a precioso ouro negro, no entanto, outra raridade um tipo de água mineral ideal, a Fonte de Águas Termais Monteiro Lobato.

A praça recebeu o nome de Praça do Centenário em homenagem aos cem anos de fundação de Itaituba. Por ocasião das comemorações do século e meio da fundação de Itaituba, criamos uma campanha para a televisão com o objetivo de enfatizar e conscientizar a importância dos patrimônios históricos, culturais e naturais na vida da comunidade.

Em depoimentos, várias autoridades ligadas aos meios, como o geólogo José Waterloo Leal, esclareceram cientificamente sobre a água da fonte e suas substâncias medicinais. "As águas termais são subterrâneas, enriquecidas com minerais da corrosão das rochas e do solo. A água sulfurosa especificamente é um tipo de água mineral rara, originada em formações vulcânicas, possui composição específica por isso tem um forte odor, uma textura mais oleosa e chega à superfície a uma temperatura de aproximadamente 43°C. É classificada como mineromedicinal, ou seja, é curativa em função da concentração de enxofre e dos benefícios que possui".

Segundo Waterloo Leal, as águas termais são subterrâneas, enriquecidas com minerais da corrosão das rochas e do solo, contendo várias substâncias terapêuticas, o que leva muitos especialistas em várias cidades do Brasil e do mundo utilizarem o poder da água sulfurosa nos tratamentos das dores musculares, inflamações, doenças nas articulações, parte óssea e até na pele tratando espinhas, aparência cansada, envelhecimento, elasticidade e até ferimentos superficiais.

A fonte de água sulfurosa começou a despertar interesse na população da pacata cidade interiorana como lazer e relaxamento com o precioso banho terapêutico. Com a canalização para o trapiche de frente para o Tapajós, o endereço da sonda virou um ponto de encontro de amigos, amantes e brincadeiras de crianças.

O local de inusitada beleza natural começou a inspirar os poetas nativos a cantarem a formosura da fonte, virando lenda e versos nas poesias dos trovadores itaitubenses. Muitos personagens da nossa história, como Altamiro Raimundo, Teófilo Furtado, Fran Mendonça, Raimundo Nonato, o Truth, Intimanhá Couto, Vivaldo Gaspar, Tibiriçá da Santa Brígida, Chico Caçamba, Silvio Macedo, família Bilby, entre outros, tinham o costume de tomar banho matinal nas águas mornas da fonte e, por tradição, as mulheres tinham a preferência do banho. Um momento marcante da história da sonda, como é popularmente chamada, foi o banho do governador Alacid Nunes e sua comitiva em visita em Itaituba na década de 60.

Governador Alacid Nunes e Secretariado.
(Na Sonda em Itaituba).

A gênese de Ita

O DESAPARECIMENTO DA ÁGUA DA FONTE

Em 2009, o governo municipal, em uma tentativa de fazer uma limpeza e levar a água para um chafariz construído na orla da cidade, provocou uma tragédia. Hastes de ferro foram introduzidas para limpar e a equipe não conseguiu remover, entupindo o veio da fonte.

Várias tentativas foram feitas com escavação pelas laterais da fonte, mas em vão. Acontecendo, assim, a maior tragédia com o patrimônio natural e cultural da cidade. Vários protestos foram feitos responsabilizando o gestor daquela época.

No inverno de 2011, pessoas que transitavam por ali perceberam que a água voltou a jorrar na cesta da sonda, o que causou admiração. O historiador Sebastião Lima, o professor e escritor Manoel Ferreira, o Paquita, foram os primeiros a observarem e chamaram o repórter Weliton Lima para dar as boas-novas à população, mas não se sabe se realmente a água é a mesma que jorrava tempos passados, mesmo tendo algumas características.

Um paliativo reivindicado pela população foi feito em 2012 pelo prefeito Valmir Climaco, instalando uma bomba para levar a água até o chafariz. Mas, com o passar do tempo, a bomba enguiçou, não sendo mais possível colocar outra. O governo seguinte não deu sequência no paliativo.

Hoje resta a nostálgica lembrança na mente de tantas pessoas que cultivavam o hábito de frequentar a lendária fonte de águas sulfurosas e a esperança de que um dia nossas autoridades possam entender o valor de uma riqueza imensurável que a natureza nos proporcionou fazendo como outras cidades no Brasil e no mundo, aproveitando esse potencial e transformando em cultura e turismo autossustentável, além de um referencial e identidade da cidade de Itaituba.

A gênese de Ita

RIO TAPAJÓS

"Tapajós, nosso rio, nosso mar; Tapajós, sempre hei de te amar...", assim dizem os versos do poeta itaitubense Jecônias Miranda em uma canção dedicada ao rio mais lindo do mundo. Aliás, foi pelas correntezas do Tapajós que as primeiras expedições portuguesas chegaram nessa região, abrindo caminhos e desbravando terras dentro de um universo misterioso chamado Amazônia.

O eldorado sonhado, lugar mítico cheio de riquezas naturais, num primeiro momento parece distante da nossa realidade, a qual parece termos acesso somente no mapeamento global via satélite. Mas, na verdade, esse rio é a fonte de toda sobrevivência nessa região, caminhos que ligam lonjuras, levam e trazem riquezas que impulsionam o desenvolvimento econômico, possibilitando uma variedade de atrativos turísticos podendo ser autossustentável, mas ainda pouco explorado. No verão, aparecem extensas praias como Paraná-Miry, Itapeuá, Pederneiras, Camururi, Praia do Meio, do Sapo e tantas outras que fazem do veraneio itaitubense apaixonante aos turistas.

O Rio Tapajós, com suas águas verde cristalinas, é formado pela confluência do Rio Teles Pires com o Rio Juruena, em Barra de São Manuel, na fronteira entre Pará e Mato Grosso, e percorre uma extensão de aproximadamente 800 km até desaguar no Amazonas.

A sua bacia está distribuída pelos estados do Mato Grosso, Pará, Rondônia e Amazonas, ocupando uma área total de 492.263 km², que apresenta largura da ordem de 555 km e comprimento de 1.457 km, com uma direção-geral SSE-NNW. Setenta e três municípios estão situados nessa bacia, sendo 59 em Mato Grosso, 11 no Pará, 2 no Amazonas e 1 em Rondônia. Está contido na ecorregião Aquática Xingu/Tapajós, uma das cinco ecorregiões aquáticas consideradas prioritárias para a pesquisa no Brasil pelo Ministério da Ciência e Tecnologia, a partir da Oficina de

A gênese de Ita

Trabalho Ecorregiões Aquáticas do Brasil promovida pelo Conselho Nacional de Desenvolvimento Científico e Tecnológico (CNPq) em parceria com a Secretaria de Recursos Hídricos do Ministério do Meio Ambiente.

O Rio Tapajós possui 494 espécies de peixes registradas até o momento. Nesse rio, o grupo predominante é formado de espécies ocorrentes nas terras baixas amazônicas (36% das espécies), seguidas por espécies endêmicas (17%) e espécies típicas de rios dos escudos (15% das espécies). Áreas que abrigam o maior número de espécies endêmicas na bacia do Rio Xingu são as corredeiras da região de Altamira, a sub-bacia do Rio Curuá, na Serra do Cachimbo e o alto Xingu.

Na bacia do Tapajós, os endemismos concentram-se no trecho de corredeiras desse rio, na região de Pimental e na porção superior da bacia, incluindo os Rios Teles Pires e, especialmente, a sub-bacia do Rio Juruena. Estudos de inventário hidrelétrico dos Rios Jamanxim e Tapajós realizados pela Eletronorte identificaram duas áreas prioritárias para locais barráveis, sendo o primeiro situado cerca de 50 km a montante da cidade de Itaituba, entre as vilas de Pimental e São Luiz do Tapajós, junto às cachoeiras de Maranhão Grande e Maranhãozinho.

Constitui-se em um dos locais mais interessantes do ponto de vista energético, uma vez que compreende uma série de quedas d'água, que se distribuem em um trecho de 5 km do rio, incluídas as Cachoeiras de São Luiz do Tapajós, que perfazem um desnível hidráulico natural da ordem de 14m.

O segundo ponto foi no Rio Jamanxim, no trecho entre os quilômetros 35 e 43, que apresenta diversos locais apropriados para barramento, tendo sido escolhido o local do km 43 em função da condição topográfica mais favorável. Visando efetuar levantamento prévio da ictiofauna nessa área, visto que são poucos os dados primários disponíveis em literatura, o Centro Nacional de Pesquisa e Conservação de Peixes

A gênese de Ita

Continentais (CEPTA) realizou uma expedição de 19 de setembro a 09 de outubro de 2011, com o objetivo de coletar material biológico (peixes e parasitas de peixes) para gerar dados primários sobre a ictiofauna e parasitofauna presentes no Rio Tapajós, estado do Pará.

Esses dados poderão ser utilizados como indicadores de alterações ambientais decorrentes de ações antrópicas na região abrangente do Parque Nacional da Amazônia e de seu entorno.

AS MANIFESTAÇÕES CULTURAIS DE ITAITUBA

Diferentemente de outras cidades da região, que têm na sua essência a cultura nativa, como Santarém, Alenquer, Monte Alegre e outras, devido à forma como foram colonizadas, Itaituba tem suas especificidades culturais características de cidades com históricos que vão desde a forma como foi fundada, seus ciclos econômicos e os altos índices migratórios.

Essas particularidades têm suas origens marcadas pelas expedições portuguesas nessa região, com o objetivo de resguardar o Rio Amazonas e expulsar possíveis invasores, uma delas foi a conquista do Tapajós pelo comandante Pedro Teixeira em 1626. Essas expedições fizeram com que os nativos do lugar tivessem suas primeiras experiências com um novo tipo de homem com hábitos e culturas desconhecidos para eles.

Outros que chegaram nessa região foram os jesuítas, em 1661, formando diversos aldeamentos por todas as margens do Tapajós, com o objetivo de catequizar os nativos. Mesmo com certos conflitos de aculturação, conseguiram interferir em seu processo cultural impondo-lhes novo comportamento, sobretudo religioso.

Com o processo de escravidão no Brasil, mais uma etnia em fuga buscava refúgio nessa região: dessa vez, os negros. Certamente encontraram abrigo por conta da dificuldade de acesso, formando alguns po-

A gênese de Ita

voados, com isso ganhando espaço natural com uma nova perspectiva de sobrevivência.

Do convívio com o branco, o negro e o indígena, tem início a composição da miscigenação ou mestiçagem que consiste na mistura de raças de povos nessa região. Esse processo deu início a uma sociedade ligada a uma cultura amazônica com hábitos naturais, com seus rios, florestas e crenças em um ambiente rural especialmente ribeirinho.

Com toda essa miscigenação, segundo Loureiro (1995, p. 24), houve "a predominância do índio sobre o negro e o branco", personificado na figura do caboclo, mística descendência de índio e branco.

Para aumentar ainda mais essa diversidade étnica na Amazônia, de 1930 a 1945, período do Estado Novo no Brasil, chegaram os migrantes nordestinos para um projeto do Governo Federal, "A Batalha da Borracha". Esse projeto fazia parte de um acordo entre Brasil e Estados Unidos, mais de 50 mil camponeses nordestinos foram alistados para o projeto na Amazônia e receberam o nome de soldados da borracha.

Em 1946, finalmente o país se dava conta da dimensão da leviandade com que a migração fora conduzida e da tragédia de seus resultados. Por toda a imprensa do país apareciam reportagens mostrando as condições dos soldados da borracha, alardeando o número de mortos e cobrando responsabilidades.

O escândalo foi tão grande que o Congresso Constituinte decidiu formar uma comissão de inquérito. Ouviu-se uma série de autoridades responsáveis pelos programas, recriminou-se o Estado Novo. Os migrantes dependiam da caridade para poderem voltar. O sonho de uma nova era da borracha tinha terminado em pesadelo.

Muitos desses homens morreram com malária ou com as diversidades da selva amazônica, outros buscaram pequenos povoados em uma tentativa de recomeçarem suas vidas, como foi o caso do paraibano

A gênese de Ita

João por Deus, que chegou em 1942 como soldado da borracha e não foi mais embora, constituiu família casando-se com uma filha nativa de Itaituba, dona Ithay Couto, com quem teve 12 filhos.

Das muitas entrevistas que gravei com o casal, uma delas na pedra da Praia do Sapo, ele, brincando, disse: "eu peguei mesmo essa mulher foi no laço em uma dessas praias do Tapajós", se referindo à descendência indígena da dona Ithay, neta de uma mundurucu, a qual retrucou, sorridente, "ele laçou mesmo foi meu coração".

O SEGUNDO MOMENTO DA MIGRAÇÃO NORDESTINA E A CULTURA MUTANTE

O Programa de Integração Nacional (PIN) foi um projeto criado durante o governo presidencial do general Emílio Garrastazu Médici (1969-1974), que tinha por principal objetivo a ocupação de terras na região amazônica por meio da imigração de contingentes populacionais da região Nordeste.

O Programa foi regulamentado pelo Decreto-lei 1.106, de 16 de junho de 1970, e pretendia realizar a integração das regiões Norte e Nordeste que eram fiscalizadas, respectivamente, pela Superintendência do Desenvolvimento da Amazônia (SUDAM, criada em 1966) e pela Superintendência do Desenvolvimento do Nordeste (SUDENE, criada em 1959).

De certa forma, o PIN absorveu as atividades da SUDAM e da SUDENE, passando a promover uma proposta desenvolvimentista inter-regional, suplantando o caráter regionalista das superintendências. Segundo o antropólogo Otávio Velho, essa abordagem inter-regional do governo Médici foi originada a partir da visita do general ao Nordeste para acompanhar as secas que assolavam a região em 1970.

A gênese de Ita

O Programa de Integração Nacional propôs, principalmente, a construção de rodovias como meio de superar essas desigualdades regionais. Assim, foram planejadas as construções da rodovia Transamazônica e da rodovia Cuiabá-Santarém, além de reformas e apoio financeiro à rodovia Belém-Brasília e à rodovia que conectaria Manaus à rodovia Brasília-Acre. (Fonte Cf. VELHO, 1995 - 1998).

Itaituba recebendo um presidente militar, Ernesto Geisel.

"Terra sem homens para homens sem terras". Esse advento marcou outra leva de migração em Itaituba, principalmente com a abertura das rodovias Transamazônica e Cuiabá-Santarém, foi também o início do processo de aceleração da globalização no município Itaituba.

Primeiras famílias migrantes em Itaituba. Foto de domínio público.

A gênese de Ita

Para o sociólogo e professor José Edinaldo, que também é um migrante, a economia extrativista influenciou significativamente na formação populacional de Itaituba, integrando elementos nativos e migrantes, principalmente nordestinos, o que contribuiu para a formação de uma cultura sincrética prevalecendo até os dias atuais.

Seguindo sua trajetória cíclica, a cidade de Itaituba atravessou o ciclo da borracha desembocando na economia aurífera, um dos ciclos mais marcantes de sua história, seja no aspecto demográfico, seja no aspecto cultural, político ou econômico.

Com as descobertas das bacias auríferas na região do Tapajós por Nilson Barroso Pinheiro e seu irmão Edson Pinheiro, na década de 50, com o auge desse ciclo acontecendo mesmo entre as décadas de 70 e 80, modificou-se toda a configuração do município. Demograficamente foi determinante para a formação efetiva da população enquanto cidade. Os dados dão conta que tal crescimento marcou a história da cidade de lama e sangue.

A busca pelo precioso mental era grande e o número de famílias que abandonavam suas terras no Nordeste, principalmente do Maranhão, para aventurar-se em busca do ouro, provocou uma explosão demográfica atraindo também pessoas de outros estados brasileiros, como pilotos de pequenas aeronaves que faziam as chamadas pernas, conduzindo óleo diesel e alimentos para os garimpos. Foi a chamada "Febre do Ouro". Sem nenhuma infraestrutura, a cidade sofre às custas desse desordenamento.

Paralelo a esse ciclo, surge outro, o madeireiro e agropecuário, gerando controvérsias nos fatores econômicos em detrimento das políticas ambientais, criando assim um forte paradoxo: Amazônia, um santuário? Ou Amazônia, um almoxarifado? Nem santuário, nem almoxarifado, fato é que esse desentendimento gerou grandes conflitos em escala nacional e até mesmo global. Seguindo as premissas do capitalismo selvagem, desponta a corrida dos grãos tornando nosso município, via portos de Miritituba, um verdadeiro elo de ligação com o mundo.

Os empresários da soja e do milho em parceria com os governos municipal, estadual e federal se apoderam da fraqueza das populações para despontar o agronegócio para o mundo sem deixar benefícios locais suficientes para justificar os malefícios criados pela implantação dos empreendimentos. Em todos os aspectos, políticos, econômicos e sociais, a distorção é visível. O empreendimento em si não é danoso. O danoso é a ausência de políticas públicas por parte dos nossos governantes junto à irresponsabilidade social da maioria das empresas que só primam pelo lucro e acumulação de capital.

Voltando a falar sobre a explosão demográfica e a diversidade de naturalidades em Itaituba, gerada por todos os ciclos já mencionados, os indivíduos começaram a interagir entre si formando grupos e buscando formas de divertimento. Essa população preenchia seu tempo de lazer entre a casa e a rua, ou seja, o público e o privado, um espaço intermediário onde se desenvolvia um tipo particular de sociabilidade, mais ampla que aquela fundada nos vínculos familiares, porém mais densa, significativa e estável que as relações formais e individualizadas impostas pela sociedade, que procura expressar uma rede de relações que combina laços de parentesco, vizinhança e procedência permitindo assim a convivência entre ambos pelo processo de aculturação.

Essa tese foi objeto de estudo do então Ministro da Fazenda, depois presidente do Brasil e sociólogo Fernando Henrique Cardoso, em 1998, ao investigar formas de lazer da população de São Paulo.

A MÚSICA

"Música é a arte que expressa os diversos sentimentos da alma mediante o som". Desconheço o autor desse provérbio sentimental. Porém,

tive a felicidade em compreender esse conceito musical com meu cunhado e padrinho "Seu Nestor", assim era conhecido em seu trabalho, no BEC (Batalhão de Engenharia e Construção), em Santarém. Exímio músico saxofonista que, além da banda do Pinduca, participou de conjuntos de bailes e bandas regionais.

O referido conceito de que a música é arte de expressar os diversos sentimentos da alma mediante o som e que a humanidade sem música seria um erro, vou além. Penso que também ecoa, nos aproxima de quem amamos, nos remete ao passado, nos transforma e nos fascina muitas vezes. Uma bela canção torna-se um laço entre os povos pela sua linguagem entre os seres, pela paz, harmonia e até mesmo como uma identidade com o próprio ser e sua diversidade.

A INFLUÊNCIA MUSICAL EM ITAITUBA VEM DE VÁRIAS FONTES

Para viajar no conhecimento e nas influências musicais que passou Itaituba, tive o privilégio de contar com o apoio de verdadeiros personagens que viveram e protagonizaram histórias relacionadas à música, como Paulo Eduardo, Gil Barata e Armando Mendonça.

Segundo Paulo Eduardo, com uma visão do Conceito Antropológico Difusionista, "o mais comum, na influência musical e mais presente nos rincões brasileiros, foi o rádio. Por meio das emissoras em frequência que alcançavam Itaituba, especial em OM (Ondas Médias), chegavam os grandes sucessos musicais do Brasil nas vozes consagradas de Dalva de Oliveira, Orlando Silva, Elizeth Cardoso, dentre outros, além dos ritmos caribenhos como salsa, mambo, merengues". Isso era nos idos dos anos 1950.

Outra fonte importante da cena musical itaitubense foram os serviços de alto-falante, composto de um tocador de disco (vitrola) e um

A gênese de Ita

alto-falante (um amplificador de voz), que ficava alteado num poste para irradiar o som às partes mais longínquas da cidade.

O primeiro serviço de alto-falante pertenceu ao senhor Eça Mesquita, pai da professora Léia Mesquita Furtado e avô da professora e cantora Roberta Furtado, e se localizava na Praça do Centenário, no quiosque onde funcionava o Bar Maracangalha. Fez muito sucesso no início dos anos 1960 e tocava sucessos de cantores como Silvinho, Anísio Silva, Waldick Soriano, Orlando Silva, dentre outros.

Na pequena Itaituba do passado, sem interação e com o intercâmbio cultural interditado pelo isolamento e pela distância da nossa cidade com os grandes centros urbanos brasileiros, outra fonte importante das novidades eram os estudantes, filhos da terra, que estudavam na capital Belém e, ao retornarem para suas férias em Itaituba, traziam as novidades musicais que eram agregadas aos ávidos moradores da nossa cidade tão carente de um consumo cultural qualificado. Jorge Ben, Chico Buarque, Elis Regina, Tom Jobim, Toquinho e Vinícius, Caetano, Gil e muitos outros foram nos apresentados por esses estudantes.

Outro marco musical da cidade de Itaituba foram as "Pastorinhas" cujo principal contexto era de fé e gratidão, realizado nas igrejas e residências. Com objetivo religioso, eram entoados cânticos gregorianos também pelas saudosas Celita, Dona Ithaí, Idolazi, Rosinda etc.

Não menos importantes como fontes irradiadoras de novidades musicais na nossa cidade eram os pilotos de pequenas aeronaves que chegavam a Itaituba para o trabalho nos garimpos e geralmente eram oriundos de centros urbanos dos estados do Sul e Sudeste, como São Paulo e Paraná. Sempre tinham uma música nova, nessa época muito ligada à Jovem Guarda, na segunda metade dos anos 1960, na qual pontificavam Roberto Carlos e sua trupe, também um jovem pernambucano chamado Reginaldo Rossi.

A gênese de Ita

Por fim, merecem destaque os regatões, barcos configurados como lojas ambulantes que cortavam os rios da Amazônia e chegavam até Itaituba trazendo para venda mantimentos, gêneros de primeira necessidade e vestuário. Traziam também, claro, músicas novas que eram incorporadas ao consumo dos jovens itaitubenses carentes de músicas boas e cultura.

Foi, por exemplo, no barco do Cebola, regatão famoso na cidade, que uma turma de jovens itaitubenses conheceu a música de um desconhecido cantor e compositor Paulo Diniz, autor de muitos sucessos e de um especial que foi muito tocado nas rodadas de violão no início dos anos 1970: "Quero Voltar Pra Bahia".

O complemento dessa odisseia musical fica com o nosso poeta Gil Barata, que transcreve direto de Belém. Nessa mesma época, surge o conjunto "Os Musicais", seu forte era tocar em bailes. Nesse momento histórico surge o personagem Francisco Fernandes da Silva (Chico Caçamba) como empresário musical e cultural da cidade.

Os conjuntos de baile e os Chorões de Rodas eram fortes em seresta etc. No grupo de choro, surgiram alguns personagens como Bodinho (cavaquinho), Raimundo Dias (bandolim), Felipe (violão), Luiz Pereira (cantor), Tadeu (saxofone) e Calambão (cavaquinho). Como representatividade na construção de instrumentos, existiam os irmãos Lazinho e Cutíco Baima.

Os "Musicais" (Zé Burro, Chico Lopes, Chico Soldado, Caçiporé, Nego Tacacá e Babá). Arquivo Gil Barata.

A gênese de Ita

Outro personagem inesquecível da vertente musical itaitubense foi Antônio Caetano dos Santos, conhecido entre seus amigos como "Cacau", filho caçula de Joanilhia Caetano dos Santos e de Lázaro dos Santos. "Cacau" nasceu em 26.06.1940, na Vila de São Luiz do Tapajós. Era um músico autodidata e possuía muito talento. Tocava violão, cavaquinho e se destacava pela sua habilidade e percepção musical. Em parceria com os amigos, tocava em bailes e serenatas nas noites itaitubenses nas décadas de 60 e 70.

Antônio foi casado com Nair de Sousa Santos e construiu sua família com cinco filhos (Silvelene, Silvany, Silveth, Silvio e Sildomar). Exerceu atividade profissional de motorista de veículos pesados (caçamba basculante) no extinto DNER. Porém, em uma tarde de domingo do mês de outubro de 1978, após um dia de lazer e muita se-

Antônio Caetano dos Santos (Cacau).
Foto: arquivo família.

resta, ao retornar ao seu lar em uma caminhonete aberta com seus amigos, "Cacau" sofreu um trágico acidente. O veículo se descontrolou chegando a capotar cerca de três vezes, deixando todos os passageiros feridos, mas com vida, com exceção do nosso "Cacau", que veio a óbito devido a uma fratura no pescoço, encerrando infelizmente, de forma prematura, a história de vida de um grandioso músico e filho de nossa cidade.

O acidente ocorreu às margens da Rodovia Transamazônica no perímetro conhecido popularmente, até nos dias atuais, como "curva da morte". Ele partiu para as serestas celestiais mas deixou sua descendência musical por intermédio dos filhos, todos com o DNA da música em suas veias. Silvina e Sildomar Santos participaram de todos os movimentos musicais nessa terra.

A gênese de Ita

No governo do Silvio Macedo, ele prestou uma homenagem ao amigo e companheiro da boêmia, edificando uma praça e a estátua do violeiro, mas o governo seguinte a demoliu. Já na era Roselito Soares, Silvio era o vice-prefeito e percebendo que a população cobrava sempre o monumento em homenagem ao seresteiro Cacau, sabendo que Valdemir Lima, esposo da professora Antonieta, tinha esculpido uma obra de arte com as características de um violeiro, Silvio pediu à família Lima que, prontamente, doou para o município. O violeiro não tinha as mesmas características do caboclo de São Luís do Tapajós, mesmo assim foi aceito como homenagem a todos os músicos itaitubenses e hoje faz parte do cenário urbano da cidade pepita ao lado do garimpeiro.

Zé Burro, Chico Lopes, Chico Soldado, Caçiporé, Nego Tacacá e Babá. Arquivo Gil Barata.

Silvio Macedo/Truth e Nego Tacacá. Arquivo de Gil Barata.

A gênese de Ita

Em meados dos anos 70, em Itaituba, surgiram os primeiros músicos e compositores, que se reuniam em bares e casa de amigos. Silvio Macedo fez parte desse grupo seleto e nos abasteceu com muitas informações e fotos da época. Outro parceiro e colaborador que hoje reside em Belém foi o compositor instrumentista Gil Barata, com quem tive o privilégio de produzir o primeiro videoclipe de Itaituba, do seu álbum "Amarelindo Brasil", com a canção Cores do Exílio. Barata, que sempre teve grandes habilidades em tecer com as palavras frases e textos, fez um resgate histórico da música itaitubense e brasileira.

Também nos anos 80, espontaneamente sugiram alguns personagens que fizeram parte da história musical de Itaituba. Edivaldo de Paiva Macedo (Perremá) foi um desses personagens, que adorava tocar Tim Maia, Roberto Carlos e sambistas de renome nacional.

Outras figuras surgiram também no circuito musical como Davi Lima, Gil Barata, Guajarino, Hermógenes Sales, que participaram do Festival de Música Itaitubense, com a música vencedora "Democracia", de Gil Barata e Aroldo Pedrosa, interpretada por Gisele Alho, acompanhada pelo grupo Voto Vinculado, uma alusão à imposição da ditadura militar em que o eleitor teria que escolher candidatos de um mesmo partido para todos os cargos em disputa, sob pena de anular o voto.

I Festival de Valores da Terra - Gil Barata, Gisele Alho e Grupo Voto Vinculado.

A gênese de Ita

Democracia era uma canção política que trazia os primeiros sinais da volta da liberdade democrática, depois de mais de vinte anos de ditadura civil militar no Brasil e o povo clamava pelas diretas já.

Aqui a letra da canção vanguardista "DEMOCRACIA", de Aroldo Pedrosa com melodia de Gil Barata, interpretação de Gisele Alho e Grupo Voto Vinculado, que se tornou referência na região.

A brasa acesa do cigarro
Na negra noite cintilante vaga-lume no quintal
E o pensamento voa à toa
No ronco louco do meu carro corre o pessoal
Bandeira tremulando ao vento
Rebenta o canto que eu invento na garganta de quem vem
Quem vem, vem lá, sei lá de onde
E o padre na capela sorridente diz amém
Menino aqui só pensa em bola
Não quer saber mais de doutor
Pelé no poster da parede
Com Xuxa e Brigitte Bardot

REFRÃO
A bomba explode nas Malvinas
No Líbano e em El Salvador
Prostituiu-se Carolina
Morreu mais um mergulhador
Agora o papo é diferente
A brasa acesa do cigarro finalmente se apagou
O dia, enfim, já vem raiando
E lá vem vindo o meu amor

A gênese de Ita

(E lá vem vindo o meu amor)
Cadê? Cadê?...
Cadê meu título de eleitor!

Em 1985, no Festival do Baixo e Médio Amazonas, em Santarém, Gil Barata também foi vencedor com a música Boto-cor-de-rosa, mesmo com jurados importantes e conhecedores musicais, como Paulo André Barata, Ruy Paranatinga, Sebastião Tapajós, Jane Duboc, Moacir, entre outros.

Nesse festival tivemos a sorte de acompanhar como cinegrafistas da TV Itaituba toda a comitiva que seguiu para Santarém. Nessa década, a música unia uma geração que se agrupava no Trapiche, no Sonda Bar, na residência da família Gaspar, na Família Mendonça, entre outras. Eis que surgiu um segmento musical com modismo na época, em função da região garimpeira, o Brega, com Amilton Ramos e Edson Maranhão.

Como referencial na música de salão ou baile, existiu o Pepira, funcionário do Banco do Brasil, que tinha o conjunto MC-5 com alguns membros, como Jair de Souza, Beto, Cláudio. Em seguida, Manoel Cordeiro também deu sua contribuição. Hoje mora e trabalha em Belém do Pará.

Wilson Furtado, Antão (sax), Davi Lima (cavaco), Gil Barata (violão), Guajarino (atabaque) e Manoel Alho (sentado).

Gil Barata, Silvio Macedo e Aroldo Pedrosa.

A gênese de Ita

Gil Barata faz parte da geração musical dos anos 80. Ele gravou seu primeiro trabalho em vinil, com o disco mix Amarelindo Brasil, em São Paulo, produzido pelo Beto Scala e Jair Rodrigues, que fez lançamento na Região Norte e Nordeste. Hoje Gil Barata é uma expressão e referência musical em âmbito nacional, até mesmo como compositor, o qual presenteou Itaituba com a canção "Eternamente Itaituba", no aniversário de 160 anos; gravada por Jair de Sousa no Ita Canções ll. Com a mudança definitiva do Aroldo Pedrosa para sua terra natal, Macapá, e Jonas Oliver, para Londres, os programas de variedades na televisão que trabalhavam muito na visão das linguagens culturais, principalmente da música, se ressentiu e, por algum tempo, a comunidade cultural ficou adormecida.

Em 1999, começamos um trabalho na TV Tapajoara com o quadro Fim de Semana, nas sextas-feiras, dentro do programa jornalístico *Focalizando*. A aceitação popular entusiasmou-me a enveredar mais pelos caminhos do resgate de coisas já quase esquecidas nesse município, como a própria história da emissora.

Mais tarde, com o resgate de todo o processo de implantação da televisão e rádio na cidade, a equipe, que produzia o Fim de Semana, começou a recorrer aos preciosos arquivos, catalogando e os exibindo. Trazendo, assim, o interesse do público por nossas raízes.

Registramos centenas de entrevistas com personalidades históricas do município, como Fran Mendonça, Altamiro Raimundo da Silva, Francisco Fernandes de Silva, Tibiriçá Santa Brígida e muitos outros. A ideia de resgatar e fomentar a arte e a cultura tomou forma. A equipe Tapajoara incorporou essa ideia como propósito na sua rotina de trabalho.

Itaituba é uma colcha de retalhos, como diria Sebastião Lima, montada com vários povos e costumes diferentes, mas tinha a necessidade de algo que retratasse o sentimento nativo. Em 1999, o prefeito Dr. Edílson Botelho (*in memoriam*) realizou um grande projeto na área musical

A gênese de Ita

com o festival FECTAM, uma boa safra musical foi apresentada. O projeto incluía a gravação de um CD, algo que aconteceu, não sabemos quais os motivos que não foi lançado, mas foi uma retomada extremamente necessária. O quadro Fim de Semana valorizou muito, difundindo essas obras e incentivando o grande número de talentos existentes nessa terra de pedras miúdas.

Sucessivas exibições de clips e matérias especiais contribuíram também para o renascimento da autoestima dos itaitubenses em relação à música.

Outro instrumento de propagação essencial foi o Programa Notícias de Sábado, com Pedro Filho, escancarando de vez as portas para o bregão de Amilton Ramos, Índio da Amazônia, Antônio Marques, entre outros.

Outra contribuição gigantesca do Pedro Filho foram os shows de calouros dos bairros e de escolas, realizados no programa. Tudo foi muito marcante. A valorização e o incentivo das pratas da casa por parte dos veículos de comunicação iniciaram com a nossa primeira experiência na produção de um CD em homenagem aos 15 anos da TV Tapajoara, no qual gravamos duas músicas dos cantores Naldo Mota (*in memoriam*) e Jeconias Miranda, interpretadas por Sildomar Santos e Evellin Bispo.

A velha guarda itaitubense foi a pioneira na expressão musical em Itaituba, capitaneada por Francisco Fernandes Silva, Silvio Macedo, Raimundo Nonato, Chiclete, Chico Soldado, Leopoldo, Cacau, Jair de Sousa, com o Som Amazônia, João Sarmento, Nanón e tantos outros personagens ligados à música que foram importantíssimos para a sequência da próxima geração.

Mas o sentimento nativo da região precisava ser introduzido com maior intensidade. Isso começou a ser despertado já com a nova safra de cantores, compositores, músicos e alguns remanescentes da velha guarda. Silvio Macedo, Edson Fred, Black Eixo, Jair de Sousa, Zé Maria, Orivaldo Fonseca começaram a compor músicas voltadas à cultura local

A gênese de Ita

para serem tocadas e ouvidas nos bares nas escolas e nas programações culturais. As danças folclóricas começaram a coreografar as nossas próprias músicas e apresentar nos festivais folclóricos.

José Maria e Naldo Mota fizeram juntos a canção Canto Nativo, gravada por Nato Aguiar. Essa canção teve ampla aceitação popular, até chegou a ser confundida com o hino municipal. Foi um dos fatores marcantes para o início do resgate da alma itaitubense.

Em 2005, em sua monografia, Raimundo Nonato Aguiar, no curso de especialização Lato Sensu em Docência do Magistério Superior na Faculdade de Itaituba - FAI, trabalhou "A presença do imaginário amazônico no município de Itaituba", fazendo análises das narrativas orais de algumas lendas, poesias e a canção Canto Nativo, mostrando a presença do imaginário também na música.

Canto Nativo
Nurandaluguaburaba
Pai senhor tupuiaçu
O meu canto em águas claras
Te faz joia rara
Como uirapuru

Do verde fértil ao chão caído
No canto eu suplico para despertar
Trago em minhas mãos o tempo
Na frente a certeza que o sol brilhará

O meu canto é nativo
Dos Tapajós e Boraris
Mundurucus em passos lentos

A gênese de Ita

Bem-te-vi ao vento doce juruti
Canto o Paraná Mirim
O mergulho boto tucuxi
Sonda praça, Pederneira
Itapeuá-areia, Itaituba

O meu coração nativo
Amazônia, índio, Oeste Pará
Tapajós banzeiro a voz violeiro
Não quer mais parar

O Canto Nativo é de um trovador que não se revela, aludindo a uma cantiga de amor que quebra as convicções ao revelar o nome da amada cantada: Itaituba. Porém, conforma-se com a sua posição de simples amazônica, índio, que vive no Oeste (selvagem) do Pará a entoar uma canção harmoniosa pelos banzeiros do Rio Tapajós, sem querer jamais parar o seu canto conforme Raimundo Nonato Aguiar, o nosso Nato Aguiar, no seu trabalho a Presença do Imaginário Amazônico.

A MÚSICA NATIVA

Nato Aguiar teve grande influência nesse processo, pois foi um dos primeiros a gravar com essa temática voltada para a região Oeste do Pará, interpretando as canções na vida noturna itaitubense, como no Hotel Apiacás e logradores públicos. Edson Fred, Herrison Willian, Blach Eixo, Jeconias Miranda, Cabelinho, David Salomão, Sildomar Santos, Jair de Sousa, Silvio Macedo são também responsáveis por esse processo que veio desencadear o mais importante projeto cultural musical até hoje realizado em Itaituba, o CD Ita em Canções, em 2005.

A gênese de Ita

Idealizado pela equipe da TV Tapajoara, produção de João da Cruz, Ney Franklim, Sildomar Santos, Nato Aguiar e a participação dos cantores, compositores, músicos da terra e apoio do governo municipal, na época Roselito Soares. No final do ano de 2006, completou o projeto quando lançamos o DVD do Ita, outro importante documento da história da cultura musical do município de Itaituba.

Foto: Acervo TV Tapajoara.

Ita em Canções, 2005. Foto: Acervo TV Tapajoara.

Acredito que a música sempre teve poder transformador na sociedade, é uma das linguagens artísticas mais completas, pois expressa diversos sentimentos e emoções dentro do universo social.

A gênese de Ita

Fundamentado em uma das obras do escritor português com várias premiações mundiais, Pedro Coelho, "A TV de a Proximidade e os Novos Desafios do Espaço Público" nos desafiou a trilhar uma estratégia de consolidação empática com a comunidade, buscando os seus personagens para o palco principal da contemplação popular, trazendo o sentimento de pertencimento das nossas coisas e dos espaços públicos.

Treze anos depois do lançamento do Ita em Canções e fazendo parte das comemorações dos trinta anos da TV Tapajoara, voltamos a vislumbrar o Canto Nativo Tapajônico, lançando o Festival Ita em Canções II, tendo na coordenação de seleção das músicas inscritas músicos avaliadores da Universidade Estadual do Pará, U.E.P.A, sobre a batuta do mestre Nato Aguiar. O festival teve na sua essência a temática Itaituba, Tapajós, Amazônia, sendo os ritmos liberados considerando que a história do município é fruto de uma miscigenação cultural.

Em um memorável sábado do dia 13 de dezembro 2019, uma grande estrutura foi montada para receber o público itaitubense, dando início às comemorações dos 162 anos da cidade e fazendo parte da programação dos 30 anos da TV Tapajoara, foi realizado o Festival com a gravação ao vivo de um CD e DVD, com o apoio de várias empresas privadas e a Prefeitura Municipal de Itaituba por meio do prefeito Valmir Climaco.

A gênese de Ita

Fotos: Acervo TV Tapajoara.

Um corpo de jurados de alto nível, cantores e compositores de renome da música popular paraense, como Gonzaga Blantez, Nilson Chaves e Sebastião Tapajós, foram convidados para apoiar a expressão máxima musicalidade tapajônica.

Fotos: Acervo TV Tapajoara.

Dezesseis canções inéditas participaram do festival. A vencedora foi Minhas Emoções, do Mano G. Em segundo lugar, ficou Eternamente, de Gil Barata, com interpretação de Jair de Sousa. A terceira colocação ficou com Alessandra Alexandre, Templo Tapajoara.

O MOVIMENTO CULTURAL ITA EM CANÇÕES ATINGE A SUA TERCEIRA EDIÇÃO

Fotos: Acervo TV Tapajoara.

O resgate de valores, da história e do amor por Itaituba e tudo que é dessa terra, que nos identifica e nos liga à essência da nossa gente, por meio da música, da dança e do audiovisual, teve sequência com mais uma edição do evento.

A gênese de Ita

O Ita em Canções III diferenciou-se das edições anteriores por ter sido realizado em um período de extremo desafio para humanidade: a pandemia da covid-19. Em um momento em que diversos setores da sociedade diminuíram o seu ritmo de atividade e produção, que o setor cultural foi um dos mais atingidos e chegou a paralisar suas atividades, a TV Tapajoara não desistiu e se reinventou.

Seguindo os protocolos de segurança, a TV Tapajoara realizou duas grandes *lives* musicais, com o teor social, arrecadando alimentos e doando para famílias carentes do município.

Essa nova forma de trabalhar e de estar junto ao público, mesmo que distante, trouxe um novo gás, um novo ar de esperança para equipe que começou a planejar a terceira edição do Ita Canções.

O período de inscrição para os compositores e intérpretes aconteceu de 1º de abril a 30 de maio de 2021. Foram inscritas 35 músicas que passaram pela seleção de uma equipe da UEPA-Santarém, coordenada pelo cantor, compositor e professor Nato Aguiar.

As doze músicas classificadas para participar do festival foram:

- Itaituba acolhedora;
- Cidade de encanto;
- Cantar;
- Ninar;
- Soberana do rio;
- Rainha da Amazônia;
- Chamego;
- Mateiro;
- Terra prometida;

- Itaituba e suas diversidades;
- Eu te amei;
- Quererá.

O auditório da TV Tapajoara foi transformado, no dia 19 de junho de 2020, em palco do Ita em Canções, com transmissão ao vivo pela TV Tapajoara, com uma grande estrutura de som, telões de LED, mostrando a arte e paixão de cada intérprete, acompanhado pela competente banda de músicos santarenos, coordenada pelo produtor musical Douglas Lima.

Em primeiro lugar, ficou a canção Itaituba e Suas Diversidades, de Jenilson e Mano Pé.

Em segundo, Quererá, com Jow Pirre e Ceindy Kerollyn. Em terceiro lugar, Sabores do Rio, com Mano G e Marcus Alexandre.

A gênese de Ita

O Ita Canção III, além de ter sido transmitido ao vivo pela TV Tapajoara, foram gravados CD e DVD, distribuídos para as instituições em Itaituba e representantes comunitários.

FESTIVAIS DE DANÇAS E QUADRILHAS

As comemorações das festas juninas no Brasil, além de manterem as características herdadas da Europa, como a celebração dos dias dos santos católicos, São Antônio, São Pedro e São João, também mesclam elementos típicos do interior do país e de tradições sertanejas, forjadas pela mescla das culturas africana, indígena e europeia.

No Nordeste brasileiro, a festa junina se tornou muito popular, envolvendo danças com trajes específicos, comidas típicas, bebidas, fogos, balões, fogueiras e outras particularidades. Assim, cada região foi agregando elementos da sua terra nos festejos juninos.

Em Itaituba, nos tempos passados, já havia as quermesses juninas que eram realizadas nos espaços livres. Nos terreiros das casas, já tinham as disputas dos Cordões de Pássaros, as Pastorinhas, Quadrilhas e outras atividades, segundo a historiadora Regina Lucirene, com que gravei várias entrevistas para a televisão e este trabalho. Professora Regina falou com emoção das lembranças do tempo que a senhora Idolasy de Moraes das Neves, Celia Lages Virgulino (Celita), Joaninha Caetano e Helena Salomão foram as principais personagens que trabalharam a linguagem artística das danças e folguedos. Um fato bem interessante narrado pela professora é: "quando os cordões iam dançar, geralmente iam por ruas diferentes para não se encontrarem".

O local de maior frequência das apresentações era na frente do salão paroquial. O Samuel Bermeguy (Samuca), proprietário do Super Tudo Samuca, realizava tradicionalmente quermesses em frente à sua casa e chamava as Quadrilhas e Cordões de Pássaros para dançarem. No final, distribuía comidas típicas para todos, se tornando um momento esperado pelos brincantes.

Os Cordões eram divididos por categorias. Pássaros: Tangará, Tem-Tem, Garça, Pinguim, Arara, Bem-te-vi, Rouxinol, Canário e Tucano. Na categoria de bichos, incluía: Boi, Macaco e a Preguiça. Ainda tinha a categoria da Barca e os Cordões dos Andirás.

Outro momento marcante da história dos grupos folclóricos era na Feira do Agricultor promovida pelo município, na qual as comunidades vendiam seus produtos e traziam suas danças.

FESTIVAL DA RÁDIO ITAITUBA

Pequenos festivais foram realizados entre quadrilhas e danças folclóricas, como ficaram conhecidos os grupos que não pertenciam à categoria de quadrilha, mas o considerado mais importante de todos foi o Festival da Rádio Itaituba, comandando pelo radialista Rozza Paranatinga, em 1989. Mas a primeira disputa foi a partir de 1990.

Rozza Paranatinga, criador do festival RI. Foto: TV Tapajoara.

Nesse festival, os grupos foram incorporando novos elementos em suas evoluções, como novos passos, diversas marcações, figurinos modernos, abordando uma temática, na maioria das vezes, história do imaginário local ou de personagens históricos do município. Com enredo musical composto por eles mesmos, o que se tornou uma particularidade nos festivais juninos itaitubenses.

Joca e Baruquita/Acervo TV Tapajoara.

Das 16 edições realizadas, seguem os títulos na categoria Quadrilhas:

- 1990 - Baila Brasil;
- 199 - Brasileiros e brasileiras;
- 1992 - Quintal do vizinho;
- 1993 - Quintal do vizinho;
- 1994 - Brasileiros e brasileiras;
- 1995 - Quintal do vizinho;
- 1996 - Empate Quintal do vizinho e Baila Brasil;
- 1997 - Quintal do vizinho;
- 1998 - Baila Brasil;

A gênese de Ita

- 1999 - Baila Brasil;
- 2020 - Baila Brasil chega ao tricampeonato em anos consecutivos;
- 2001 - Houve outro empate entre Baila Brasil e Quintal do vizinho;
- 2002 - Caipiras do sertão;
- 2003 - Caipiras do sertão;
- 2004 - Caipiras do sertão fecha seu tricampeonato;
- 2OO5 - Baila Brasil ganha o último festival da Rádio Itaituba.

A partir de 2020, foram incorporadas as danças folclóricas. Os títulos ficaram assim:

- 2020 - Grupo Tapajós;
- 200 - Grupo Tapajós;
- 2002 - Cultura amazônica;
- 2003 - Cultura amazônica;
- 2004 - Cultura amazônica;
- 2005 - Cultura amazônica, de Sebastião Filho, o Sabá, faturou mais uma vez.

Todas as agremiações participantes, vencedoras ou não, ficaram na história marcadas pela lembrança das canções em formato de toadas, que não saem da cabeça dos puxadores, brincantes e das torcidas organizadas presentes no Chapéu do Povo, nas noites memoráveis dos festivais.

Quem não se lembra de Chica Pipira, Verdades e Mentiras, Itaituba Reluzente, Terra de Ouro e de Gente, da Saga de Zezão do Abacaxi e Luiza, do eterno garimpeiro Amilton Ramos, Bárbara Eternamente, Morreu Wirland, Nasceu a Lenda pra Contar no São João? Ou ainda

A gênese de Ita

Sete Estrelas, Sete Histórias; Maria do Patrocínio Azevedo Paxiúba, Muito Prazer, sou Tia Hilarita, Meu Sonho Maior, Minha Razão de Tudo, de Huehusseim Góis, Nos Bailes da Vida, uma homenagem ao criador do Festival Rozza Paranatinga.

Fotos: Acervo TV Tapajoara.

A maioria das canções temáticas que emplacaram nesses festivais foram compostas pela itaitubense Genésia Batista Azevedo, pesquisadora cultural, professora e escritora. Segundo nossa compositora, sua inspiração para a literatura veio com o Aroldo Pedrosa, com quem estudou lendo o livro *Flicts*, de Ziraldo, e na música com as canções que ouvia sua mãe cantar. Porém, declara: "Minha maior inspiração sempre foi Idolasy de Moraes Neves".

Genésia Batista. Foto: acervo particular.

A gênese de Ita

Bárbara Eternamente
Autora: Genésia Batista

Bárbara do Lago
Bárbara da Cruz
Bárbara Diamantina,
Deixou saudade

Na nossa festa junina
Nasceste para brilhar, era tão bonito vê-la
Em teu vestido rodado
Um branco, outro dourado
Bastava tua entrada
E o povo enlouquecido
Ficava todo de pé
Dizendo teu nome querido

Bárbara do Lago
Bárbara da Cruz
Bárbara Diamantina, deixou saudade
Na nossa festa junina

Saudade desses momentos
Saudade que não tem jeito
Sem teu sorriso faceiro
Vou chorar pois não tem jeito

Bárbara do Lago
Bárbara da Cruz

A gênese de Ita

*Bárbara Diamantina, deixou saudade
Na nossa festa junina*

*Bárbara do lago
Bárbara da cruz
Bárbara eternamente
Estrela que nos conduz*

A LITERATURA ESCRITA

O ser humano não nasce lendo e escrevendo, pois, essas práticas culturais necessitam de processos de ensino e aprendizagem. A aprendizagem, de acordo com a concepção vigotskiana, também faz parte do processo de constituição do ser como humano, que é de origem biológica e sociocultural, aprendizagem é um momento intrinsecamente necessário e universal para que se desenvolvam no ser humano características humanas não naturais, como a leitura e a escrita, formadas historicamente. (Vygotsky, 2006, p. 115).

Nessa perspectiva, a literatura é de grande importância para a sociedade. Sua leitura é imprescindível, pois, além de ser prazerosa, contribui para o enriquecimento cultural e intelectual de cada leitor, desenvolvendo seu senso crítico, despertando-o para novas experiências. Monteiro Lobato disse: "um país se faz com homens e livros".

O município de Itaituba, ao longo de sua história, tem produzido várias obras literárias por seus escritores, abrangendo diversos temas que compõem os registros históricos, informativos, jornalísticos, romances, poesias, contos e documentos oficiais das instituições.

Em 2005, a professora Marinelza Galvão Figueira, em sua monografia de pós-graduação em Docência do Magistério Superior da

A gênese de Ita

Faculdade de Itaituba, apresentou "Manifestações Culturais de Itaituba". Foi uma grande fonte para este livro, assim como o trabalho empírico cotidiano que desenvolvo na televisão Tapajoara.

Conheça algumas das principais publicações de autores itaitubenses:

- **Os sertões do Rio Tapajós** – de Raimundo Pereira Brasil, datado de 1910, trata sobre o período da decadência da borracha. O autor, além de coronel intendente do município de Itaituba, era proprietário dos principais seringais do Tapajós;

- **O Rio Tapajós** – essa obra, também do Raimundo Pereira Brasil, foi lançada durante a Exposição Nacional da Borracha, em 1913, no Rio de Janeiro. Retrata a história socioeconômica do município na época. O autor também utiliza o recurso da escrita para divulgar a região à capital internacional e atrair financiamento à produção da borracha;

- **Diagnóstico do município de Itaituba** – esse documento foi escrito após uma pesquisa de campo, em 1977, pelo Instituto do Desenvolvimento Social do Pará. Apresenta 104 páginas de conhecimento da realidade socioeconômica do município;

- **Humilhação e luta: uma mulher no inferno verde (1978)** – de Sally Knopf à madame Salomé, conta a saga de uma senhora polonesa que sobreviveu a duas guerras. A narrativa está na primeira pessoa abordando sua aventura como comerciante nessa região garimpeira do Tapajós, evidenciando fatos históricos, lugares, romances e enfatizando a ideia da lei do mais forte;

- **Ouro e sangue** – é um livro de denúncia publicado em 1981, de autoria de Luiz Fernando Sadeck dos Santos, o Peninha. Uma coletânea de reportagens descrevendo o cotidiano dos garimpos relacionado ao ouro como principal economia da cidade de Itaituba e suas contradições, como a violência, escravidão, prostituição, dentre outras patologias sociais;

- **Cantinas garimpeiras** – publicado em 1994, obra do sociólogo Ireno Lima, trata das relações sociais e produção existentes nos garimpos, tendo como foco principal as cantinas compreendidas pelo autor como "um entreposto comercial ativo";

- **Formação de núcleos urbanos no Garimpo do Rato, município de Itaituba** – livro cuja autoria é de Andréa Bittencourt Pires, de 1996, traz uma análise de dois ciclos econômicos de relevância na região;

- **Da voz à letra** – é uma coletânea de contos do município de Itaituba publicada em 2001, organizada pelos professores Alenilson Antônio Mota Ribeiro, Eliane Boscariole e Raimundo Márcio Pinto de Jesus. A obra traz como coautores os alunos do ensino fundamental e médio do Colégio Isaac Newton, a participação da diretora Norma Viana e do professor Raimundo Márcio Pinto, cada um com um conto;

- **Versos de ouro** – antologia poética de Itaituba, organizada por Carlos Paiva, publicada em 2004. Reúne produções poéticas de vários autores de Itaituba;

- **Blefo e Bamburro** – emoção e perigo nos garimpos de ouro do Brasil, do ex-vereador itaitubense e advogado Álvaro Castro. Publicado em 1998, é um romance regionalista, narra a história de pessoas sofridas que partem em busca de novos horizontes. O autor mistura ficção com realidade em um universo de garimpo cheio de particularidades. O livro já está na sua segunda edição, Blefo e Bamburro é uma expressão muito usada na linguagem garimpeira, que determina as circunstâncias vividas por esses heróis anônimos. Blefo está em situação de falência, Bamburro teve muita sorte na extração do minério e está com muito;

- **Itaituba, nossa história em rima e prosa** – do autor Olímpio Pereira Barroso, publicado em 2018, narra histórias poéticas de Itaituba, usando na estrutura dos versos rimas cruzadas, no estilo popular da literatura de cordel, muito usada pelos poetas nordestinos;

- **Verão com Tacacá e Outros Pitecos** – 2014, contendo uma seleção especial de 17 contos da escritora e socióloga Jussara Whitaker. De forma cativante e num linguajar despido de pseudointelectualismo, a autora retrata com maestria as acontecências de um povo que tem como pano de fundo a região do Tapajós, no Norte do Brasil.

Ao fechar essa parte dedicada em homenagem os escritores itaitubenses, não poderia deixar de mencionar o maior produtor de literatura em Itaituba, José Nazareno dos Santos Ferreira, já com muitas obras publicadas:

- **Expoemações para além do nada** – 1980;
- **Transas do destino** – 1985;
- **Ilusões verdes** – 1990;
- **Fragmentos** – 1995;
- **Infinito é o amor** – 2004;

A gênese de Ita

- **Poemeditações** – 2006;
- **Retalhos** – 2008;
- **Livro histórico – Tapajós – Histórias, estórias e outras moagens** – 2010;
- **20 Poemas de amor** – 2014;
- **Lendas urbanas versos caboclos** – 2016;
- **Poética** – 2016;
- **Animus** – 2018;
- **Versos de ouro** – 2011;
- **Asas da palavra** – 2013.
- **Histórias de Itaituba, de Djalmira de Sá Almeida** – 2012, trata da importância econômica e geopolítica na Amazônia legal, na mesorregião do Tapajós e no Estado do Pará.

MITOS E LENDAS ITAITUBENSES

Os mitos e lendas são histórias sem autoria conhecida. Foram criadas por povos de diferentes lugares e épocas para explicar fatos como o surgimento da terra e dos seres humanos, do dia e da noite e de outros fenômenos da natureza. Também falam de heróis, heroínas, deuses, deusas, monstros e outros seres fantásticos.

Em tempos passados, era comum em uma roda de conversa com amigos, ao cair da noite, no batente da calçada ou na porta de casa, socializar os mais diversos assuntos, inclusive os relacionados às crenças e crendices locais. Uma situação outrora tão comum, mas hoje difícil de ser encontrada em grandes cidades por conta dos mais variados motivos, como atenção voltada aos programas de televisão ou uso de redes sociais, interesse por algum filme ou série na Netflix. Certamente, o crescimento da violência urbana que cada vez mais assusta e afasta as pessoas das ruas.

Apesar da diminuição das práticas de diálogos, risos e diversão nas calçadas, as quais residem em uma espécie de nostalgia na memória de grupos de pessoas com forme, essas conversas funcionavam como divulgação das associações dos mitos que estavam presentes na mentalidade de certa população.

A troca de medos, ideias, receios e advertências culminavam em um aprimoramento do debate acerca do imaginário do sobrenatural que dá forma ao mundo fantástico de mitos e lendas de uma região.

Contudo, as histórias orais são exemplos claros da manifestação cultural de um povo. São modos de ver aquilo que está no imaginário e propicia uma viagem no tempo e no espaço. Todas as artes podem ser partes fundamentais dessa viagem pelo lendário mundo da imaginação.

Seja mito ou lenda, o que vivenciamos nada mais é do que o homem expressando suas crenças, sua linguagem e seu modo de vida. Quando o homem se expressa, a natureza ganha vida e é isso que o imaginário concede ao homem: o prazer de criar e conviver com suas criações.

Na Amazônia, os mitos e lendas surgem em um ambiente geográfico com suas especificidades básicas nos rios e florestas, onde o limite inexistente à imaginação do homem o que torna essa região quase infinita. "Há um mundo de perder de vista à sua frente, envolvendo-o com uma natureza da qual devem ser extraídas não só as subsistências, como a explicação de tudo: desde os pequenos acidentes de cada dia, até as verdades eternais como a explicação de dos começos de tudo."

Em Itaituba, que nasceu entre o rio e a floresta, tem em sua gênese, a aculturação do índio, branco e negro, conforme vimos no capítulo número um deste livro, tem uma pluralidade cultural mesmo sendo

A gênese de Ita

um espaço urbano preservando ainda seus personagens históricos e as narrativas orais, principalmente nas festas folclóricas.

Veja algumas dessas narrativas orais cujas fontes são pessoas com características bem diferentes em classe social, idade e nível de escolaridade.

O VULTO

Esse fato teria acontecido na conhecida Boca do Lixo, hoje Avenida Belém, onde se concentravam os bares e prostíbulos da década de 70. O personagem era um rapaz viciado em jogos de azar. Todas as noites frequentava os bares, bebia, divertia-se e retornava para casa à meia-noite.

Sua mãe era uma religiosa daquelas tradicionais e lhe dizia sempre: "Meu filho, meio-dia, seis horas da tarde e meia-noite são horários impróprios, é hora que os mortos passeiam, até as galinhas se quietam nessas horas, se já está lá fica, espera dá uma hora e vem esperar dá meia-noite". E o filho, teimoso, respondia: "Que nada! A senhora já está é caducando, mamãe! Mas quando que morto volta? Morreu, morreu".

Certa noite, depois de jogar, pagou a sua conta e retirou-se do local. No caminho de casa, sentiu que alguém o seguia. Olhou para trás, para os lados e nada viu, mas continuava com a sensação. Atravessou a rua e o vulto o acompanhava, apressava os passos e o via a sua frente, queria voltar, mas o vulto também estava lá. Lembrou-se das palavras da mãe, olhou no relógio, meia-noite. Suas pernas começaram a tremer, suou frio, ficou estático. Em seguida, correu o mais rápido que podia, o vulto o seguiu. Ao chegar em casa, empurrou a porta, que ficava encostada a sua espera. A mãe, como sempre, estava sentada esperando-o.

Ao entrar em casa, ele desabou ao chão, tremendo muito. A mãe, percebendo que algo o perturbava, pegou água benta, jogou um terço em suas costas e, com um ramo benzido, começou a rezar a oração das almas. O filho estava em pânico.

Após a oração, o rapaz sentiu um sopro frio em seus ouvidos e uma voz lhe disse: "agradeça a esta velha e respeitas aquilo que não conhece". Imaginação ou não, ele nunca mais saiu nas horas impróprias.

Fonte Primária: Francinelma Gomes de Sousa, dona de casa – Marinelza Galvão Figueira, 2005.

SEU CAMBITO

O Seu Cambito era um velhinho que morava em Itaituba, na década 60, eu era criança, mas ainda me lembro. Ele era bem idoso, deveria ter seus 65 anos, mas como era muito maltratado e naquela época quem tinha 60, 70 anos parecia ser muito velho, morava só e andava sempre com um pedaço de madeira na mão, por isso lhe deram esse apelido.

Seu lugar favorito era as proximidades do Estádio Olegário Furtado, e lá fazia o pessoal correr de medo porque ele virava bicho. Um grupo de pessoas ficou escondido e viu que apareceu um cachorro, não se sabe de onde. Ele apareceu no mesmo lugar que o senhor apareceu, todo sujo.

Então, as pessoas concluíram que era Seu Cambito o cachorro que tinha aparecido e que ele virava bicho. A notícia se espalhou rapidamente, pois os que viram, contaram e assim todos falavam o que viram. Depois ficou comum, não se escondiam mais, todos tinham conhecimento.

Lembro que todas as crianças tinham muito medo dele, pavor mesmo.

Fonte: Regina Lucirene Oliveira Macedo, Natural de Itaituba - PA, professora. – Marinelza Galvão Figueira, 2005.

A gênese de Ita

AS FURNAS DO BOM JARDIM

Essa narrativa oral é uma das mais contadas nas reuniões familiares, nas conversas nas calçadas das casas dos moradores mais antigos em Itaituba, tem como fonte a saudosa folclorista dona Idolasy Moraes das Neves e se reporta a uma época quando os habitantes da cidade ainda tinham uma vivência centrada nos moldes de um centro rural ribeirinho.

O cenário da história é Rio Bom Jardim. Na época era apenas o lago que se encontrava localizado às margens da estrada do BIS (Batalhão de Infantaria e Selva) e se ligava ao Tapajós, era uma das principais fontes de sustento dos moradores desse local, que se formou o bairro do Bom Jardim.

Conta a lenda que antigamente no Bom Jardim existia um tipo de encanto na noite de São João, dia 24 de junho. Todos os anos as pessoas viam esse mistério. Existem umas pedras grandes que formavam uma furna, bem longe e escura, havendo a necessidade de uma lanterna ou piraqueira (espécie de suporte que transporta lamparina), mesmo durante o dia, uma vez que na falta de luz é impossível adentrá-la e enxergar sem auxílio.

No inverno, saiu dessa furna uma lancha toda enfeitada de bandeiras grandes e pequenas, coloridas, com músicas de instrumentos de sopro e muita alegria. Quando as pessoas se aproximavam da lancha, ele desaparecia.

Muita gente que via esse espetáculo dizia que havia um encanto naquela pedra calcária. Uma vez um homem que gostava de pescar no inverno estava pescando em frente à gruta e pegou um peixe, sentiu que o peixe era grande e puxou a linha. Sentindo o peso, esperava embarcar um peixe de bom tamanho, porém, bem próximo, viu que não se tratava de um peixe e sim de uma santa, a qual achou parecida com Nossa Senhora de Nazaré.

A santa caiu na água e, daí por diante, uma família que era dona do Bom Jardim começou a festejar Nossa Senhora de Nazaré no dia

A gênese de Ita

7 de outubro, com muita festa e comidas para todos durante os três dias de festejos.

Era conhecida como Georgina a pessoa que festejava a Senhora de Nazaré. Essa festa terminou quando acabaram os encantamentos do lago Bom Jardim. Essa família fazia cal das pedras e tinha de 4 a 6 caieiras para a produção. Todos os meses faziam embarque de cal nos navios que vinham buscar borracha aqui no Tapajós.

Ainda existem pessoas desses antepassados que executam esse mesmo trabalho, porém conheci outros que antecederam, como dona Gelsina Nazaré dos Santos e seus filhos: Alexandre Nazaré, João Anastácio, Domingos Nazaré, Leopoldo Nazaré, Dona Dudu e dona Emília. Faz parte dessa família o Truth, que é nosso conhecido, filho de Domingos Nazaré.

A LENDA DA MATINTA PEREIRA

Nessa lenda, a ação gira em torno das misteriosas aparições da Matinta Pereira. Ela tem sido amplamente contada, interpretada nas programações culturais das escolas e até mesmo nas faculdades, chegou a ser roteiro de um filme no Festival de Filmes Etnográficos da TV Tapajoara o Reconto, voltado para as escolas. A história foi filmada pelos alunos da Escola Pereira Brasil.

A folclorista e contadora de histórias Idolasy Moraes das Neves contou com detalhes para a professora Marinelza Galvão Figueira, em 2005, para sua monografia. Em 2008, tive a oportunidade também de ouvir a história da própria Idolasy, em uma noite de lua na praça do centenário, onde, sentados na cesta da sonda, gravamos uma histórica entrevista de 45 minutos. Ela me disse que antigamente havia muita assombração.

A gênese de Ita

Foto: Acervo pessoal - Idolasy Moraes das Neves.

Esse é um caso verdadeiro, todas as pessoas mais velhas do que eu e do meu tempo conheceram as histórias da Matinta. Tínhamos medo de sair para as festas às altas horas da noite. Na volta para casa, era um momento de pavor por causa de tantos assobios finos que deixavam os nossos ouvidos surdos, nossas pernas fracas. Todos que passavam por essa situação ficavam assombrados.

Tinha uma simpatia para tentar descobrir quem era a Matinta Pereira, já que diziam os mais idosos que viram esse mito de assombração. A simpatia era assim: quando se estava em casa e se ouvia o assobio, deveria dizer: amanhã vem buscar um pouco de tabaco pra ti fumar e, pegando os tamancos, batia um no outro.

No outro dia, a primeira pessoa que chegasse em sua casa pedindo tabaco e puxando uma perna, cacholenga, era aquela que havia virado Matinta na noite anterior. Não se enxergava a Matinta, somente se ouvia o assobio dela, que era assustador. Quando ela passava mais próximo, sentia-se um vento estranho que dava arrepios.

Uma senhora conta que morava em uma comunidade no centro da mata, e ainda jovem, ficou em casa enquanto seus pais saíram para cortar seringais. Ouviu umas pisadas e tratou de subir em uma escada para uma parte assoalhada, tipo um jirau, igual a um forro de casa. Nesse local, havia uma rede na qual as pessoas dormiam quando ficavam sozinhas em casa.

Então, mediante a esse ocorrido, ela subiu, jogou a escada e se deitou de lá para ver aquela pessoa atrás da moita, cabeça amarrada e os pés como uma mão de pilão, sem dedos. Lá ficou bem quieta, e a Matinta veio, veio, puxando uma perna. Olhou para cima, para os lados e deu um assobio bem alto, repetindo umas três vezes:

Matinta Pereira..., e veio chegando cada vez mais perto da casa, tornou a olhar em direção à rede e lá voltou de costas, sumindo no mesmo lugar de onde viera. Quando os pais chegaram, chamaram a filha que respondeu do jirau. Estava com febre e dor na cabeça. Ela contou o que havia acontecido.

Diante dos fatos e do estado em que se encontrava a moça, todos confirmaram a veracidade da Matinta.

A LENDA DA CHICA PIPIRA

Era uma figura muito carrasca. Avó do Joaquim Caetano Correia, que viveu em Itaituba há muito tempo.

Por volta de 1936, Chica Pipira já era falecida e sua lenda já era conhecida. Muito rica e considerada uma das nobres da época, tinha uma filha de nome Estefânia e mantinha os empregados em regime de escravidão.

Quando suas empregadas engravidavam, esperava o nascimento do bebê, matava o recém-nascido e enterrava no quintal de sua casa, que era localizada onde hoje é o Cartório do 1º Ofício na Getúlio Vargas. E se alguma notícia desse tipo vazasse, ela indagava entre os empregados quem havia comentado e os castigava. Seus castigos favoritos eram colocar ovo quente na boca do empregado, o que ocasionava na queda de seus dentes. Em alguns dias, os dentes caíam, todos. A mãe do Benedito Tacacá foi uma de suas empregadas que perdeu seus dentes. Muitos moradores de Itaituba a conheceram.

Outra grande crueldade da Chica Pipira era quando ela mandava limpar o jardim. Depois de verificar se realmente estava limpo, caso encontrasse uma lagarta nas plantas, ela chamava o responsável por aquela tarefa, ordenava que abrisse a boca e colocava a lagarta para ser engolida pelo empregado. Se não comesse o bicho, ela o chicoteava. Outro hábito de maldade era beliscar as empregadas até sangrar, daí que originou o nome de Chica Pipira, por causa dos beliscões, que era igual de uma pipira.

Certo dia, uma das empregadas entrou no quarto de Chica Pipira para levar um chá e se assustou ao ver que sua pele estava se transformando, criando canhões. A empregada, mais que depressa, chamou sua filha Estefânia que, ao observar o que se passava com a mãe, logo tratou de matá-la, para que não se tornasse um bicho feio. Só depois que ela estava vestida e no caixão, anunciou sua morte. O corpo foi enterrado onde é hoje a Igreja de Santana.

Com a morte de Chica Pipira, a lenda se desenvolveu por causa de tantas maldades que cometeu quando viva. Comenta-se que, depois de enterrada, ela virou uma grande serpente que tentou atravessar o Rio Tapajós, sendo impedida pela construção da Igreja, pois Santana está pisando em sua cabeça, não permitindo que ela escape para o rio. Se isso acontecer, a cidade de Itaituba irá para o fundo. Porém, ela vive tentando e, por seus movimentos bruscos, embaixo da terra, já ocasionou diversas rachaduras nas ruas, no trecho que vai da Igreja Matriz até a antiga Escola Gaspar Vianna, onde hoje é a COSANPA.

Segundo moradores antigos de Itaituba, essa é a explicação encontrada para justificar os buracos que apareciam nesse perímetro.

A gênese de Ita

Portanto, acredita-se que mudar a Igreja de lugar fará com que a cidade fique sem a proteção da santa e a serpente fugirá inundando a cidade, que ficará debaixo d'água.

Fonte: Idolasy Moraes das Neves - Folclorista – Marinelza Galvão Figueira, 2005.

Essas são algumas das muitas lendas orais, conhecidas e contadas pelos nossos antepassados que continuam na memória dos mais novos mantendo as tradições. Uma mais recente foi a Pedra da Praia do Sapo, que deu origem ao nome da praia que fica no final da Vila Caçula. Uma criação da professora e compositora Genésia Batista, envolvendo trechos com versos poéticos já apropriados para música.

A LENDA DA PEDRA DO SAPO

A Praia do Sapo sempre foi conhecida com esse nome. No governo do saudoso prefeito Edílson Botelho, no final dos anos 90, a diretoria de turismo tentou emplacar outro nome, como a Praia do Amor, para ver se mudava a história, já que era um local de certa forma discriminado, devido ao elevado índice de criminalidade. A ideia não vingou e continuou com seu nome popular.

Como minha residência fica nas proximidades daquele logradouro público, diariamente, no verão, frequento fazendo minhas caminhadas com meus cachorros e desfrutando das águas mornas matinais do Tapajós, fui observando algumas particularidades daquele local.

Em uma dessas caminhadas, comecei a ver uma árvore frondosa e bem larga que tinha uma imensa fenda no seu tronco, com um formato de um triângulo. Quando eu vinha chegando entre a fenda, eu podia ainda de longe contemplar o Rio Tapajós dentro dessa moldura triangular. A imagem que vinha de dentro dessa árvore me deixava cada dia encantado, principalmente quando o sol vinha nascendo.

Os dias foram passando e a minha intimidade com a praia e os personagens daquele local ia aumentando. Outro belo dia, avistei na beira do rio uma pedra que tinha mais ou menos o formato da fenda da árvore, decidi levar essa pedra para lá. A pedra não era tão grande, devia pesar uns 200 quilos, a distância era uns 500 metros. Passei empurrando essa pedra com pedaço de madeira uns 15 dias, cada manhã empurrava um pouco. Poderia levar de uma vez só, mas queria ter o compromisso de ir lá toda manhã e ter um objetivo.

Os barraqueiros olhavam e não entendiam, achavam que eu estava ficando doido, e eu não falava para onde estava levando a pedra. O dia que completei a missão, coloquei a pedra dentro da fenda, aí eles entenderam. O Tarubá, um dos barraqueiros quando viu o trabalho, disse: eu sei onde tem uma pedra branca talhada pela natureza que é um espetáculo, mas é muito grande, pesa no mínimo duas toneladas. Ela está na ponta da praia e dá certinho aí nessa fenda.

Foto: Acervo pessoal.

Então, vamos buscar a pedra! Convidei todos os barraqueiros. Eram mais ou menos uns dez homens para empurrar essa pedra e ela não saía do lugar. Então, seu Expedito, também morador da praia, teve a grande ideia: falar com o Fabrício da Olaria Tarumã para ele mandar uma carregadeira. Foi o que fizemos. Então, colocamos a pedra dentro da fenda. O Macarrão, outro barraqueiro, disse: Só uma vai ficar feio, já que a máquina tá aqui, vamos colocar mais duas. Assim, fica Pai, Filho e Espírito Santo.

Foi assim que surgiu a ideia da Pedra do Sapo, porém o principal objetivo é dar uma identidade àquele logradouro público que, aliás, é a única praia urbana da cidade.

Foto: Acervo pessoal.

Convidei alguns artistas da terra para conhecer a obra de arte. Uma delas foi a poetisa Genésia Batista, que criou e escreveu essa linda lenda.

O Rio Tapajós sempre foi pai e mãe de crianças que se encantam com sua beleza e seus mistérios. O canto das lavadeiras que sobem os barrancos depois de um dia de sol é a chamada ideal para a chegada da noite e o ritual das criaturas de olhos arregalados.

Os sapos
Sobe o barranco...
Que os sapos já vêm...

A gênese de Ita

A noite é deles....
E de mais ninguém...

Quando a sombra dos coqueiros se projeta sobre a areia morna, a lua prateia a misteriosa pedra negra, castelo do amor. Em reverência, o rio lambe seus pés, e de suas entranhas, uma sinfonia convoca os senhores da noite para entoarem o canto da paixão.

Desfilando longos saltos.
Eles chegam....
Hipnotizados, fazem o ritual do amor.
Sapos, sapinhos, sapões deslizam sobre a grande escultura negra.
Por toda a noite abraços e enlaces acontecem.
Pirilampos aliam-se às estrelas e, ao redor da grande pedra negra, ninguém é de ninguém...

Mas, como todo mistério
Que vem pra nos encantar
O sol vem abrindo os olhos
A lua vai viajar
Misteriosa e envolvente
Deixa o dia clarear.

Homens, meninos, mulheres
Que chegam em barcos festeiros,
Saboreiam as delícias,
Da praia o dia inteiro.

E a grande pedra branca

A gênese de Ita

Por eles é enterrada
A areia da praia encobre
A grande pedra encantada.
Que espera calmamente

A chegada do luar
Depois das seis badaladas
Começa a se transformar
Como se a luz da lua
Desenterrasse ela de lá.

Um dia, ao cair da tarde,
Olhando o rio da canoa
Um poeta chamado Ivan
Observando da proa
Encanta-se com a pedra
Cai na água,
Sai nadando
Paralisado descobre
A pedra está afundando.

É por isso que os sapos
Estão sumindo de lá
A música já é fraca
Mal se ouve o seu cantar
Mas como é um apaixonado
Resolve desenterrar
O grande objeto de ébano
Sob a luz do luar.

A gênese de Ita

Este tesouro escondido,
Ele vai ressuscitar.

Cava, cava, cava, cava,
Até chegar à exaustão
Chega a noite
Vem o dia
E ele em sua missão
Escondidos os sapos olham
De dia o povo espia
Ele em sua odisseia
Não se cabe de alegria.

Acredita que a pedra
É uma lenda do lugar
Sendo lenda...
Há mistério
E ele quer desvendar

Ao desenterrar a pedra
Dá pulos de euforia
A pedra em forma de sapo
É o mistério que existia.

Ergue o castelo de sonhos
Local de paixão e amor
Transporta em grande estilo
O objeto sedutor.

A gênese de Ita

Escolhe a noite para depositá-la em um solo sagrado, a Praia do sapo. Feito a proeza, espera a noite chegar e observa que, aos poucos, os sapos se põem a cantar ao redor da pedra, mudaram de residência e voltaram a namorar.

O mistério é a pedra
Não importa onde estiver
É lá que tudo acontece
Acredite quem quiser
Sapos engravidam fêmeas
Homem emprenha mulher.

De dia a pedra. É pedra
De noite. Castelo é...

Só desvenda o mistério
Poeta e apaixonado
O segredo ninguém conta
Mistério a ser desvendado
A lenda da pedra do sapo
Fica pra sempre guardado.

Os sapos agora cantam
E os casais apaixonados
Passeiam nas areias mornas
À beira do Tapajós
Foi Ivan quem viu a pedra
Que encanta a todos nós.

A gênese de Ita

  Quem quiser saber da lenda da Pedra do Sapo desça o rio ou caminhe até a praia do amor ou Praia do Sapo, nome original.
O eterno recanto dos apaixonados...
Diz Ivan que os mistérios da noite são coisas que nos tiram o sono.
E dormir pra quê,
Se temos a pedra do sapo pra ver.

ASSOCIAÇÃO DOS FILHOS DE ITAITUBA

Criada em 15 de dezembro de 2000, a ASFITA – Associação dos Filhos de Itaituba surgiu com a missão de unir e valorizar os filhos natos e adotados do município, levando as necessidades e expectativas de lutar por uma Itaituba melhor com valores sustentados no respeito, integração, responsabilidade social e ambiental.

Oneide Neves, Regina Lucirene, Sandra Santos e Percinda Macedo.

A ASFITA é uma entidade sem fins lucrativos com finalidade social e vem, ao longo dos anos, desenvolvendo atividades de interesse social no município de Itaituba, fortalecendo o espírito humanitário em detrimento às camadas sociais menos favorecidas. O propósito que melhor define suas metas é a sua relação com a comunidade, firmando parcerias com organizações governamentais e não governamentais, a fim de consolidar sua proposta de atuação em prol das pessoas carentes.

Fotos: Asfita.

A associação criou o evento nominado Festival do Açaí, e sua primeira edição foi realizada em 04 de abril de 2004. O objetivo desse evento é incentivar e divulgar o valor nutritivo desse alimento, uma vez que o foco maior dessa palmeira estava sendo a extração de palmito.

O açaí pode ser consumido de diversas formas, como: sucos, doces, sorvetes e geleias. Atualmente é muito consumido o açaí na tigela, a polpa é acompanhada de frutas e até mesmo de outros alimentos, como o famoso mapará. Na região amazônica, a polpa do açaí é muito consumida com farinha de mandioca ou tapioca. Além de degustar os sabores do açaí, os visitantes do festival também conhecem o potencial do artesanato, outra faceta em que o fruto se torna matéria-prima.

No ano de 2005, foi instituído o Festival do Açaí por meio da Lei 1790/05 promovido pela entidade e incluído no calendário oficial de datas e eventos do município de Itaituba.

Um dos objetivos da Associação dos Filhos de Itaituba é aculturação dentro da própria comunidade promovendo danças, o Festival do Açaí, o concurso da Miss Itaituba e o resgate cultural como foi o Cordão do Tangará em 2016.

O Encontro dos Filhos de Itaituba virou tradição anual. Todo o mês de julho, os que moram em outras cidades vêm para as festividades de

Santana e a festa social em que se congratulam com os que vivem em Itaituba. O encontro é realizado no Clube Emoções.

Léia Furtado, Valda Lucia, Laercio Mesquita, Wilson Furtado e Neide Bilby.

Em 2017, uma entrevista histórica reuniu algumas fundadoras da associação, como: Regina Luciene, as irmãs Eliete, Elizabete e Esmeralda Gaspar, além da Denise Paxiuba, Ana Baima, Sula e Cândida. Elas falaram como surgiu a ideia do Encontro dos filhos da Terra. "Tudo começou em 2009 na residência da Coração, como chamamos carinhosamente a Eliete Gaspar. O encontro tomou uma proporção tão grande que fomos obrigados a ir para um clube e, a partir daí, foi incorporado na programação da associação".

Paulo Eduardo, acervo TV Tapajoara.

A gênese de Ita

No V Encontro, uma prévia na residência da senhora Léia Furtado, Paulo Eduardo, seu irmão, falou que os Filhos de Itaituba precisam tomar uma postura para os futuros encontros e uma postura política.

A associação reúne filhos nativos e amigos de Itaituba. Preocupados com as perdas dos patrimônios e valores culturais do município, promovem reuniões e debates constantemente. Com a aceleração da globalização e a forma que a cidade foi colonizada, muito dos seus patrimônios estão se perdendo.

Em 2016, o prédio histórico do Paço Municipal vivia em completo abandono, servindo para vândalos e viciados em drogas. A ASFITA, com o Museu Aracy Paraguassú e alunos, promoveu uma forte campanha de mobilização, chamando a atenção das autoridades para a importância do patrimônio histórico.

Abraço simbólico. Acervo TV Tapajoara.

Um abraço simbólico no prédio foi realizado. Mais tarde, uma emenda parlamentar do Deputado Dudimar Paxiuba contemplou a restauração completa do Paço Municipal.

A LENDA DE ARACÚ E PIAU

Em tempos passados, a nação indígena "Tapajó", que habitava as margens do Rio Tapajós, vivia tranquilamente em seu habitat natural, até que sua região fosse invadida por outra tribo, muito violenta e guerreira, chamada Munduruku. Muitos guerreiros "tapajós" resistiram e lutaram por várias luas contra a tribo invasora. Mas com a perda crescente dos seus bravos lutadores, resolveram fugir rumo ao Rio Amazonas, distanciando-se dessa forma das atrocidades praticadas pelos "Mundurukus".

Nessa época, houve uma seca muito grande na região, chegando até mesmo à escassez de alimentos para os nativos. Uma noite, porém, já em fuga para o Amazonas, quando os índios "Tapajós" despertaram, estavam completamente cercados pelos guerreiros da tribo "Munduruku" e, só com a força do tacape, conseguiram abrir caminho entre os adversários.

Nessa fuga atroz, uma das mulheres mais formosa da tribo dos "Tapajós", Batira, caiu sob o domínio do chefe do bando contrário, um guerreiro forte e valoroso. Então, as duas nações indígenas se prepararam mais uma vez para outra grande batalha. Durante uma fase inteira da lua, as duas tribos se enfrentaram.

Assim, num ambiente hostil, muito violento e sangrento, ficaram rastros de grande atrocidade. Foi então que as tribos se dispersaram por todas as margens do Rio Tapajós. E depois de sucessivas guerras, aconteceu certa noite que o mais velho dos pajés de uma das tribos, em sonho, pediu a Tupá que mostrasse uma solução para as batalhas infindáveis entre os povos indígenas, que trouxesse a paz para o seu povo.

Tupá explicou para o pajé que na barriga da cobra grande (a guardiã do Rio Tapajós) existiam dois alevinos encantados e que deveriam ser chamados de Aracú e Piau. Da mesma forma, Tupá revelou ao pajé da outra tribo o que tinha de ser feito. Para tanto, seria necessário fazer um ritual no período da lua nova. E que as virgens, filhas dos caciques das duas tribos, conhecidas por Batira e Maíra, deveriam entoar o canto de guerra de suas etnias, para evocar a guardiã das águas e, com a força da lua, fazê-la vomitar os dois "alevinos".

Em seguida, que fossem arremessados no rio, para que se multiplicassem e se tornassem tão numerosos quanto as estrelas no céu. E que fizessem grande festa em reverência e agradecimento ao deus Tupá, pela paz e fartura de alimentos. Para esse ritual, seria necessário que Batira da tribo dos "Tapajós" dançasse usando no seu corpo pintura com as cores "verde e branca" e Maíra, da tribo dos Munduruku, dançasse usando em seu corpo as cores azul e branca.

Então, conforme a revelação de Tupá, eles assim o fizeram. Cada virgem bailava bela e exuberante cercada e acompanhada da sua respectiva tribo. Ao final, a que melhor se apresentasse daria para sua tribo o direto de reinar por um ano até que chegasse o próximo confronto.

Foi então que os indígenas, a cada período de 12 (doze) meses, preparavam a virgem mais bela de sua tribo para a grande apresentação de dança e ritmos. E foi assim que se estabeleceu a tão sonhada "PAZ" entre "Tapajós" e "Munduruku's" e nunca mais faltou o alimento em suas mesas. Porém, com o passar do tempo, os "Tapajós" se estabeleceram nas proximidades do Rio Amazonas perto da cidade de Santarém; por outro lado, os "Mundurukus" permaneceram por toda a margem do Rio Tapajós.

A gênese de Ita

Sabe-se, porém, que por mais de três séculos os nativos se sucediam mantendo a tradição dos seus ancestrais, sempre cultuando e praticando seus ritos em reverência a Tupã. Nos dias de hoje, durante a lua nova, os descendentes dos guerreiros das duas tribos se reúnem em uma "pequena vila" às margens do Rio Tapajós, chamada Vila de Barreiras, e cultuam os "encantados" peixes Aracú e Piau, em celebração ao fim dos sangrentos conflitos. A trégua que trouxe definitivamente a "PAZ" que reina e que sempre reinará nesse ambiente.

Por fim, o "Festival de Barreiras" é o resultado e a comprovação de capacidade e de sabedoria dos índios na superação da violência e da guerra...

Adaptação e implementação: Antonio Kaiser/julho de 2013.

A CULTURA TRANSFORMADORA

O Festival de Barreiras evidencia a perspectiva de uma harmonia com a natureza, e a responsabilidade com as futuras gerações por meio da cultura transformadora. Nessa região, a cultura já transformou Parintins (AM), Santarém (PA) com a dinâmica de novos conceitos que envolvem a cidadania cultural alicerçados na formação, informação e na criação. Sabemos que esse processo não se realiza instantaneamente, tendo um caminho longo a percorrer.

A TV Tapajoara acredita nesse processo de mudança social. Acredita que a cultura é o instrumento de relações sociais e a forma pela qual os homens atuam em sociedade, em que os valores vão ser utilizados para promover o bem viver dos trabalhadores, consumidores das comunidades como forma de assegurar a geração de renda.

A TV Tapajoara colocou à disposição da comunidade de Barreiras a maior equipe de TV itaitubense com a missão de produzir um documento

A gênese de Ita

histórico, a gravação de um DVD. Essa gravação levou ao reencontro da TV Tapajoara com o Rio Tapajós, que proporcionou um encontro de pessoas diferentes, encontros que promoveram inclusão e emoção.

Quando as toadas criadas nos encontros com arranjadores, compositores, cantores dão ritmo à tribo, acontece o encontro do peixe com sua rainha e os cardumes em noite de piracema.

O Festival de Barreiras pode ser o encontro entre pessoas que percebem que em cada produto existe vida humana realizada e que essa vida humana é absorvida quando nós consumimos esses produtos, seja o peixe que o rio alimentou e o pescador pescou e trouxe para a vila, onde os turistas são consumidores.

Que seja na arte de compor, que se reinventa a música cabocla na inspiração dos poetas locais e os arranjos e interpretações dos artistas de cada agremiação, além das danças montadas pelos coreógrafos itaitubenses. O artesanato da cultura nativa, além da geração de renda, aquece a economia e o festival traz pela janela da cultura uma economia solidária, uma alternativa, pois ele é economicamente viável, socialmente justo e ecologicamente sustentável. A cultura transformadora pode mudar o destino da comunidade da vila de Barreiras.

A HISTÓRIA DA AVIAÇÃO

Itaituba, a cidade que foi chamada de último faroeste brasileiro, a capital dos garimpos. No auge da febre do ouro, a cidade recebia horda de pessoas de todos os cantos do país. Vinte toneladas de ouro por ano chegaram a ser extraídas dos garimpos do Alto Tapajós. Aviadores pioneiros vindos de diversos estados, mas notadamente do Paraná, São Paulo e Rio Grande do Sul, também de outras regiões do Pará, deram início, por volta de 1960, à ocupação pelo avião da imensa região de garimpagem do município de Itaituba e que, paulatinamente, se estenderia pela zona fronteiriça dos estados do Pará, Amazonas e Mato Grosso.

Foto de domínio público.

Na década de 1980, cerca de trezentos homens fizeram a movimentação econômica da região, ou seja, pilotos corajosos que, em seus pequenos aviões, tornaram o aeroporto de Itaituba o mais movimentado do mundo em pousos e decolagens. Todos os dias decolavam e aterrissavam mais de duzentos aviões.

A descoberta dos garimpos do Tapajós vivia ainda seus primórdios e a aviação começava a substituir lentamente as aventuras seguramente mais perigosas das longas viagens de barco e canoas, maratonas que duravam até um mês, partindo de Santarém até os locais onde começavam a arranhar a terra em busca do ouro.

Na região, não existiam estradas e o avião era o único contato dos garimpos com o mundo. O avião servia de ônibus, caminhão e automóvel. Os pilotos carregavam gente, equipamentos, alimentos e até mais de quinze toneladas de ouro por ano.

Foto de domínio público.

Eram aviões pequenos, no entanto especiais para suportarem a precariedade das pistas de garimpos. Os pilotos eram verdadeiros heróis que arriscavam suas vidas por amor à aviação. No início, em locais onde ainda não havia pistas, as mercadorias eram costumeiramente jogadas dos aviões em direção aos barracões, pois era a única maneira de fazer chegar com certa rapidez alimentos para grupos avançados de homens que adentravam a floresta por via fluvial.

Nesse tempo, a malária e outras doenças eram uma ameaça maior que hoje, não porque fossem mais disseminadas que atualmente, mas por causa do grande isolamento e da inexistência de radiofonia que possibilitasse a chamada de um teco-teco.

Ao mesmo tempo, o avião foi fator decisivo de grande parte de penetração e expansão da área garimpeira, altíssimo instrumento contra os perigos das enormes distâncias. Se voar para os garimpos ainda hoje é uma aventura, que somente o afã do ouro e da riqueza podem motivar, infinitamente maior eram os riscos enfrentados pelos pilotos.

Nos primeiros anos era comum os pilotos levarem consigo um caboclo conhecedor das matas e dos rios. Lá de cima, ele ia identificando os acidentes geográficos que eram checados no mapa pelo piloto. Boa parte da capacidade de carga dos pequenos aviões era comprometida por latas de gasolina para garantir o retorno. Sem recurso mínimo, além de uma bússola, os voos eram feitos inteiramente visuais e qualquer mau tempo motivava o retorno imediato pela falta de pistas alternativas.

Hoje, apesar dos progressos mínimos, os pilotos têm dezenas de alternativas de pousos em campos abertos na floresta. O grande número de aviões em voos diários permite a formação de uma verdadeira malha de intercomunicação no ar de aparelho para aparelho permitindo a quebra do isolamento, a possibilidade e a localização mais rápida em caso de acidente. Mas antes não era assim e não foram poucos os pilotos que morreram nesse processo desordenado de ocupação da região com necessidade cada vez maior de atingir os pontos cada vez mais distantes e inóspitos da floresta, onde quer que vá, sempre encontrando o ouro.

Morreram pilotos heróis amantes das alturas e das emoções de ser comandantes. Com eles, morreram dezenas de anônimos, peões garimpeiros, comerciantes, simples passageiros, mulheres e crianças.

Os acidentes menores e mortes são incontáveis e as histórias que correm na região são inumeráveis. Muitos saíram para a riqueza e muitos para o túmulo, hoje os que estão entre nós vivem a plenitude de uma vida tranquila com seus filhos, netos e amigos.

Velhas águias experientes que se lembram da época de comandantes com nostalgia e saudade da época e das curiosidades, como os apelidos engraçados, as aventuras arriscadas, por vezes, cômicas. Essas mesmas histórias serão recontadas e revividas no primeiro encontro de aviadores da região do Tapajós.

DE LAVADOR DE AVIÃO A MECÂNICO

Antônio Carlos Roberto – O Genésio.

A história dos aviadores de garimpo não poderia deixar de fora personagens que foram extremamente importantes na manutenção das aeronaves, como os mecânicos, carregadores e lavadores. Antônio Carlos Roberto, que ganhou o apelido de Genésio, é um desses personagens que começou no aeroporto como lavador de avião e passou por experiências incríveis.

A gênese de Ita

Em 1976, ele chegou ao Estado do Pará trazido pelos pais que vieram do Oeste do Paraná para trabalharem na agricultura do arroz, café, pimenta-do-reino e pecuária de gado leiteiro.

Em março de 1983, após a separação dos genitores e com apenas 13 anos de idade, chegou a Itaituba. Na época, a região vivia o eldorado do ouro. Logo, foi levado ao aeroporto pelo seu irmão Donizete. Naquele momento, o aeroporto estava em fase de transição, da pista velha para a pista nova. Então, ele ficou vislumbrado com tantas aeronaves de pequeno porte, aproximadamente 200 aviões que levavam todo tipo de mercadorias para os garimpos.

O céu era a estrada e, naquela época, era um enxame de aviões. Nesse contexto, foi recrutado como lavador de avião, pois nas condições que as aeronaves operavam, chegavam ao final de cada tarde em péssimo estado de sujeira. Então, entravam os inúmeros lavadores que deixavam as aeronaves limpas novamente, preparadas para mais dia de jornada.

Genésio começou lavando os aviões do Goiano Cabeção, como era chamado o dono do garimpo Santa Clara. Em 3 (três) meses aproximadamente lavando avião, foi convidado pelo então mecânico de manutenção de aeronaves de nome Joaquim, que era da cidade de Aquidauana MT, para auxiliá-lo como mecânico.

Naquele momento, teve que tomar uma decisão em deixar de ser lavador de avião ou auxiliar de mecânico de manutenção de aeronaves de garimpo. Não pensou duas vezes, tomou a decisão e, já no outro dia, era um auxiliar de manutenção de aeronaves. A primeira coisa que o Joaquim fez foi dar a ele o apelido de Genésio, já que todos ali tinham apelidos: lavadores, mecânico e pilotos. Era a cultura da época.

Foi uma oportunidade que veio e que segurou, por isso mesmo teve várias experiências, assim como seus colegas mecânicos: Neutro, Lauro, Ligeirinho, Chiquinho, Magrinho, Bidu, Sabugo, Lambari, Guerra,

A gênese de Ita

Lourinho, Jodson, Mestre Lira, Isaias, Tuche, Edimilson o Biônico, Irismar o Ceará, Cabinho, Rosinha, entres outros.

Após dois anos, seu grande mestre e professor Joaquim decidiu ir embora. Então, ele se perguntou: e agora? Começou a experimentar o prazer de consertar uma aeronave sozinho. Naquela época estavam sendo construídos os primeiros hangares para serem oficinas de manutenção de aeronaves. Os mecânicos que trabalhavam no pátio a céu aberto eram chamados de mecânico de pátio.

À medida que os hangares foram surgindo, oficinas foram homologadas. Ao começaram as oportunidades de Genésio trabalhar nessas oficinas que ofereciam uma forma mais confortável de trabalho foi para a Itaituba Manutenção, do saudoso Ximendis.

Teve as primeiras experiências de ir aos garimpos periciar e buscar aeronaves em pane, pois, na época, pela quantidade de aviões e pelas condições que eles voavam, era comum quebrarem nas pistas extremamente irregulares.

Aeronaves quebravam todos os dias. Então, tinha que ter mecânicos, peritos e corajosos, que não tivessem medo de fazer operações extremamente arriscadas. Alguns perderam a vida fazendo essas chamadas de emergências, que pareciam mais missão suicida. Você sabia que ia, mas não se voltava, pois voavam com aeronaves em condições precárias, com a fuselagem empenada, asas e calda remendadas, motor batido. O desafio era trazer essas aeronaves voando para Itaituba e outras localidades.

Nessas missões arriscadas, Genésio vivenciou de parada de motor em voo a pane seca (falta de combustível) ou problema de motor. Ele evidencia que, em 1999, foi a um garimpo na região do Marupá fazer uma emergência de uma aeronave do senhor Juarez da Jandaia. Era uma operação muito arriscada, pois a aeronave modelo Cesna 182 estava bem danificada pela batida que sofreu em um pouso. Foram doze dias de trabalho. Quando o comandante Melissinha chegou, foi surpreendido na decolagem por uma pane de cabo de comandos. Na ocasião, lutou com a aeronave durante dez minutos até no Crepurizão.

Outro fato marcante aconteceu quando estava levando uma aeronave modelo Cesna 206, prefixo PT-JIB, em uma operação arriscada, em condições precárias, asas batidas e caudas remendadas. Relata que estavam voando do garimpo do Pinto, fronteira com Mato Grosso, para a cidade de Goiânia. Quando faltavam doze minutos, com 8 mil pés para o destino, o combustível acabou literalmente.

De 1989 para 1990, após reformar uma aeronave 182, prefixo PT – CTI, de propriedade do senhor Lozival da Crepiri Táxi Aéreo, foi convidado por uma empresa de aviação, por nome de MM Aviação, do estado de Goiás, cuja base era em Goiânia. Em Goiânia, teve a oportunidade de ampliar os seus conhecimentos como mecânico de aeronaves nas áreas da mecânica de motor, estrutura, hidráulica, elétrica, pintura e fibra. Em 1992, retornou para Itaituba. Foi então que conheceu o saudoso pastor Edgar Henk, que adotou Genésio e sua família.

Foto: Acervo TV Tapajoara.

Hoje Genésio não considera a aviação como um passado, mas como um presente que sempre fará parte da sua vida.

A gênese de Ita

DIRCEU FREDERICO SOBRINHO: O GARIMPO LEGAL, AMBIENTALMENTE SUSTENTÁVEL

Dirceu F. Sobrinho – Presidente ANOR. Foto: Tribuna Tapajônica.

Dirceu Frederico chegou a Itaituba em 1986. Aos 21 anos de idade, gerenciou a empresa Ouro Fraga, situada na travessa Víctor Campos em Itaituba, onde na época, além de comprar ouro no varejo, comprava também no atacado dos compradores locais, como podemos citar Adelrose e Aracú, Jorjão, Seu Mané e outros. Depois passou a trabalhar na compra de Ouro Car e, em seguida, montou uma purificadora de ouro, pois, até o final da década de 80, todo o ouro extraído no município de Itaituba saía em sua forma bruta.

Em 1991, aos 23 anos de idade, comprou o seu primeiro garimpo, o Santa Felicidade. Ao comprar o garimpo, por uma alta quantia em kg/ouro, o documento era apenas um recibo de compra e venda. Foi a partir daí, que Dirceu Frederico iniciou um movimento em direção aos direitos minerais.

228

A gênese de Ita

Participou do primeiro encontro mineral das Américas, em Miami, nos Estados Unidos. Reuniu garimpeiros como Rui Mendonça, Dr. Antunes, Gabriel, o Chileno e foram conhecer minas de ouro nos Estados Unidos, Canadá, Chile, Mato Grosso, Rio Grande do Sul, Minas Gerais, Bahia, para entender e buscar tecnologia e investidores para a região do Tapajós.

Ouro sustenta economia de Itaituba e região.

Em mais de quarenta anos de atividade, Dirceu Frederico idealizou e executou uma série de projetos com foco no "garimpo legal", com o objetivo de incentivar a prática da garimpagem baseada em hábitos seguros, social e ambientalmente sustentáveis.

Um dos primeiros projetos foi lançado no início da década de 1990, nominado "Cuide do Seu Tesouro", que trabalhava a conscientização socioambiental de forma lúdica e cênica, compartilhando conhecimentos e ampliando a discussão por meio de divertidos personagens que reproduziam a figura do garimpeiro. Um com práticas responsáveis, o "Zé do Ouro"; o outro, chamado "Fagúio", extremamente irresponsável, tanto consigo quanto com o meio em que ele trabalhava, vivia e se relacionava.

A gênese de Ita

Por meio de revistas, *folders* e panfletos disseminados pelos garimpos e compras de ouro, o projeto ensinava métodos eficientes para garimpar sem agredir e com melhor aproveitamento do produto do garimpo e do próprio insumo utilizado, como o mercúrio. A ferramenta utilizada, um artefato simples chamado Retorta, se mostrou bastante útil na recuperação de boa parte do mercúrio utilizado, e o que é melhor, com bem menos emissão dos nocivos gases na atmosfera, com menos absorção desses gases pelo garimpeiro durante o processo de queima.

Nos anos seguintes, os projetos foram se mostrando cada vez mais eficientes em um discurso de consciência ambiental que conquistou grande parte das frentes de serviço na zona garimpeira, chegando a ponto de Dirceu Frederico se tornar presidente da Associação Nacional do Ouro, a ANORO, entidade que atua em todas as regiões do país e busca a integração da classe garimpeira, dentro de normas e técnicas que sugerem a harmonização da atividade com o meio ambiente.

Mais recentemente, Dirceu Frederico criou e está divulgando o projeto Garimpo 4.0, uma série de ações com o mesmo foco, voltadas para as boas práticas na garimpagem e a legalização do garimpeiro, como uma forma simples de se aproveitar o trabalho e valorizar o ambiente de trabalho do profissional do garimpo.

A gênese de Ita

O projeto Garimpo 4.0 se soma à nova temática da OCB, a Organização das Cooperativas do Brasil, no Estado do Pará, que desenvolve o programa Presidente Itinerante, buscando consolidar o cooperativismo como uma ferramenta exemplar de resultado social em qualquer atividade, integrando todas as cooperativas que se mostrarem interessadas nessa nova onda, que tem pessoas responsáveis e conscientes como protagonistas, mas busca compartilhar esse protagonismo com os profissionais que atuam diretamente na prática da garimpagem.

PRIMEIRO ENCONTRO DE AVIADORES DA REGIÃO DO TAPAJÓS 2016

Primeiro Encontro de Aviadores 2016, no clube de Cabos e Soldados.

A gênese de Ita

O primeiro encontro de pilotos do Vale do Tapajós trouxe a memória de uma verdadeira odisseia evidenciada por grandes aventuras, imprevistos e muita coragem de homens determinados em decolar e aprimorar voos nos céus da Amazônia.

Todos em busca dos seus sonhos, muitas vezes, voos cegos no horizonte duvidoso do futuro, sem saber se voltariam para suas casas, como muitos de fato não voltaram. Mas voar era preciso, encurtar caminhos e ligar lonjuras.

O evento ocorreu com a parceria da TV Tapajoara, sob comando de Ivan Araújo e sua equipe de jornalistas. Na ocasião, foram entregues cinco placas de honrarias com o símbolo da águia para cinco pilotos representando a categoria, cada um por seu diferencial e sua contribuição à aviação civil garimpeira.

Foram feitas homenagens especiais para cinco pilotos que já não estão mais na ativa, porém foram importantes na aviação, sendo eles Marcos Vinícius, Antônio Garcia Bernardes, Vagner Domingos da Fonseca (Pai Velho) e comandantes Darlan e Galdino Flávio de Almeida. Um fato que tornou famosa a aviação da garimpagem mundialmente chamou a atenção pela presença do piloto Liotto, um dos protagonistas da cena quando um avião conseguiu pousar sobre o dele que estava taxiando no momento do episódio. O piloto do segundo avião, que era conhecido por Xerife, já faleceu.

Na verdade, o encontro movimentou velhas águias, garimpeiros do ar espalhados em várias partes do Brasil que fizeram de Itaituba a capital dos aviadores do Vale do Tapajós. Eles chegaram de várias formas, inclusive, cruzando o espaço que eles conhecem muito bem. Outros subiram as águas do Rio Tapajós vindos de Santarém. A ideia surgiu do comandante Léo Rezende.

A gênese de Ita

Léo Rezende, criador do Encontro dos Pilotos do Vale do Tapajós, Raianda e Toledo.

O encontro foi uma festa. Em conversa com os velhos águias, aos poucos, eles relembraram acontecimentos e histórias que jamais sairão da memória, como as do seu Fernando e o lendário Matraca, que relata "eu fui pra pouso na mata com um passageiro e aí bati, mas sobrevivemos. Isso foi no dia 06 de outubro de 1980. O resgate veio por meio de um helicóptero da FAB já no dia seguinte e, nesse resgate, voei vinte e cinco minutos pendurado na corda" enfatizando "quase caí da corda, pois trazia a bolsa de sobrevivência e passei o cinto errado e foi um sufoco".

Fernando Matraca. Foto: TV Tapajoara.

José Toledo. Foto: TV Tapajoara.

José Toledo contextualiza o tempo e o espaço e relembra como era voar na região no auge da garimpagem, "nós éramos, em 1975, no máximo vinte e cinco pilotos na região e, na década de 1980, a situação foi melhorando" e pontua as dificuldades na época: "sem dúvida o tempo, o tamanho das pistas, que eram bem pequenas, e, sem dúvida, o fator meteorológico" contribuíram para que acontecessem diversos acidentes, evidenciando "eu tive um acidente no dia dezessete de junho de 1980 e eu estava no terceiro voo". José Toledo caiu na selva, passou quatro dias para sair, "eu ia chegando através do Mamoal e o avião simplesmente desacelerou, chamei no rádio o Careca e falei que o motor havia parado. Estava eu mais cinco garimpeiros". Toledo destaca o resgate, pontuando, "saímos caminhando, a queda foi numa terça-feira e chegamos na pista no sábado".

Matraca, Toledo e Fernando Português. Acervo TV Tapajoara.

Fernando Português, emocionado, narra a sua história: "vi a morte na minha frente. Eu levava quinhentos e cinquenta litros de óleo diesel. Vou morrer como homem, não vou me acovardar". Detalhando: "o avião aceitou o ângulo quando eu estava a uns dez ou doze metros do fim de um desmatamento. O avião estava três metros mais baixo do que a mata, eu dei o *flap* novamente, aí ele pulou. Ainda dei umas duas voltas sobre a pista. Em momento algum, olhei para a velocidade do avião. Se tivesse olhado, talvez tivesse ficado apavorado. Eu fui criado sem pai e tinha um filho de três meses. Até hoje eu lembro, acho que lá em cima Deus falou pra eu cuidar do meu filho".

Carlos Risadinha. Acervo TV Tapajoara.

O jeito extrovertido do seu Carlos Salgueiro, o Risadinha como popularmente é conhecido, aparece em sua fala: "de repente visualizei o Peralta caindo lá de cima e perguntei o que tinha acontecido". Ele disse: "desgraça, aqui tá cheio de vaca". Tinha chovido muito e a pista tinha uns duzentos metros e ia de uma curva a outra do rio. "Eu conduzia muita carga e vinha atrás dele e não dava para pousar". Detalhando: "íamos espantando as vacas, e aí houve doze disparos de hélice, pensei que o motor ia sair pela tampa. Havia chovido muito e tinha ainda três vacas, uma de um lado e duas do outro. Quando toquei o chão, voava água pra todo lugar. Enquanto isso, o dono da pista estava na cabeceira e lá havia uma pedra enorme e uma balsa, mas o importante é que sobrevivi pra contar".

Vanderlei Azevedo. Acervo TV Tapajoara.

A história de Vanderlei Azevedo, que teve sua carreira interrompida por um acidente, relata: "eu reduzi um pouquinho, estava indo pro garimpo do Abacaxi, e aí senti falta de um par de hélice. Pelo rádio, chamei os companheiros. Perguntaram onde eu estava, dei as informações e aí caí no mato. Não lembro do resgate porque estava muito machucado. Quando fiquei consciente, percebi que estava em um hospital em Belém. Eu estava conduzindo três passageiros, mas só eu saí machucado", concluiu Vanderlei.

Esses homens tiveram muita sorte, pois as estimativas de perdas são grandiosas. Conforme estimativa dos pilotos pioneiros, nas quase seis décadas de aviação na região, trezentos pilotos morreram em acidentes de avião, sendo cento e cinquenta pilotos na década de 1980, que foi a de mais intensidade na garimpagem.

O encontro de pilotos do Vale do Tapajós teve um momento ímpar no Clube de Cabos e Soldados do 53 BIS. Em uma festa para os pilotos com a banda "Gotas do Oceano" foi realizada a entrega de comendas aos pioneiros da aviação na região.

Foram escolhidos cinco para representar os demais: o comandante Dionísio Bernardine foi representado pelo filho Marcos Vinícius, que recebeu da mão do coronel Gonçalves, ex-comandante do 53 BIS, a comenda. Outro pioneiro homenageado foi Darlan Haike, das mãos do tenente-coronel Roberto Guarino. Galdino Flávio, que veio de São José do Rio Preto-SP, recebeu sua comenda das mãos da empresária Marília Skin, que narrou "eu voei quase cinquenta anos nessa região, participei de todas as atividades de progresso, inclusive da construção da rodovia Santarém-Cuiabá". Antônio Garcia, o Careca, continua em Itaituba e foi outro contemplado com a comenda que foi entregue pela jornalista Andreia Couto. O comandante Pai Velho recebeu sua comenda das mãos do comandante Léo Rezende.

JUNTOS, SOMAM MAIS DE UM MILHÃO DE HORAS DE VOO

Segundo encontro dos aviadores 2017. Acervo TV Tapajoara.

O segundo encontro de aviadores da região do Tapajós produziu um momento de confraternização entre pilotos. A noite foi pequena

A gênese de Ita

para o tamanho da alegria desses homens águias. Uma pista sinalizada esperava um voo tranquilo, ou melhor, a chegada dos águias no espaço da festa.

A banda Mistura Brasileira trouxe, na primeira parte do evento, um clima harmonioso produzido pela boa música. Uma homenagem póstuma também foi registrada lembrando os pilotos que não estão mais presentes, entre eles, o comandante Pai Velho.

Sonhar que estão voando para esses senhores é mesmo que reeditar sonhos reais na vida de cada um. Juntos, somam mais de 2 milhões de horas já voadas.

O Encontro de Aviadores do Vale do Tapajós, que teve início em 06 de agosto de 2016, com uma ideia do amigo Léo Rezende, o qual nos convidou para dividir a coordenação, cresceu chegando a se tornar essa data lei municipal como o dia do aviador de garimpo.

O encontro desde o início externa condições universais de validade, pois esses homens vêm de todas as partes desse imenso Brasil, como é o exemplo do comandante Mauro Ferreira, que vem de Goiânia para Itaituba de moto.

O tempo passou, mas a história ficou e, juntos, eles sempre celebram a saga vivida pelos águias em mais de quatro décadas na Amazônia. Pilotos pioneiros que não devem ser vistos de forma simplista como meros aventureiros ou soldados da fortuna. Eles abandonaram a família, os amigos, o conforto da cidade para embrenhar-se na mata bruta, enfrentar malária e o perigo de uma região inóspita para ganhar a vida ou a morte. Em um trabalho solitário e muitas vezes incompreendido pelas autoridades aeronáuticas.

Eles operaram em pistas perigosas encravadas no meio da selva montanhosa, participando do desenvolvimento regional. Homens destemidos e apurados na arte de voar.

A gênese de Ita

Comandante Flávio. Acervo TV Tapajoara.

Seu Galdino Flávio, de 80 anos, chegou em Itaituba em 1965, onde começou a escrever sua história na aviação de garimpo. Hoje, mora em São Paulo. No quarto encontro, em uma entrevista, nos falou, emocionado: "Trabalhei aqui 50 anos, hoje moro fora, mas o meu coração continua grudado em Itaituba. Participei de ponta de lança, arremessando alimento para trabalhadores em todas as rodovias construídas nesta região, sou muito grato por Itaituba".

Para esses homens profundos conhecedores da região, não havia rios, florestas ou serras que eles não conhecessem. Sem eles, certamente a aviação regional não teria executado seu grandioso papel desbravador, nem a Amazônia seria integrada ao resto do país. As construtoras e batalhões rodoviários se valeram da perícia desses homens para escrever a epopeia da construção da Belém-Brasília, da Santarém-Cuiabá, da Transamazônica e tantas outras rodovias que cortam a região em todas as direções.

Em 2020, devido à pandemia, não houve o encontro em 17 março de 2021, um choque para todos os amigos aviadores do Vale do Tapajós. O comandante Léo Rezende, acometido do vírus da covid, faz seu último voo e os Águias da Amazônia ficam sem seu líder em Itaituba. Muitos dos velhos águias, com a pandemia, finalizaram suas carreiras até precocemente.

Devido a essas implicações, o V Encontro estava ameaçado, mas os comandantes José Toledo e Manequim entraram em contato com a Raianda Nunes, viúva do Léo Rezende, e pediram que queriam fazer homenagem ao grande líder comandante Léo. A Raianda, ainda fragilizada com a perda, pediu a nossa ajuda. O encontro aconteceu de forma reduzida na residência do comandante José Peralta.

O V Encontro de Aviadores do Vale do Tapajós foi marcado pela Comenda Léo Rezende, promulgada pelo Câmara de Vereadores de Itaituba, uma solicitação do vereador Luís Fernando Sadek. Foi realizada no dia 5 de agosto uma sessão extraordinária na Câmara Municipal, com a presença de alguns águias e representantes para a entrega da comenda.

No dia 6 de agosto, dia instituído por Lei Municipal como dia do Piloto de Garimpo, foi realizado o cerimonial do V Encontro na residência do comandante José Peralta. Apesar dos sorrisos, abraços distantes, a festa foi toda dedicada à memória do Águia Léo Rezende, que voa alto, muito alto, para os céus.

V encontro na Residência do Comandante Peralta.

O cantor e compositor itaitubense Gil Barata mandou sua homenagem em forma de canção para o nosso irmão Léo.

Léo Rezende e Ivan Araújo.

A gênese de Ita

Léo, você protagonizou
Na imensidão do universo
Um show sublime e genial
Que foi amor e paixão de voar

Senhor voador, desbravador
Dos céus da Amazônia, pioneiro
Deixou exemplo e um grande legado a nós
Com destreza e luz, seu voo será eternizado de saudade

Na predestinada jornada da vida
Descanse em paz eterno irmão
Junto ao pai, amigo Léo

FRAGMENTOS HISTÓRICOS
DOS JOGOS ABERTOS DE ITAITUBA

Os Jogos Abertos de Itaituba surgiram especialmente pela presença de acadêmicos e professores de Santa Catarina que, mensalmente, chegavam ao Campus Avançado de Itaituba e com suas atuações influenciaram as autoridades do município a valorizar o esporte amador, criando uma competição para ser realizada anualmente. Para atingir esse objetivo, levaram em consideração as experiências de competições bem-sucedidas no Estado de Santa Catarina e no Estado de São Paulo.

Os Jogos Abertos de Santa Catarina foram criados em Brusque pelo desportista e empresário brusquense Arthur Schlösser e tiveram sua primeira realização em Brusque, no período de 7 a 12 de agosto de 1960.

Em 1956, Arthur Schlösser esteve em São Paulo colhendo informações e inteirando-se dos Jogos Abertos do Interior, que são realizados anualmente no estado de São Paulo, com a finalidade de criar em Santa Catarina uma competição semelhante.

Para viabilizar a realização desse importante evento, o então diretor-geral do Campus Avançado de Itaituba, Silvio Puntel, solicitou o apoio ao diretor-geral da Escola da Superior de Educação Física da UDESC, professor Erico Stratz Junior, que, de imediato, designou uma equipe de professores e acadêmicos para criar as condições de planejar e executar o referido evento no município de Itaituba.

Para contribuir nessa tarefa, contou também com o apoio do Diretório Acadêmico Seis de Fevereiro-DASEFE, que ficou responsável pela seleção dos acadêmicos que participariam do projeto, bem como pela capacitação, dando as condições necessárias a sua atuação no campo de estágio sob a orientação dos professores da Escola Superior de Educação Física - EFSF. Um dos aspectos que merece destaque é o apoio da direção, o corpo docente e discente do Curso de Educação Física sempre se destacaram na área de extensão universitária e em eventos esportivos, tanto internos como externos, especialmente junto às Federações Esportivas de Santa Catarina. Efetuado o planejamento, definiu-se a necessidade da participação mensal de dois acadêmicos de Educação Física que tinham a incumbência de atuar junto às entidades públicas e privadas do município para viabilizar as instalações, materiais e equipamentos para realização do 1º Jogos Abertos de Itaituba, em julho de 1976, sob a orientação de professores, da Direção do Campus Avançado de Itaituba e das autoridades municipais.

Equipe 42 do Projeto Rondon, que executou o 1º Jogos Abertos de Itaituba.

Para implementar essa programação elaborada no mês de abril de 1976, foram selecionados os dois primeiros acadêmicos: Hamilton Wiggers e Marino Tessari, que fizeram os primeiros contatos e levantamentos visando criar as condições da realização dos jogos, atendendo assim à expectativa da comunidade itaitubense.

As equipes foram se revezando nos meses de maio e junho, dando continuidade aos trabalhos de acordo com a programação, especialmente na elaboração dos regulamentos, fichas de inscrição e na orientação na formação das equipes que participariam dos jogos. O ideal era que o evento fosse realizado no mês de julho, que é o período de férias escolares anuais na região norte e, com isso, criando as melhores condições de participação tanto dos estudantes que residem na cidade como dos que residem em outros municípios durante o ano para estudar.

Estava tudo programado para a realização do 1º Jogos Abertos de Itaituba para o mês de julho de 1976, porém surgiu um imprevisto com relação ao transporte dos estudantes do sul do Brasil para região norte e a programação foi suspensa, criando frustração na comunidade. O professor Celestino Sachet, Coordenador do Grupo de Trabalho – GTU, órgão responsável de dar suporte dentro do UDESC nas ações desenvolvidas pelos professores e estudantes no Programa do Projeto Rondon sugeriu, então, que a primeira edição dos jogos excepcionalmente fosse realizada de 15 a 23 de janeiro de 1977, o que foi aceito por todos os envolvidos.

Abertura do 1º Jogos Abertos de Itaituba, na Quadra de Esportes que existia onde atualmente é o Fórum.

A gênese de Ita

A matéria do jornal *A Província do Pará* descreve como foi a organização e a realização do 1º Jogos Abertos de Itaituba, bem como os resultados e toda a equipe que planejou e executou.

2 - 2º caderno — **A Província do Pará** — Belém - Quarta-feira, 02 de fevereiro de 1977

JORN/SANTARÉM (Da Sucursal)

Primeiros Jogos Abertos de Itaituba (JAIT)

Depois de uma bem elaborada programação foram realizados nesta cidade, no período de 18 a 23/01, os Primeiros Jogos Abertos (JAIT). A iniciativa partiu do Campus Avançado das Universidades do Estado de Santa Catarina, com o objetivo de difundir junto à comunidade itaitubense, os esportes amadores.

As comissões foram assim delineadas: Comissão de honra: Prefeito Municipal Altamiro Raimundo da Silva, comandante do 53º Batalhão de Infantaria da Selva major Wanderley Gomes e Moraes, Presidente da Câmara de Vereadores, Rui Barbosa de Souza Ferreira, Vigário da Paróquia, padre Roque Alba e diretor do Campus Avançado, professor Silvio Puntel. Comissão Técnica: Coordenação Geral, professor Silvio Puntel, Coordenação Técnica, Jorge Manoel Spricigo, Coordenação Administrativa, Irene Lorenzetti e Mara Regina Basco, Coordenação Executiva, Marino Tessari, Coordenação de Secretaria, Irene Lorenzetti, Mara Regina Basco e Marino Tessari. Conselho de Julgamento: efetivos-Vivaldo Gaspar presidente, Juarez Mota, Dilson Nunes Gouveia, José Nunes da Silva e Sebastião Teodomiro da Costa; suplentes: José Santana, Elizeu José da Silva e Rui Mesquita. Coordenadores de Modalidades: Atletismo-José Augusto Fernandes, Cabo de Guerra-José Augusto Fernandes, Canastra Duríssima-Juarez Mota, Ciclismo-José Augusto Fernandes, Dama-Mara Regina Basco, Dominó-Manoel Pinto, Handebol-Marino Tessari, Natação-Jorge Manoel Spricigo, Regata-Jorge Manoel Spricigo, Tênis de Mesa-Irene Lorenzetti, Xadrez-Juarez Mota, Futebol de Salão-Ronan Ferreira Lopes, Futebol de Campo-Marino Tessari e Voleibol-Maria Helena.

Para o bom êxito dos jogos diversas entidades colaboraram decisivamente, onde podemos citar a Prefeitura Municipal, DNER, 53º Batalhão de Infantaria da Selva, Comércio e Indústria.

Foram disputadas 14 modalidades desportivas, a seguir: futebol de campo, futebol de salão, handebol, voleibol, ciclismo, regata, tênis de mesa, xadrez, canastra, dama, dominó, cabo de guerra, natação e atletismo. Participaram dos jogos as seguintes equipes: AABB, A. A. Trans-Auto, América F. C., Auto Peças Maná, 53º BIS, Caixa Econômica Federal, DNER, Escola Estadual de 1º Grau 8.4, Ginásio Normal Santana, Esporte Clube João do Boi e Sucata Esporte Clube.

O Campus Avançado mobilizou toda a equipe de 42 estagiários, tendo o pessoal de educação física ficado com a tarefa maior com arbitragem e cronometragem das disputas.

Professor Silvio Puntel diretor do Campus, Jorge Manoel Spricigo administrador e estagiários Irene Lorenzetti, Mara Regina Basco e Marino Tessari, foram incansáveis no cumprimento da programação, arrebatando elogios dos participantes dos jogos.

A gênese de Ita

> Eis a relação de atletas e equipes vencedoras dos 1ºs. JAIT: atletismo- 100m rasos-José Valdo de Liveira-CEF, 200m-Cláudio Frederico Kramer-53º BIS, 1500m rasos-Raimundo Leal-Auto Peças Maná, 4x100-vencedor a equipe do 53º BIS, salto em altura-Carlos Santos Alencar-CEF, corrida rústica 10.000m-Cleônidas Pingarilho-53º BIS, arremesso de peso-Gilberto Nascimento-53º BIS, lançamento de dardo-José Lino Faro Barros-53º BIS, arremesso de disco-Gilberto Nascimento-53º BIS, salto em distância-Paulo Eduardo Furtado-Auto Peças Maná. Equipe vencedora em atletismo o 53º BIS com 125 pontos, seguida da CEF com 53 pontos, Auto Peças Maná com 34 pontos, A. A. Trans-Auto com 30 pontos e Sucata E. C. com 13 pontos. Handebol, vencedor Auto Peças Maná; natação, 100m livres-Domingos Santana Oliveira-CEF, 200m-Antônio Carlos-Auto Peças Maná. A CEF sagrou-se campeã em natação com 19 pontos, seguida de Auto Peças Maná com 12. Canastra, vencedora Sucata E. C.; ciclismo, vencedor 53º BIS; dama, vencedor 53º BIS; dominó, vencedor Auto Peças Maná; futebol de salão, vencedor Auto Peças Maná. Regata, 1500m, 1º lugar individual Natanael Jonas-CEF, 1º lugar dupla Felipe Silva e Alquino Rocha-CEF, 1º lugar com quatro participantes a equipe da CEF; vencedor da regata CEF com 30 pontos, seguida do Trans-Auto com 6 pontos. Tênis de mesa, 1º lugar Auto Peças Maná. Voleibol, vencedor Auto Peças Maná. Xadrez, vencedor A. A. Trans-Auto. Classificação geral dos primeiros Jogos Abertos de Itaituba: 1º lugar Auto Peças Maná com 69 pontos, 2º 53º BIS com 68 pontos, 3º CEF com 41 pontos, 4º A. A. Trans-Auto com 37 pontos, 5º Sucata E. C com 27 pontos, 6º DNER com 16 pontos, 7º AABB com 12 pontos, 8º E. C. João do Boi com 10 pontos, 9º Escola Estadual de 1º grau (8.4) 3 pontos, 10º Ginásio Normal Santana 2 pontos e 11º América F. C. com 1 ponto.
>
> A entrega de troféus e medalhas foi feita por ocasião do baile de encerramento dos 1ºs JAIT, nos amplos salões da sede do Clube Paroquial. Em cada modalidade coletiva as equipes classificadas em 1º e 2º lugar fizeram jus a troféus. Nas modalidades individuais os atletas classificados até o 3º lugar receberam medalhas em cada prova.

Finalizada a primeira edição dos jogos, com a avaliação muito positiva demonstrada pelas autoridades constituídas e pelas equipes participantes, iniciaram-se os preparativos visando aperfeiçoar a programação e melhorar as condições de realização das competições do IIº Jogos abertos de Itaituba, que foram realizados de 09 a 18 de julho de 1977, com 11 equipes que disputaram 14 modalidades esportivas.

Nessa nova etapa, com duas edições já realizadas e a população mais envolvida e pegando gosto pela participação das competições nas diversas modalidades, as equipes foram buscando cada vez mais sua qualificação para disputar troféus e medalhas no IIIº Jogos Abertos de Itaituba, que foram realizados de 08 a 16 de julho de 1978. O futebol de campo no Estádio Municipal Teófilo Olegário Furtado e o Futebol de

Salão na Quadra do DNER eram as modalidades com maior número de participantes, as disputas mais acirradas, especialmente quando o adversário eram as equipes do 53º BIS.

Para as disputas de canoagem e natação, era utilizado o Rio Tapajós, tendo como linha de chega o Trapiche. Para compor a equipe do mês de julho, foram selecionados os acadêmicos de Educação Física da UDESC Claúdio Henrique Willemann, Antônio de Pádua, Amorim Claúdio Luiz Sebben e Flavio Luiz Silva para atuar na organização bem como na arbitragem das diversas modalidades esportivas.

Após o término das competições e computados os resultados, foi efetuada a entrega da premiação sob a coordenação de Paulo Renato Bandeira como mestre de cerimônia e com presença a da equipe da direção do Campus Avançado, professores, acadêmicos e autoridades com destaque ao vice-prefeito de Itaituba, Francisco Fernandes da Silva, do Coordenador do Grupo de Trabalho Universitário da UDESC, órgão de apoio ao Projeto Rondon em Itaituba, professor Celestino Sachet, entre outros.

A realização dos jogos tornou-se um evento tradicional e consta da Lei Orgânica do Município de Itaituba, SEÇÃO V DOS DESPORTOS Art. 102 – III - realizar, anualmente, os jogos abertos de Itaituba. Nesse momento já era realidade na comunidade local, em especial dos

A gênese de Ita

itaitubenses que residiam em outras cidades, que planejavam a vinda para participar das competições e rever os amigos e familiares, contribuindo, assim, para uma grande integração social.

As duas edições subsequentes em que estivemos à frente na coordenação geral foram o IVº Jogos Abertos de Itaituba, realizados de 07 a 15 de julho de 1979, e o Vº Jogos Abertos de Itaituba, realizados de 12 a 20 de julho de 1980. Pelas informações que recebemos, a realização dos Jogos Abertos de Itaituba chegou à 33º edição e nos últimos anos foram realizados. Acabamos de acompanhar mais um ciclo olímpico, em que ficou evidente mais uma vez a importância do esporte desde os mais jovens na escola até os de idades mais avançadas.

Segundo informações que obtivemos, encontra-se em construção o novo Estádio Municipal Teófilo Olegário Furtado que, em breve, deverá estar à disposição da comunidade. O Ginásio Municipal de Esportes, inaugurado em 2010, encontra-se em reforma. O piso em madeira está sendo substituído por cimento, também a drenagem subterrânea da quadra teve que ser refeita.

Outro espaço importante que está em fase final das obras é o Centro Esportivo localizado à Avenida Marechal Rondon, financiado pelo governo federal, com quadra oficial de 20 por 40 metros, que possui entre outros equipamentos uma pista com raias retas de atletismo de cem metros, especialmente para treinamento.

Acreditamos que a experiência de realização dos Jogos Aberto de Itaituba contribuiu também para a criação dos Jogos Abertos do Pará, a exemplo dos que já existem em outros estados brasileiros. Em 2005, a Secretaria de Estado de Esporte e Lazer (Seel) formulou os Jogos Abertos do Pará (JOAPA). A disputa é um grande evento esportivo direcionado aos atletas dos municípios do interior do Estado, disputado nas modalidades esportivas futsal, voleibol, handebol, basquetebol, tênis de mesa e futebol de areia.

A gênese de Ita

Esse é o momento oportuno para unirmos forças das entidades públicas e privadas visando à retomada da realização dos Jogos Abertos de Itaituba, oportunizando, assim, práticas esportivas em todas as idades, como fator de promoção de saúde da população.

Fonte: Relatórios e anotações, recortes de jornais e fotos de arquivos pessoais/Marino Tessari.
CREF 000007-G/SC/Professor da UDESC 1977-2019.
Diretor do Campus Avançado de Itaituba – Para 1977-1981.

Equipe do Projeto Rondon - julho 1978.

HISTÓRICO COPA OURO

A TV Tapajoara é um veículo de comunicação que, por meio de sua programação, tem sido um importante instrumento de integração social, de interação com a comunidade e preservação de valores socioculturais do município.

Em 2006, atendendo a um apelo da comunidade esportiva a TV Tapajoara, criou o projeto Copa Ouro de Futsal. A competição foi um resgate dessa modalidade de esporte que teve grande destaque em Itaituba durante a fase áurea do ouro e caiu no esquecimento com o declínio da produção de ouro do município. O projeto Copa Ouro rapidamente caiu no gosto da torcida e, em poucos anos, tornou-se a maior competição esportiva no oeste do Pará, sendo atualmente uma referência no calendário esportivo da região.

Foto: Acervo TV Tapajoara.

A gênese de Ita

As quatro primeiras edições da Copa Ouro foram realizadas no ginásio da Associação Atlética Cearense e os campeões, pela ordem, foram os seguintes:

- Em 2006 – Campeã AABB Motomaz;
- Em 2007 – Campeão Trovão Azul;
- Em 2008 – Campeão Cálculos Contábeis;
- Em 2009 – Campeão Trovão Azul.

Foto: Acervo TV Tapajoara.

Com a repercussão popular da Copa Ouro, o governo municipal em parceria com o estado investiu na construção do Ginásio Poliesportivo de Itaituba e a copa ganhou seu templo sagrado e cresceu ainda mais.

- Em 2010, um público superior a quatro mil pessoas assistiu à conquista do tricampeonato do Trovão Azul.
- Em 2011, em uma das mais emocionantes decisões da competição, a equipe do A Manauara sagrou-se campeã da Copa em uma final histórica com o Hay Fay.

A gênese de Ita

- Em 2012, a Cálculos Contábeis conquistou o seu bicampeonato na competição.
- Em 2013, o time do Hay Fay chegou novamente à final da copa e perdeu para a Climafrio /Sky Line.
- Em 2014, a copa não foi realizada.
- Em 2015, o título da copa voltou a ficar com o time da Climafrio /Sky Line.

A Copa Ouro foi um resgate da TV Tapajoara, realizada em 2006. O Rotary Clube de Itaituba, homenageando a cultura do ouro, promoveu duas edições da competição na década de 80. Diferentemente das demais competições esportivas já existentes na região, foram criadas peculiaridades. Foram estudadas, analisadas e aplicadas dentro de princípios e valores construídos na família, nas escolas, na igreja e na interatividade com os demais grupos sociais da sociedade local.

Foto: Acervo TV Tapajoara.

Por isso foi construída uma identidade própria, como: música temática original, escolha da sua rainha, confraternização com os clubes participantes, danças e coreografias das aberturas, festa de encerramento, *supermarketing* promocional e o mais importante: promoção e valorização do ser humano.

Foto: Acervo TV Tapajoara.

Em 2006, uma forte enchente deixou Itaituba com centenas de desabrigados. Surgiu a ideia do exercício da solidariedade em uma parceria com os clubes e o 53 BIS para a primeira ação solidária da Copa Ouro. Na ocasião, um empresário local chegou a doar um boi para a campanha.

A competição foi realizada com a maioria dos atletas locais. Por três anos consecutivos, a copa foi realizada nesse formato para assistir centenas e centenas de pessoas carentes com cestas básicas, promovendo integração, inclusão e entretenimento para milhares e milhares de pessoas.

Com os altos custos para a manutenção dos clubes e a realização da competição, principalmente com a importação de atletas federados, o mercado foi inflacionado causando grandes transtornos financeiros e colocando um futuro incerto para a realização da Copa Ouro. Assim, os clubes reuniram e pediram que a ação solidária fosse extinta e fosse repassada para os próprios clubes o valor correspondente. Assim, foi concedida pela coordenação.

A gênese de Ita

Foto: Acervo TV Tapajoara.

A última ação solidária com cestas básicas foi na primeira copa realizada no Ginásio Municipal, em 2010. Já em 2011, por muita insistência da coordenação em destinar uma porcentagem para a última ação solidária, foi comprada uma piscina de água aquecida para a fisioterapia dos alunos especiais da APAE.

Em 2013, a direção da TV Tapajoara fez uma avaliação e, vendo que fugiu totalmente de toda a essência dos objetivos do projeto inicial proposto pela emissora, a coordenação quis entregar para os clubes e o município os diretos de realização da Copa Ouro. Mas atendendo um pedido da prefeita Eliene Nunes, a TV realizou em parceria com o município.

Da abertura ao encerramento, foram momentos mágicos para todos. "Nós não queremos que a Copa Ouro acabe, mas nunca haverá fatos eternos se não houver verdades absolutas. E a grande verdade é que a copa chegou a um inchaço econômico desproporcional para a realidade de todos". Como um clube vai investir 50, 60 mil se ele não tem nenhuma atividade que possa gerar receita durante o ano todo? Os clubes de maiores torcidas como o Hay Fay e Trovão Azul são mantidos pelos seus diretores e a imagem criada pelo forte *marketing* da Copa Ouro.

A gênese de Ita

Foto: Acervo TV Tapajoara.

Por tudo isso, achamos que é o momento de pensar e refletir juntos, pois o legado da Copa Ouro é grande. A construção do próprio ginásio veio em função da visibilidade dela. Agora, parafraseando o sociólogo Herbert de Sousa, o Betinho: Terminado o espetáculo, de volta aos bastidores, o mundo da cultura está desafiado a continuar pensando, fazendo, mexendo, revolucionando. Até aqui, foi grande. Mas o grito deve ecoar sem parar, o gesto feito deve continuar entrelaçando ações, abraçando em solidariedade.

Uma nova consciência deve criar o mundo novo e enterrar a miséria e a exclusão para sempre. Uma cultura que busque no fim de cada atalho uma reta, que busque em cada ponta de sofrimento uma alegria, que busque em cada despedida o reencontro. Itaituba está aí para ser criada, recriada. E a ação de criar e recriar é responsabilidade nossa também, pela nossa cultura e conhecimento.

O QUE É A COPA OURO?

A verdadeira cidadania começa com a inclusão social. A verdadeira solidariedade começa quando não se espera nada em troca.

A gênese de Ita

Há cinco anos, quando começávamos a Copa Ouro, uma grande enchente deixava vários itaitubenses desabrigados, daí surgiu a ideia da primeira ação solidária desse grupo. Um boi foi entregue, roupas e gêneros alimentícios arrecadados durante a primeira Copa Ouro.

A ação foi mantida nos anos seguintes chegando em 2010 com a notável estatística de mais de (4.000) quatro mil famílias assistidas pela ação solidária da copa. Parece ser uma utopia, mas eu digo que é factível, sim, pois realizamos.

Isso foi possível graças a um grupo de amigos que transformam e estavam dispostos a lutar contra pensamentos medíocres.

Tenho a consciência e a satisfação de ver na história do nosso município as grandes transformações fomentadas por esse grupo, as quais têm iniciado um processo de conscientização coletiva na sociedade. Desde o advento do Ita em Canções, se estendendo nas mais diversas linguagens artísticas.

A TV Tapajoara é o veículo de comunicação que tem sido um instrumento para essa integração social. Convido a todos para participar de mais essa jornada. Sabemos que não vamos mudar as regras do jogo, mas venha com a gente viver essa nova aventura.

Ivan Araújo

A HISTÓRIA DO
FUTEBOL ITAITUBENSE

Este capítulo tem como objetivo tentar trazer a história quase perdida do futebol itaitubense. São tão poucos os documentos e registros dos campeonatos já realizados, principalmente com a desativação do Estádio Teófilo Olegário Furtado, onde funcionava a Liga Esportiva de Itaituba e todos os documentos eram guardados.

Numa noite chuvosa, a frágil cobertura da sede da LIDA não resistiu e ruiu molhando a maioria dos documentos que ficaram expostos no terreno do próprio campo, sem ninguém poder fazer nada. Como um entusiasta desportista, sempre tive a curiosidade de saber como o futebol teve o seu desenvolvimento na pacata cidade das pedras miúdas, as primeiras peladas, a formação dos primeiros grupos esportivos e suas atividades.

Lendo algumas crônicas do Luís Henrique, filho nativo dessa terra, postadas em redes sociais, vi muito material histórico. Foi então que comecei uma longa pesquisa entre os personagens, seus filhos, parentes e remanescentes da gênese de Ita, entrevistando mais de cinquenta personagens.

Raimundo Nonato, colaborador da LIDA há muitos anos, me apresentou algumas anotações suas deixadas pelos seus tios. Outra fonte importante foi a professora e historiadora Regina Lucirene, que vem se desdobrando para resgatar a memória de Itaituba, por meio do Museu Aracy Paraguassú.

Alguns manuscritos, verdadeiras relíquias da nossa memória, afirmam que, em meados de 1935, já começavam a surgir pequenos grupos que se organizavam para jogar bola, como prática de lazer nos finais de semana. Agricultores, lavradores, pescadores e extrativistas eram os ofícios dos homens que mantinham a economia local.

Ao entardecer, depois da labuta, eles se reuniam para as socializações, entre elas, o futebol e o famoso banho no Rio Tapajós. Nessa época, o campo era próximo ao cemitério, onde hoje funciona o supermercado Itafrigo. Segundo relatos desse documento, as duas primeiras equipes formadas eram as agremiações Verde Amarela e a Azul e Branca. A Verde e Amarela, inicialmente, era formada por Bernardo, Antônio Cruz, José Vieira, Zé Buraco, Anastácio Nazaré, Alexandre Nazaré, Sindô, José Rosa e outros. Já a equipe Azul e Branca tinha nomes famosos, como: Eça Mesquita, Rui Mesquita, Zeca Cruz, Idebaldo e outros. Os constantes confrontos entre as duas equipes foram criando uma grande rivalidade. Com o passar do tempo, outras equipes foram surgindo como Ita Floresta, o Cruzeiro, Jato Esporte Clube e o América.

Conhecendo um pouco como se manifestou o esporte mais popular no Brasil, na terra de Joaquim Caetano Correia, agora a missão era resgatar os títulos, as grandes decisões de todos os campeonatos de futebol já realizados em Itaituba.

Para isso, continuei entrevistando uma série de ex-jogadores da história dourada do nosso futebol, colegas que guardaram fotos e manuscritos, como Raimundo Nonato, o nosso popular Rato, Tatalo, Darlan Patrick, exímio contador de histórias esportivas, meus companheiros de trabalho Weliton Lima e Marlúcio Couto, Reinaldo Queiróz, Vivaldino, Ciroca, Miguel Prata, Neném, Kabokim, Chico Caçamba, Silvio Macedo e tantos outros, que foram personagens dessa nostálgica história do futebol itaitubense, além de mais de 150 fitas de vídeo VHS, dos arquivos da TV Tapajoara, onde havia muitos trabalhos esportivos que ajudamos a produzir.

Outra grandiosa fonte foi uma pasta contendo várias fotos e um livreto de poucas páginas, com as cores das letras quase ilegíveis, que ganhei

A gênese de Ita

de presente do saudoso amigo Nelson Furtado, em 2010, quando o visitei em Manaus, onde estava fazendo tratamento de saúde.

Na oportunidade, gravamos uma longa entrevista para a TV Tapajoara. O livro tem o título "Itaituba, capital do ouro é um celeiro de craques". Pouco se sabe sobre o autor e, com a capa já bastante envelhecida e danificada, ficou difícil decifrar. Com muita dificuldade, consegui entender que o autor fazia parte de uma associação, "A Sociedade de Poetas Cordelistas da Amazônia". Seus versos são em formato de literatura de cordel, com rimas riquíssimas. Na introdução, se apresenta como o nome de Paixão. Segundo o Nelson Furtado, ele trabalhava no antigo DNER e foi colaborador do Auto Esporte.

Veja alguns versos da introdução do livro:

"Um poeta é redator
Jornalista e escritor.
Exímio pesquisador
Da fiel realidade.
Por isso fui inspirado
No expirar de um sol

Ao cantar do rouxinol
Falo em futebol
Esporte tão badalado."

"Senhor Deus do universo
Fonte de inspirações
Vinde iluminar meu verso
Dai-me mais concentração
Estilo classe, hombridade,

A gênese de Ita

Para narrar com verdade
O esporte das multidões."

"Ajudai que meu leitor
Logo ao lê tudo saque
Que o cruel detrator
Não use a arma do baque
Que meu Brasil Brasileiro
Saiba: Itaituba é celeiro
De ouro, prata e craque."

"O resumo desportivo
Pela pesquisa que fiz
Torna essa cidade grande
Boa autêntica e feliz.
Sondei com muito denoto
Tem dezoito times ao todo
É o Paixão quem lhes diz."

Assim, o nosso poeta começava seu livro, datado em 3 de dezembro de 1978. Mas o primeiro campeonato itaitubense foi realizado em 1972, com apenas três equipes: América, Auto Esporte e Associação Atlética Itaituba, realizado pela Coordenação de Esporte de Itaituba, fundada em 22 de fevereiro de 1972. Essa coordenação tinha como presidente José Rufino de Sousa Azulino - o Orestes e Reinaldo Queiróz.

O América Futebol Clube foi a primeira agremiação esportiva oficial de Itaituba, fundado em 1º de maio de 1950, com as cores vermelha e branca. A ideia surgiu dos anseios dos líderes de famílias tradicionais, como: Couto, Truth, Bilby, Neves e Castro. O primeiro presidente foi Sebastião Teodomiro da Costa, popularmente conhecido como Bazinho.

A formação da sua primeira equipe era composta por: Sebastião Teodomiro, João por Deus, Paga Lima, Costa, Aramanay Couto, Taparayá Couto, Benedito Tacacá, José Leite, (Zé Burro) Raimundo Montel, Intimahã Couto, Cipriano, Raimundo Nonato (Truth), Otávio Braga, João Viana, Valdemar Viana, Banana, João Leitão, Cassyporé Couto, que mais tarde jogou no Paysandu, Clínio Lima, Lucio, Camakam, Benoni Leite. Esse foi o primeiro plantel da historicidade americana.

O Auto Esporte Clube foi a segunda equipe oficialmente reconhecida pela então Coordenação de Esporte de Itaituba. Conta a história que tudo começou no primeiro semestre de 1959. O senhor Teófilo Olegário Furtado, prefeito municipal de Itaituba, recebeu um convite do Sr. Luiz Franco e sua esposa, a senhora Alta Franco, para participar, no dia 25 de dezembro do mesmo ano, no povoado de Vila do Uricurituba, das comemorações pela passagem do aniversário de seu filho Diogo Franco, quando o mesmo completava seus 15 anos de idade.

O prefeito Teófilo incumbiu o seu filho Carlos Furtado que organizasse um time de futebol de campo, para uma partida contra a seleção daquela comunidade fazendo parte das comemorações do aniversário do jovem.

Carlos Furtado então organizou uma pequena seleção de jovens que participavam do Esporte Itaitubense e que foram com o prefeito para Vila de Uricurituba. A seleção de jovens tinha como orientador técnico o Sr. Otavio Azevedo Braga. Ela venceu por 2x1 a seleção de Uricurituba.

A gênese de Ita

Foto: Acervo de Paulo Eduardo Furtado.

A seleção de desportistas itaitubenses foi composta pelos seguintes atletas: Arlindo Braga, Aidinho Mesquita, Benoni Leite, Cassi Poré, Carlos Furtado, Chico, Adolfino, Francisco Mesquita, Ivair Mesquita, Isidoro Leite, Laércio Mesquita, Otávio Braga, Rui Mesquita, Rosimar Bilby e Truth.

Após o retorno para Itaituba, o grupo não foi mais dissolvido e, no dia 06 de janeiro de 1960, foi realizada uma reunião na casa do Teófilo Olegário Furtado com a participação de vinte e cinco pessoas, decidiu-se a criação de uma agremiação esportiva que pudesse exercer a prática de várias modalidades, trazendo maior integração entre os jovens da comunidade na década de sessenta. Como já havia em Itaituba uma pequena agremiação chamada Jato, onde já brincavam os filhos do Rui Mesquita e Teófilo Furtado, a primeira ideia era reforçar e oficializar a equipe do Jato.

No entanto, a pauta não foi aprovada na reunião coordenada pelo professor Arlindo Braga e três nomes foram sugeridos: Flamengo, Vitória e Auto Esporte. O nome eleito pela a maioria foi mesmo Auto Esporte Clube.

Nessa mesma reunião, já foi eleita a primeira diretoria, que tinha como presidente Manoel Fausto da Silva, vice-presidente Eça Mesquita, primeiro secretário Raimundo da Costa Bilby, segundo secretário Francisco Mesquita, tesoureiro Laércio Mesquita e diretor de esporte Otavio de Azevedo Braga.

A gênese de Ita

No elenco pioneiro, atletas e diretores, que foram fundadores da equipe que leva as cores azul e branca: Teófilo Olegário, Raimundo Nonato - o Truth, Rui Mesquita, Arlindo Braga, Chico Adolfino, Curupira, Isidorio, Altamiro Raimundo, Manoel Curiboca, Santino, João, Ademar Barroso, Hernandes, Jabá, Laércio, Chiquinho, Augusto Leitão, Vicente Soldado, Areolino Carneiro (pai do lendário Neneca) e Eça Mesquita.

Auto Esporte, 1971. Acervo Família Queiróz.

ASSOCIAÇÃO ATLÉTICA ITAITUBA

Existem poucos registros em relação à história da fundação da Associação Atlética Itaituba, pois a maioria dos seus fundadores era de outros centros e veio a trabalho. Mesmo assim, conseguimos com alguns ex-jogadores do clube algumas informações, bem como a ata de fundação do clube, que estava com os poucos documentos que restaram nos arquivos da LIDA.

Reinaldo Queiróz, que foi o único jogador itaitubense da primeira formação da associação, nos forneceu mais detalhes da fundação do time alvinegro e como ele foi parar no Itaituba se toda sua família era azulina.

A gênese de Ita

Segundo Reinaldo, ele era ainda muito jovem e já treinava no Auto Esporte, mas ainda não era titular, em um dia de treino, o Dr. Mimon Elglabe, que vinha do seu trabalho na Fundação SESP, chamou o Reinaldo em particular e perguntou se não queria jogar em uma equipe que ele formaria. Reinaldo argumentou que seu pai não permitiria, pois todos em sua casa eram Auto Esporte.

Mesmo assim, o Dr. Mimon não desistiu e lhe ofereceu um emprego, assim o Reinaldo não hesitou e aceitou a proposta. "O problema era chegar em casa e contar para o velho Raimundo, meu pai. Tomei coragem e falei. Ainda nem tinha terminado de falar, o velho partiu pra cima. Eu tive que correr". Conforme Reinaldo, mais tarde seu Raimundo Queiróz terminou acalmando e aceitando a ideia.

Para Reinaldo, a fundação da Associação Atlética Itaituba foi um processo rápido, pois o Dr. Mimon queria que a equipe ainda participasse do campeonato daquele ano, 1972. Foi marcada então uma reunião na residência de um dos apoiadores, na avenida Marechal Rondon, onde foi oficializada a fundação da associação, com a data de 15 de agosto de 1972, simbolizada nas cores preto e branco. Teve como seu primeiro presidente o Dr. Mimon Elglabe e vice-presidente, Dr. Manoel, ainda tinha o Dr. Durval Willian, na primeira diretoria.

O PRIMEIRO CAMPEONATO ITAITUBENSE

A primeira equipe a se consagrar campeã municipal foi o Itaituba e também a mais nova a ser inscrita na Coordenação de Esportes, em 1972. João Neto é outro remanescente jogador dessa equipe que esteve na grande final do primeiro campeonato municipal. Ele falou com emoção em uma entrevista que gravamos em 2018.

A gênese de Ita

Foto: Acervo Família Queiróz.

De acordo com João Neto, o campeonato foi realizado em três turnos e com certeza foi uma honra muito importante participar desse campeonato no ano de 1972. Sobre o duelo entre a equipe do Itaituba contra o América, João Neto recorda: "foi um jogo memorável, ganhamos pelo placar de 4X2. Foi um dia inspirado e eu fiz dois gols, os outros foram feitos por Luna, que era de Santarém, pelo Vantico, que era de Belterra".

João Neto lembrou a escalação do time formada por Pupinha, Enecom, Doutor Mimon, Beckembaouer e Nêgo Jorge, Reinaldo e Mundola, Fantico, João Neto, Nego Odile Lula.

ITAITUBA, CAMPEÃO 1972

Foto: Acervo Família Queiróz.

A gênese de Ita

EM 1973, O CAMPEÃO FOI A EQUIPE DO AUTO ESPORTE

Nesse ano, o campeonato, além de Auto Esporte, América e Itaituba, ganhou mais uma equipe, o Transamazônica. João Neto em nossa entrevista falou ainda que, em 1973, continuou no Itaituba participando do campeonato, quem saiu foi o Reinaldo Queiróz, que foi para o Auto.

A grande final desse ano foi entre Auto e América. O time azulino tinha em seu plantel grandes nomes, como: Miracildo, Nelson Furtando e Ciroca, que estava começando a carreira, Epaminondas, Bundão, Léo, Banjão, Vivaldo, Vivaldino, Mário Teles e Leopoldo, dentre outros, os quais deram o título ao Leão Azul Itaitubense com o placar de 2X1. Entre os jovens destaques do time do Auto Esporte, um deles foi o Mario Teles, natural de São Luiz do Tapajós, que por muitos anos foi o camisa 10 do time azulino e comandou o Auto Esporte em várias conquistas.

EM 1974, O PRIMEIRO TÍTULO DO AMÉRICA

O número de clubes participantes ia aumentando a cada ano. Essa temporada já foi realizada com cinco equipes: Auto Esporte Clube, América Futebol Clube, Associação Atlética Itaituba, Transamazônica Futebol Clube e Rodoviário Esporte e Clube de Miritituba. América e Itaituba decidiram o campeonato em partida única. No tempo regulamentar, houve empate em 2 a 2; nas penalidades, o América venceu levando o título de 1974. Destaques para o refinado Wildes, Miguel Prata, Espadim, o goleiro Milho Verde, Truth e Benoni.

O confronto desse ano foi entre o Leão e Pantera. O campo Olegário Furtado estava nesse dia lotado de pessoas de ambas as partes. O Auto Esporte já tinha no seu elenco nomes que se consagraram mais tarde, como: Barbosa, Nelson Furtado, Epaminondas, Vivaldino, os irmãos Queiróz Reinaldo e Renildo, Valdires, Ciroca, Cobra, Bundão e outros. O placar final foi um a zero para o Auto Esporte.

Em 1975, o Auto Esporte. Acervo Família Queiróz.

EM 1976, ASSOCIAÇÃO ATLÉTICA ITAITUBA

O jogo decisivo desse ano foi recheado de histórias, o nosso articulado, atleta, narrador esportivo e colaborador Darlan Patrick, portador de uma prodigiosa memória, recorda que tinha somente dez anos de idade, mas já era pegador de bola, só que era como gandula.

Nesse jogo, ele foi escalado para trabalhar e se lembra de muitas coisas, como as duas equipes, tanto o Itaituba como Auto tinham grandes craques em seus elencos. "O Zé do Bill e seu Mota, que faziam parte do Itaituba, contrataram um dos melhores guarda-metas da região, o goleiro Raul do São Raimundo de Santarém, ainda tinha o goleiro reserva Riomar Lages, Pio, Thulhar, Dadá, Jorge Bandeira, Dr. Mimon, Orestes, Chicão, Carobinha, Soldado, Mariola, Mundola, Alencar, Chico Sena, Chico Preto, Feitosa e o capitão Reinaldo".

Segundo Darlan, o Auto tinha um time muito forte na frente, com Paulo Eduardo, Valdir, Reinaldo e Renildo. No Decorrer da partida, o goleiro Raul foi expulso. Assim, o inexperiente Riomar Lages foi para o gol do Itaituba muito nervoso, o expulso Raul ficava de fora do campo dando instruções para o protesto da torcida azulina, mas o Riomar se saiu muito bem. Mesmo com toda pressão que o Auto impôs, o Itaituba consegui segurar o placar de um a zero. O Capitão Reinaldo levantou o caneco para alegria de toda torcida alvinegra.

Reinaldo e Espadim. Foto: Acervo Família Queiróz.

EM 1977 E 1982, SÓ DEU AUTO ESPORTE

Fotos: Acervo de Nelson Furtado.

A partir de 1977, o Leão Azulino, dono da maior torcida de Itaituba na época, começou uma série de títulos consecutivos que foi até 1982, consagrando-se hexacampeão itaitubense. Para essa grande jornada, o clube azulino contou com um grande elenco de craques.

A gênese de Ita

Essa coleção de títulos começou com a eleição do presidente Vivaldo Lopes Gaspar, um exímio colecionador de troféus para o leão. A equipe vencedora em 1977 foi: Barbosa, Nelson, Ciroca, Paulo Gaúcho, Mario Lobato, Reinaldo Capixaba, Nondas, Seixas, Vivaldinho, Espadim, Paulo Eduardo e outros.

Nosso poeta cordelista azulino, autor de Itaituba Capital do Ouro é um Celeiro de Craques, narra em versos e prosa a grande final de 1978.

Em 1975, Auto Esporte. Foto: Acervo de Nelson Furtado.

Bicampeonato
"Acordei de cuca fria
Numa tarde onde o crepúsculo
Transpirava-se opúsculo
Narrei esta poesia

A gênese de Ita

Três de dezembro era o dia
De grandiosa tensão
Preso à maldição
Vi quando o time perdeu
ITAITUBA tremeu
AUTO ESPORTE é campão
Às quinze e pouco da tarde
SOM COLÚMBIA se instalava
A torcida começava
Fazer charanga em alarde
Como uma brasa que arde
Na palma da nossa mão
Soltavam bomba e rojão
Ouvir, sentir, pois fedeu
ITAITUBA tremeu
AUTO ESPORTE é campeão."

Após o tricampeonato em 1979, o vitorioso presidente Vivaldo Gaspar foi entrevistado pelo Gazeta do Tapajós, jornal Impresso de grande circulação e visibilidade na região naquela época, já que não tínhamos ainda rádio nem televisão. Entre os presentes que Nelson Furtado me deu, contém um exemplar desse jornal com a entrevista e fotos do tricampeonato.

Questionado pela Gazeta do Tapajós qual a sua maior alegria como presidente do Auto, ele responde: "Não só para mim, mas para toda nação azulina é sempre ganhar do nosso tradicional adversário, o América Futebol Clube e uma histórica goleada por seis a zero em cima do Itaituba em 1977, pois sempre que há um confronto com essas equipes, elas se agigantam, por isso o escore é sempre apertado".

A gênese de Ita

A Gazeta perguntou ainda sobre uma lembrança marcante no futebol itaitubense: "Foram muitos os momentos marcantes, dos 41 troféus conquistados até aqui, evidenciam a grande força do clube no cenário esportivo local, no entanto, na decisão da Copa Teófilo Furtado, entre Auto e América, houve um misto de alegria e dor".

Na oportunidade, perdemos dois grandes jogadores do nosso futebol. Francisco Guimarães Mesquita, o Chiquinho pelo lado do Auto e Taparaias Couto, o Pará pela equipe Americana, ambos atingidos por um fulminante raio no Campo Olegário Furtado, trazendo para as duas torcidas muita tristeza e dor.

Vivaldo Gaspar falou ainda para a Gazeta do Tapajós sobre o jogador que mais o impressionou com a camisa azulina, para ele foi o atleta Nondas, pela sua doação em campo e o futebol clássico que jogava. Sobre a conquista do tricampeonato de forma invicta, Vivaldo elogiou o trabalho do técnico Gojoba, que era incansável, sendo mecânico de avião, não tinha tempo suficiente para treinar sua equipe e, mesmo assim, chegou ao título de forma invicta de 1979. A equipe tinha no seu elenco os jogadores Barbosa, Nelson Furtado, que assumiu o comando técnico com a saída do Gojoba, Ito, Reinaldo, Nego, Ivolnado (Bundão), Nadir, Seixas, Paulo Gaúcho, Alencar, Piroca, Dedé, Renildo, Daciel e Adão.

Foto: Acervo de Nelson Furtado.

A gênese de Ita

EM 1983, ASSOCIAÇÃO ATLÉTICA ITAITUBA QUEBROU A HEGEMONIA AZULINA

Foto: Acervo de Liga Itaitubense de Desportos Atléticos.

Um time relativamente limitado diante do grande elenco de craques do Auto Esporte ainda trazia a cobrança da torcida por não conquistar títulos há muitos anos, isso causou nos alvinegros um clima de nervosismo antes dos embates finais. Ainda não tínhamos rádio na cidade, mas foi feita a cobertura na íntegra pela TV Itaituba, com Jota Camargo e imagens de Norton Franklin e Ivan Araújo, das duas partidas.

O primeiro jogo muito equilibrado, mas em uma displicência do meio campo Vivaldinho, Marlúcio rouba-lhe a bola e manda por cobertura fazendo o gol da vitória alvinegra, um a zero. No segundo jogo, o Auto teria que vencer por mais de um gol, e saiu na frente. Renildo abriu o placar. No entanto, o destino tinha reservado para o maranhense de Santa Inês, Caetano Alves empatar o jogo dando o título para o Itaituba. Pintado, Edilson, Ivan, Gigante e Chicão, Railson, Weliton e Marlúcio, Caetano, Valdires, Orestes, Januário, conhecido como Farol, foi o elenco campeão.

A gênese de Ita

EM 1984, AUTO ESPORTE É O PRIMEIRO CAMPEÃO DA ERA LIDA

Foto: Acervo de Liga Itaitubense de Desportos Atléticos.

Nesse ano, começa uma nova fase da história do futebol itaitubense, com a criação da LIDA Itaitubense de Desportos Atlético, em 5 de junho de 1984, nos altos do espaço físico do Estádio Olegário Furtado. Todo o processo de criação e implantação teve a consultoria do experiente desportista e funcionário público estadual Antônio Cardoso, o popular Dafinha, vindo de Santarém. A mentora e entidade máxima do futebol itaitubense foi afiliada e teve seus poderes outorgados pela Federação Paraense de Futebol, a FPF.

A sua primeira diretoria foi formada pelo presidente José Rufino de Sousa Azulino e Reinaldo Queiróz, vice-presidente. O Antônio Cardoso era o diretor de esporte e promotor da instituição, fazendo uma verdadeira revolução no futebol em Itaituba. Montou uma força tarefa para cercar de madeira e fazer alguns lances de arquibancadas no Estádio, onde começaram os grandes jogos da seleção itaitubense e dos clubes de renome nacional.

Foto: Acervo de Liga Itaitubense de Desportos Atléticos.

Em 1984, a seleção de Itaituba teve seu grande momento de glória conquistando a Copa Transamazônica ao derrotar Santarém nas penalidades por 5 a 4, o jogo final foi na Pérola do Tapajós. Nesse ano, aconteceu um caso inusitado envolvendo o Dafinha, eu me recordo bem, pois trabalhava na TV Itaituba, que era de uma sociedade do Samuel Bemerguy, o Samuca, Chico Caçamba e seu Altamiro. Após ter sido fi-

A gênese de Ita

nalizada a obra da cerca de madeira no estádio, haveria um grande jogo da seleção de Itaituba em um domingo, só que na TV Itaituba retransmissora da Globo na época ia passar um jogo entre Vasco e Flamengo, para desespero do grande cartola Antônio Cardoso.

Ele tomou então a iniciativa de ir conversar com o Samuca para tirar a TV do ar, chegou a implorar, mas o Samuca não cedeu. Embora o estádio já estivesse cercado, o campo de jogo ainda era precário. Sem gramado, mesmo assim o campeonato da primeira divisão foi realizado. O jogo decisivo foi entre Auto e América, com arbitragem do delegado Barbosa. O Auto comandado por Nelson Furtado, Paulo Gaúcho, Renildo, Dedê, Reinaldo e outros jogava pelo empate. Já a equipe Americana tinha Darlan, então consolidado no gol, Damião Parintins, Rebelde, Bebeca, Bocão e Walter Negão, o comando técnico era do Henrique e Mundinho.

Aos 17 minutos do primeiro tempo, Walter Negão jogava em várias posições e esse dia estava de ponta direita do time rubro, marcou de cabeça abrindo o placar para o América. Em entrevista com o maior goleiro de todos os tempos do futebol itaitubense escolhido por uma comissão de ex-jogadores em 2015, Darlan Patrick lamentou o final dessa grande decisão.

Era sua a primeira final como jogador da primeira divisão e, no finalzinho do jogo, toda torcida americana já estava eufórica, pronta para entrar em campo e comemorar, eis que surge um lance inesperado. Disse Darlan Patrick: "Renildo desfere um tiro despretensioso de fora da área, a defesa tira errado a bola vai para escanteio, que o próprio Renildo cobrou, Rebelde afastou tirando para o meio da área, a bola sobrou para Dedê que, aos 44 minutos, acertou uma bomba no canto direito. Eu ainda consegui tocar na bola, mas a mesma bateu na trave e entrou. Era o título Azulino de 1984".

A gênese de Ita

EM 1985, ASSOCIAÇÃO ATLÉTICA ITAITUBA

Foto: Acervo de Liga Itaitubense de Desportos Atléticos.

Parafraseando o maior cronista esportivo brasileiro Nelson Rodrigues, que dizia que no futebol o maior cego é aquele que só vê a bola. De fato, faz muito sentido, o Espadim, além de ver e comprar muito ouro na época, também enxergava o jogo.

Usando seu potencial econômico, montou uma grande equipe no ano de 1985, que tinha no comando técnico Valdo Abdala de Santarém. Espadim juntou nomes já consagrados no futebol local e santareno pagando preços exorbitantes para a realidade do futebol itaitubense. Estavam no elenco desse ano: o goleiro Joacy, Papamel, Cabeça, Dedê, Pedro, Raulien, Jorginho, Vivaldinho, Nêgo Otávio, além das pratas de casa Weliton Lima, Marlúcio Couto e outros. O confronto final foi com o Auto Esporte. No segundo tempo de jogo, aos 25 minutos, Pedro saiu em velocidade pela meia-esquerda, levando em diagonal três marcadores, na saída do goleiro Barbosa só colocou, era o gol do título alvinegro.

A gênese de Ita

EM 1986, AJAX FUTEBOL CLUBE ESTREIA NO CAMPEONATO JÁ COM TÍTULO

Foto: Acervo de Liga Itaitubense de Desportos Atléticos.

O desportista Raimundo Rosivaldo, o nosso popular Rose, sempre foi entusiasta pelo esporte. Após ter contribuído com muitos clubes em Itaituba, resolveu montar a própria equipe no ano de 1986. Para isso, trouxe uma leva de jogadores de fora, dando início às grandes contratações no futebol local, também em outras equipes. Vieram para esse elenco o goleiro Neneca, o Zagueiro Félix, os meias Neném, Betinho, Regis, os atacantes, Lucio, Lodo, Lucenildo e outros.

Durante o campeonato desse ano, aconteceu a maior tragédia no futebol local, a morte do José Simões. Jorge era o presidente do Flamengo e Zeca Simões, como era chamado, era seu treinador. A discussão entre ambos começou em uma sexta-feira, na véspera do jogo entre Flamengo e o Ajax. O presidente do Flamengo queria facilitar o jogo para o time do Rose, coisa que o Zeca não concordava.

O crime aconteceu dentro da loja de Autopeças que o Jorge tinha na Nova de Santana, próximo à Travessa Justo Chermont. Segundo informações da época, Zeca teria tentado agredir Jorge, que reagiu com uma arma. Com um único disparo, matou Zeca Simões, que era irmão do presidente da Liga Esportiva de Santarém, Luiz Simões.

A repercussão de crime chamou a atenção não somente no meio esportivo, mas em toda comunidade. O time do Rose protagonizou a história daquele ano contra a Associação Atlética Itaituba, que era a campeã e tinha no seu plantel nomes como Darlan, Mauro, Fernando, Jairo, Jailson, Beto Celpa, Carneirinho, Clóvis e outros, comandada pelo presidente Raimundo Francisco Moura, o Rayfran.

O jogo começou bastante nervoso devido à rivalidade existente entre um grupo de jogadores adversários. Betinho colocou mais lenha na fogueira abrindo o placar para o Ajax levando a galera do Rose à loucura, mas essa alegria durou pouco. Borroló empatou para o Itaituba, fazendo um a um. O gol do título surgiu dos pés do craque Neném. Depois um arremate fortíssimo, a bola ainda desviou no lateral Fernando, tirando qualquer chance de defesa para o goleiro Darlan.

A partida não chegou ao seu final. Faltando sete minutos para o término, alguns jogadores das equipes foram para as vias de fato, tornando uma confusão generalizada, entraram em campo torcedores, dirigentes e foi um Deus nos acuda. Sem iluminação no estádio, o juiz Adalberto Viana deu como encerrada a partida. Ajax Campeão Itaitubense 1986. Uma particularidade dessa história é que no dia seguinte, na segunda-feira, saiu a convocação da seleção de Itaituba para o amistoso contra o Vasco da Gama do Rio de Janeiro, e alguns jogadores envolvidos na briga tiveram que fazer as pazes, entre eles Darlan e Lúcio.

EM 1987, NÃO HOUVE CAMPEONATO

Nesse ano, não houve o campeonato da primeira divisão em virtude de um projeto da Prefeitura Municipal em parceria com a Liga Itaitubense de Desportos Atléticos para gramar o campo, construção dos vestiários e alambrados. Na época, o prefeito era Silvio de Paiva Macedo, desportista e americano roxo. Em compensação, o itaitubense teve o privilégio de ver de perto o Botafogo do Rio de Janeiro contra a seleção de Itaituba.

Foto: Acervo de Liga Itaitubense de Desportos Atléticos.

Para esse jogo, no dia 9 de agosto de 1987, a seleção vestiu a camisa azulina do Auto Esporte. O time alvinegro carioca venceu o amistoso por 3 tempos a 1. Após essa partida, o Estádio Teófilo Olegário Furtado foi fechado para reforma, reabrindo em 24 de julho de 1988, em uma grande festa com o Vasco da Gama do Rio de Janeiro e o estádio totalmente lotado.

Na solenidade de inauguração, estavam o prefeito Silvio Macedo e o governador do estado, Hélio Mota Gueiros, que deram o pontapé inicial para a partida histórica no solo itaitubense da equipe Cruz de Malta carioca.

Foto: Acervo de Liga Itaitubense de Desportos Atléticos.

EM 1988, AUTO ESPORTE

Foto: Acervo Auto Esporte Clube.

Nesse ano, para o Leão Azul, o mais querido do município de Itaituba, após um jejum de quatro anos sem títulos, Nelson Furtado, que ocupava os cargos de treinador e jogador, montou um time bem estruturado, com apoio do Mauricio Portela e Valdo Gaspar na diretoria. O time ganhou fôlego e enfrentou, na final, a forte equipe do Grêmio Esporte Clube do Xavier.

O jogo fui muito equilibrado, mas brilhou a estrela do zagueiro Filiol que jogou com seis pontos na cabeça e fez o único gol da partida, um a zero para o Auto Esporte, sagrando-se o Campeão de 1988. A equipe azulina entrou jogando com: Magno, Nelson, Laurimar, Filiol, Walter, Zé Eduardo, Nato, Jorginho, Dinho, Brito (Mucura) e Beto Celpa.

EM 1989, O MAQUITUBA É O CAMPEÃO

Esse foi um ano muito especial para o futebol itaitubense, pois tivemos a presença do Clube de Regatas do Flamengo, do Rio de Janeiro, para dois amistosos no Olegário Furtado ao comando do mestre Telê Santana. Jogadores já consagrados no cenário esportivo brasileiro como Cantarelli, Leonardo, Gonçalves, Rogério, Ailton, Marcelinho Carioca,

A gênese de Ita

Alcindo, Nando e outros protagonizaram no tapete verde do Olegário Furtado dois grandes espetáculos.

Foto: Acervo de Liga Itaitubense de Desportos Atléticos.

O primeiro foi em um sábado dia 15 de julho contra o Ajax e venceu por 7 gols a 0. O segundo foi no dia seguinte contra a seleção de Itaituba e venceu por 5 a 0. Já o campeonato desse ano foi muito equilibrado com fortes equipes e foi criada uma rivalidade com o peso do poder econômico da época do ouro, Rose do Ajax, Wilmar Freire do São Cristóvão e Nelson Furtado correndo por fora com a força da sua torcida, ninguém queria perder para ninguém.

Segundo o presidente do Itaituba na época, Claudio Cardoso da Silva, o Cazuza, em entrevista me confessou que investiu nesse ano aproximadamente nove quilos de ouro, tudo para não perder para o Rose nem para o Wilmar. Houve uma das maiores decisões entre Auto Esporte e Itaituba, ainda teve a atração de um árbitro da FIFA Romualdo Arpi Filho, que tinha apitado a final da copa de 1986. Eu tive o privilégio de cobrir esse jogo como repórter da rádio Itaituba ao lado de João Carlos Callegari, Jota Parente, Lamberto de Carvalho e Caetano Alves.

A gênese de Ita

A decisão foi realizada em dois jogos. A equipe alvinegra itaitubense, que era chamada também de Maquituba, um jargão criado pelo emblemático narrador da Rádio Itaituba, João Carlos Callegari, venceu a primeira partida por um a zero, gol do ponteiro esquerdo Toco. Já no segundo jogo, houve um empate de um a um, Toco voltou a marcar para o Itaituba e Dinho empatou. O Itaituba sagrou-se campeão de 1989.

Em 2011, no momento em que foi definida a desativação do velho Olegário Furtado para a construção de um hospital, reunimos em cima do estádio onde funcionava a LIDA alguns dos jogadores que estiveram presentes naquela decisão, como: Pedro e Filho, pelo Itaituba, e Walcir e Edson Juruti, pelo Auto Esporte. Eles nos concederam uma entrevista histórica sobre essa referida decisão e sobre o fechamento definitivo do Olegário Furtado.

Para o craque Pedro, o time de 1989 foi um dos melhores planteis que o Itaituba já montou, tinha no gol Jorge Oliveira, os laterais Rubinho e Zé Filho, os zagueiros Mauro e Beto e meio de campo muito bom, com Dinho, o advogado que foi assassinado, Paulinho, Pedro e Joílson, no ataque Toco, Beto e Carneirinho, que também entrava naquele time, o técnico era Pirrote Lazarone como chamava o lendário narrador João Carlos Callegari. Já Walcy, Zagueiro do Auto Esporte, reconheceu que o Auto era limitado para aquela decisão, mas lutou bravamente, o que valorizou o título do Itaituba.

EM 1990, O AUTO ESPORTE VOLTA A CONQUISTAR MAIS UM TÍTULO ITAITUBENSE

Esse foi um período em que as duas equipes que detêm as maiores torcidas e títulos no futebol da primeira divisão em Itaituba decidiram a maioria dos títulos. Nesse ano não foi diferente, no primeiro jogo da decisão, o Auto esporte levou a melhor, vencendo por um a zero a Associação Atlética Itaituba.

A gênese de Ita

Foto: Acervo Auto Esporte.

No dia 15 de dezembro de 1990, aconteceu o último jogo da grande finalíssima, em que teve uma grande novidade na arbitragem.

A LIDA Trouxe o árbitro Emiliano Queiroz da Federação Carioca de Futebol, direto do Rio de Janeiro. Seus auxiliares foram: Adalberto da Rocha e Amarildo Siqueira. O jogo terminou empatado em zero a zero. Como o Auto venceu o primeiro jogo, foi o grande campeão.

EM 1991, A EQUIPE AZULINA MANTÉM A BASE DE 1990 E COMEMORA MAIS UM TÍTULO

Foto: Acervo de Darlan Patrick.

A gênese de Ita

Nesse ano, Auto Esporte venceu os três turnos em cima do Itaituba. Conta-se uma história relembrada nas beiras de campo por torcedores azulinos que, na grande final de 1991, o presidente do Itaituba Cazuza teria chamado Dedé e Jorginho, que jogavam no Auto, para uma conversa particular.

O finado Dinho, lateral direito do Auto Esporte, ficou sabendo da história e no dia do treino aprontou, pediu licença para Nelson Furtado, chamou os dois e disse o seguinte: "Se vocês fizerem corpo mole, eu dou fim nos dois depois do jogo". Se foi verdade ou não, os dois jogaram como nunca.

O Auto saiu na frente, o Itaituba empatou e virou para dois a um, mas o time azulino mostrou sua superioridade e fez três a dois placares finais. O time campeão de 1991 foi Darlan, Dinho, Nego Otavio, Neném, Tino, Mauro Cesar, Valdir Almeida, Miguelzinho, Dedé e Zezinho.

EM 1992, O CLUBE DO REMO VENCE UM TÍTULO INÉDITO E INVICTO

Nesse ano, o Clube do Remo tinha como presidente Santiago Filho e um *superstaff* chamou para treinar sua equipe o experiente Milanês Pinheiro, o Leão da cidade alta, formou um grande elenco com jogadores consagrados do futebol itaitubense, que brilharam em outras equipes locais, como Darlan, Pedro, Edson Juriti, Nego Otavio, Garcia, Valcy, Dedê, Guto e outros. A decisão foi contra o América, que também tinha em seu elenco jogadores formidáveis, como Luiz Henrique, Toninho, Gigante, Zé Eduardo, Paulinho dos Correios, Borroló, Wanderley e outros.

O Clube do Remo tinha um modelo de gestão muito bem estruturado para o futebol amador da época, os jogadores eram devidamente remunerados e Raimundo Santiago, seu presidente e gestor administrativo, foi o precursor do *marketing* esportivo de forma mais acentuada no futebol Itaitubense.

Fotos: Acervo de Raimundo Santiago.

O certame daquele ano foi decidido em dois jogos. No primeiro, o Remo venceu por dois a um; no segundo jogo, por três a dois, com dois gols do centroavante Edson Juruti.

EM 1993, O AMÉRICA DE INTIMANHÃ COUTO É CAMPEÃO

Foto: Acervo de Família Couto.

O América Futebol Clube, comandado pelo técnico Brandão, conquistou seu primeiro campeonato itaitubense depois da criação

A gênese de Ita

da LIDA esportiva de Itaituba. A decisão foi com o Genasc, que tinha um time fortíssimo. Em seu elenco, jogadores de muita habilidade como Grilo, Mazolinha, Marlison Filho, Espadim, Adalto e outros. Foram realizados dois jogos para se saber quem seria o campeão daquele ano. No primeiro jogo, a equipe vermelha venceu por um a zero, gol assinalado pelo atacante Wendel. Para a partida final, o América jogava pelo empate e foi isso que aconteceu, zero a zero foi placar.

O meia Ney Rocha, que tinha vindo de Óbidos, me concedeu uma entrevista sobre a sua vinda para jogar no América e a história desse tão importante título americano. Segundo Ney, no elenco do América tinha muitos jogadores diferenciados, como Pedro Ferreira, que foi o capitão do time, os Zagueiros Beto, Walcy, Aramis, Zé Eduardo, os goleiros Francinelson e Pato, os atacantes Carlinhos, Wendel e outros guerreiros que foram fundamentais para a conquista de 1993.

Apesar desse título não ter sido em cima do seu maior rival, o Auto Esporte, as comemorações foram tantas e as lembranças dos torcedores apaixonados pelo América perduram até hoje.

Foto: Acervo de Família Couto.

A gênese de Ita

Luiz Henrique Macedo, filho do ex-jogador e diretor Americano Truth, itaitubense nato e coração vermelho, também fez parte da história do América como atleta, mas devido a seus estudos na capital paraense não pôde consolidar seu brilhante futebol com a camisa americana. Além do futebol, outra habilidade do Luiz Henrique é com as letras e olhar tradutor da simplicidade em algo especial, como em suas crônicas para as redes sociais.

Para homenagear esse brilhante e apaixonada torcida, escolhemos parte de uma de suas crônicas que ele dissertou sobre a rivalidade inusitada entre as torcidas Vermelha e Azul, originárias das famílias tradicionais da comunidade, tudo com riqueza de detalhes.

UMA PEQUENA CRÔNICA DE LUIZ HENRIQUE CELEBRA ITAITUBA

Na ainda pacata cidade de Itaituba, Oeste do Pará, nos anos de 1960, formou-se uma rivalidade esportiva pra lá de interessante, com os clubes de futebol mais tradicionais, o América (vermelho) e o Auto Esporte (azul). As famílias Couto, Bilby, Macêdo (Truth), americanos de carteirinha, não usavam móveis de cor azul. Famílias Furtado, Gaspar, Mendonça (exceto o patriarca Fran, que era do América) e Lago, azulinos notórios, ninguém se vestia de vermelho.

O Senhor Didi Gomes, tabagista convicto e um dos baluartes do Auto, não fumava o cigarro Hollywood, por causa da embalagem de cor vermelha. Da mesma forma, nenhum americano tragava o Minister, de cor azul. O fanatismo dessas duas torcidas chegou até na Igreja Matriz de Santana, do lado direito, sentavam os aficionados do América; esquerdo, os do Auto Esporte.

Até os anos de 1990, essa peculiaridade era bem nítida nos costumes desses torcedores em nossa cidade, guardadas as devidas proporções, há uma grande semelhança com as galeras, como são chamados os simpatizantes dos Bois Garantido e Caprichoso, de Parintins no Amazonas, também com as mesmas cores.

EM 1994, NÃO HOUVE CAMPEONATO

EM 1995, O TÍTULO FICOU COM O 13 DE MAIO

Foto: Acervo de Liga Itaitubense de Desportos Atléticos.

O comandante aeronáutico Válber Pinheiro, com toda sua comissão técnica, decolou para um voo alto de levar o 13 de Maio Futebol Clube, para a glória da conquista máxima do futebol itaitubense. Para isso, contou com o treinador Claudio e um elenco de qualidade com Arilson, Luciano, Penacho, Valmir, Roberto, Ney, Dijer, Farofa, Arapixuna, Valdo, os atacantes Carlinhos Gil, Pingo, Clodoaldo, Claudiney, Wando, Jorge Bahia e Mucura, que estava com 17 anos e foi o artilheiro do campeonato com 17 gols. A decisão foi com o América e o 13 venceu por quatro a zero, com dois gols do Mucura, Arapixuna, e um do Farofa, conquistando seu primeiro título itaitubense.

EM 1996, NÃO HOUVE CAMPEONATO

A gênese de Ita

EM 1997, SÃO CRISTÓVÃO ESPORTE CLUBE É CAMPEÃO ITAITUBENSE

A equipe que leva o nome do padroeiro dos motoristas em Itaituba sempre foi muito amada, principalmente por membros da classe motorizada e simpatizantes que apoiavam a equipe esportiva do São Cristóvão. O time da Cidade Alta, que veio do suburbano, tinha à frente o incansável Ceará, que ganhou o apoio do Maranhense Josimar Rodrigues dos Santos conhecido como Gordo do Ônibus por atuar em uma linha de empresa de transporte coletivo na cidade.

Foto: Acervo de Garcia.

O Gordo montou uma superequipe, trazendo vários jogadores do Maranhão e convidou alguns do futebol local. No elenco: Francinelson, Cabeça, Penacho, Ney Rocha, Valdo Maranhão o Cabaça, que já tinha jogado em vários times do Maranhão, Valdo Pará, Rivelino, Garcia, Marcos Maranhão, Canhoto. Edson Juriti e outros. A decisão foi com o Clube de Jovens Genasc, e o São Cristóvão venceu por 2 a 0, os dois gols do Edson Juriti.

EM 1998, AUTO ESPORTE

A forte equipe do São Cristóvão, Campeão de 1997, chega para a decisão da temporada 1998, mas com uma grande baixa na sua equipe, o meio de campo Ney Rocha fraturou sua perna ficando fora da grande final com o Auto Esporte. O jogo decisivo foi muito disputado e, no primeiro tempo, não houve gols, mas no final do segundo tempo, Rosinaldo, conhecido como Mucura, faz o gol da vitória azulina, mais um troféu para sua coleção.

Foto: Acervo Auto Esporte.

EM 1999, ITAITUBA COMEÇOU UMA SÉRIE DE CONQUISTAS CONSECUTIVAS, ATÉ EM 2005

Foto: Acervo de Liga Itaitubense de Desportos Atléticos.

A gênese de Ita

O ano de 1999 foi marcante para a agremiação esportiva Associação Atlética Itaituba, sob a direção do jovem presidente Alexandre Magno e iniciou uma série de títulos importantes para sua história.

Pedro Ferreira, com sua experiência de grande conquista no futebol itaitubense como jogador, foi convidado para treinar o time que tinha no seu elenco jogadores de qualidades como: Pato, Batista, Edvaldo, Kenim, Miguelito Prata, Kleyton Gemague, Jojó, César, Mucura, Welton, Edson e outros. A decisão de 1999 foi com o Auto Esporte em uma única partida, no tempo normal houve um empate por 1 a 1; nas penalidades, o Itaituba ganhou por 5 a 4.

Já no ano de 2000, a diretoria manteve a comissão técnica e a base do elenco 1999, os pupilos do técnico Pedro Ferreira estavam bem afinados e ainda vieram para a equipe o Valdo, o Valdote, José Luís, Valdson e Aramis. O time alvinegro chegou à grande final com o 13 de Maio Esporte Clube. No primeiro jogo decisivo, aconteceu um empate de 1 a 1. No último jogo, a Associação Itaituba mostrou sua superioridade fazendo 2 a 0 no adversário sagrando-se bicampeão em 2000.

Em 2001, uma decisão inédita com o Clube de Jovens Genasc do incansável Joaquim Albino. No primeiro jogo, o Itaituba desferiu uma senhora goleada por 7 a 0, já na segunda partida, o Genasc venceu por 1 a 0. O mais interessante nesse jogo é que o regulamento não rezava saldo de gols, sendo assim, o campeonato foi decidido na prorrogação. Itaituba venceu por 1 a 0, era trialvinegro.

Em 2002, a decisão se repetiu entre Associação Atlética Itaituba e Clube de Jovens Genasc. No tempo normal, houve um empate e, na prorrogação, Jojó fez o gol do título itaitubense.

Em 2003, a conquista do título foi contra a Superlar, estreante no campeonato. A partida final terminou no tempo regulamentar empatada nas penalidades. Itaituba venceu, com a última cobrança do Clayton dando o penta para o time do pantera itaitubense.

A gênese de Ita

EM 2004, NÃO HOUVE O CAMPEONATO

EM 2005, O PANTERA NEGRA ITAITUBENSE COMEMOROU SER PENTACAMPEÃO

Como não houve o campeonato de 2004 e Itaituba vinha de quatro títulos consecutivos até 2003, com a retomada do campeonato em 2005, o time alvinegro chega a uma conquista inédita do pentacampeonato.

EM 2006, AUTO ESPORTE, COM NOVA DIREÇÃO E UM NOVO TÍTULO

Foto: Acervo Ana Clara Moraes Neves.

Esse ano foi muito importante para a história azulina. Ana Clara Moraes Neves assume os destinos da equipe, sendo a primeira mulher a dirigir o Auto Esporte com o apoio do seu esposo Nerivaldo da Silva, o Cabeça, irmão do Nelson Furtado.

Depois de muitos anos em jejum, e até mesmo sem participar de alguns campeonatos, a nova diretoria consegue montar um time competitivo aliando a experiência de alguns jogadores como Valdo, Mucura, Márcio e a juventude de outros. O Auto Esporte Clube triunfa sagrando-se campeão daquela temporada.

A gênese de Ita

EM 2007, DEU NOVAMENTE AUTO ESPORTE

O Auto Esporte continuou com o casal Ana Clara e Cabeça na diretoria e os títulos vinham aparecendo. O jogo decisivo em 2007 foi contra o Superlar do Manoel, que vinha invicto com a melhor campanha do campeonato, que contava com a experiência de grandes jogadores, mesmo em final de carreira como Ery, Dinho, Araruta, em que o técnico Manoel optou em fazer uma mesclagem com outros jogadores mais jovens.

Nesse ano, a diretoria do Auto chamou o ex-craque do Itaituba Cleyton para treinar sua equipe. No elenco, também jogadores experientes como o Valdo, o Valdote, que era o capitão da equipe, também o zagueiro Zildo, que nesse dia da decisão completava seus 41 anos.

No primeiro jogo, houve um empate de um a um; já no segundo tempo, o Auto venceu por dois a um, tornando-se o campeão.

EM 2008, O TÃO SONHADO TÍTULO DO CLUBE DE JOVENS GENASC ACONTECEU

Depois de muitas insistências e de chegar algumas vezes na final e não levar, o Genasc, de Joaquim Albino, finalmente vence um título Itaitubense. A decisão foi com o Auto Esporte. No primeiro jogo, o Clube de Jovens Genasc venceu por um a zero; no jogo final, houve um empate de um a um, Railson marcou para o Genasc e Bibica, para o Auto Esporte. Com o empate, o time do Joaquim Albino foi o grande campeão desse ano.

EM 2009, O AMÉRICA VENCE O ÚLTIMO CAMPEONATO NO OLEGÁRIO FURTADO

O campeonato itaitubense desse ano teve uma novidade, o governo municipal da época Roselito Soares fez a iluminação do estádio e alguns jogos eram realizados à noite com a grande decisão entre o time americano e o Itaituba.

Foto: Acervo de Pedro Ferreira.

O América foi para o campeonato com uma boa estrutura, tinha na presidência o Rosenildo Rodrigues Pereira, treinador Pedro Ferreira, massagista Baixinho e, no departamento financeiro, Celso Borges. Contava também com um grande elenco: Romilson, Darlan, mas não é Patrick, Paulo Ricardo, Samuel, Bocão Cucuia, Ricardo, Zé Carlos Zildo, Lenon, Neto, Ricardo Paranatinga, Pinteque, Mario, Fabinho e Miguelito.

Foi um primeiro tempo morno sem gol; já no segundo, muitas oportunidades criadas pelas duas equipes, mas ficou mesmo no zero a zero e nas penalidades. O América levou a melhor.

O FIM DO OLEGÁRIO FURTADO

O velho Estádio Olegário Furtado foi palco de todas essas grandes emoções do futebol itaitubense e de shows históricos como: Os Trapalhões no auge da carreira de Dedé, Didi, Mussum e Zacarias, o Grupo Dominó, o time dos atores da Globo, todos empresariados pelo Raimundo Rosivaldo, o Rose em parceria com a LIDA. A cantora sertaneja

Roberta Miranda, uma promoção da Socorro e Lia Oliveira, a Banda de Forró Calcinha Preta, promovida pelo ex-diretor do Itaituba Claudio Cardoso da Silva, o Cazuza, o Padre Antônio Maria promovido pela Renovação Carismática Católica, o cantor gospel Regis Danese, ainda, o cantor sertanejo Leonardo, promoção do Carlos Roberto, o Batgirl e tantos outros eventos de menores proporções.

Fotos: Acervo de Liga Itaitubense de Desportos Atléticos.

O Olegário Furtado foi palco também de jogos memoráveis da Seleção de Itaituba e clubes reconhecidos nacionalmente, como o Botafogo e o Vasco da Gama, que foi convidado para a inauguração do gramado, vestiários e arquibancadas.

O Clube de Regatas do Flamengo com o mestre Telê Santana. Outros clubes de menor projeção nacional também passaram por Itaituba como a Tuna Luso Brasileira, Paysandu, Goiás, Ceará, Nacional de Manaus com Dadá Maravilha e Edu tricampeões do mundial em 70 com a Seleção Brasileira e outros.

A principal praça esportiva municipal foi fundada na década de 1960, pela comunidade esportiva. Em junho de 1966, o presidente do América Sebastião Teodomiro da Costa, apresentou um requerimento na Câmara Municipal solicitando aos nobres e Edis que fosse dado o nome no campo existente naquela época de Teófilo Olegário Furtado. Na sessão realizada em 13 de julho de 1966, sob a precedência do vereador José Bentes de Sousa, com a presença dos vereadores Intimahã Couto, Bernardo de Melo, Teófilo Olegário Furtado e Erivan Calderaro, foi aprovado o Projeto de Lei 09 Lei Municipal 402, artigo primeiro, denominando o campo da cidade de Itaituba em homenagem ao vereador, prefeito, parteiro, médico e desportista Teófilo Olegário Furtado.

Em 2009, já em precárias condições, o estádio foi palco do último campeonato itaitubense. As dependências do velho estádio já estavam praticamente às ruínas, abandonado pelas autoridades municipais da época.

Em 2011, o terreno foi doado pelo município ao estado para a construção do hospital regional, com a promessa do governador Jatene construir outro estádio para a comunidade.

Campo Olegário Furtado, década de 60. Foto: Cleonice Amorim.

A gênese de Ita

Há mais de 60 anos, o Teófilo Olegário Furtado representava muito mais que um campo de futebol, uma identidade de um povo, um local de encontro e reencontros, amigos que, nas tardes e noites de domingo, rememoravam momentos inesquecíveis, como disse o poeta popular: "Aos domingos no Olegário Furtado, uma luta tão feroz, América de Intimahã Couto contra o Auto de Raimundo Queiróz".

O RESGATE DO CAMPEONATO ITAITUBENSE

O tempo não para e, com ele, as transformações. A comunidade esportiva entendeu que era necessário um projeto de intervenção e organização para voltar a se relacionar por meio de um dos maiores fatores de integração social que é o esporte. Foi assim que, ao completar cinco anos sem a principal praça de esporte, um projeto começou a ser discutido entre os emblemáticos autores esportivos que nunca desistiram da ideia do campeonato.

Em 2013, a professora Eliene Nunes assumiu o governo municipal, sendo a primeira mulher eleita em Itaituba, entrando, assim, o seu nome para a história política itaitubense. Tinha o compromisso de resgatar alguns valores culturais perdidos ao longo do tempo. O esporte e a cultura ganharam fôlego, mas sem um local adequado para a realização dos jogos, o campeonato itaitubense voltou somente em 2014, no campo dos Cabos e Soldados do 53 BIS, para a alegria de todos os desportistas.

EM 2014, NO RETORNO DO CAMPEONATO, O 13 DE MAIO ESPORTE CLUBE É O CAMPEÃO

Os protagonistas desse ano foram 13 de Maio e América Futebol Clube. O campo de Cabos e Soldados foi cedido pelo 53 Batalhão de

Infantaria e Selva para o município realizar o certame com a LIDA. O público lotou as dependências do campo.

Na oportunidade, a prefeita Eliene Nunes, acompanhada da diretoria de esporte do município, que tinha como presidente Junior Araújo, homenageou vários desportistas que contribuíram no futebol local. Um deles foi Joaquim Albino, como o maior desportista itaitubense de todos os tempos, Weliton Lima, Sergio Castro, Pedro Ferreira e tantos outros receberam suas comendas.

Em campo, a luta foi acirrada as duas equipes fechadas. Aos poucos, o 13 de Maio, comandado pelos técnicos Júlio Cesar e Irlande, foi ficando mais com a bola e se aproximando da meta americana. Até que, em uma falta na entrada da área, o jogador Mário desferiu um chute certeiro fazendo o único gol da partida, dando o segundo título da história do 13 de Maio para a alegria do Manelão e toda sua torcida.

No elenco campeão estavam os goleiros Grande e Fabiano. Zagueiros Neto Celpa e Hugo da Coca. Volantes: Budu, Marcio Canela, Paulo Victor, Rafael, Cleuson Coca. Laterais: Neto, Romário, Pablo Santarém e Alex. Meio de campo: Mario, Tachinha, Darlison, Arigó e Ricardo. Atacantes: Mucura, Arroba e Caio.

EM 2015, AUTO ESPORTE CLUBE

Fotos: Cleydson Assis.

Leão e Pantera voltam a decidir um título, só que dessa vez não mais no saudoso Olegário Furtado. O encontro aconteceu nas dependências do campo de Cabos e Soldados, totalmente tomado por torcedores azulinos e alvinegros, em que foi realizada a grande final de 2015. Nessa partida, a Associação Atlética Itaituba trouxe o goleirão santareno Labilar. O jogo terminou empatado em zero a zero. Nas penalidades, o goleiro Grande, do Auto Esporte, em uma tarde inspiradíssima foi o grande destaque, pegando três penalidades; o jogador Amilton cobrou o último pênalti dando o título ao Leão Azul itaitubense.

2016, MAIS UM TÍTULO AMERICANO

Fotos: Cleydson Assis.

O Genasc do guerreiro Joaquim Albino e o América do Saudoso Zé Burro fizeram a final em uma tarde em que a Cidade Pepita completava seus 160 anos. Alguma coincidência nos fez lembrar a decisão de 2015, o placar de zero a zero e a decisão nas penalidades.

O goleiro Grande, que defendeu o Auto Esporte na temporada de 2015, era o guarda-meta americano e defendeu também três cobranças de pênaltis. O meia Marcio fez a última cobrança, dando o título ao América Futebol Clube.

O título foi dedicado aos personagens tão importantes da história do clube que deixaram grandes legados, como: Intimahá Couto, Sebastião Teodomiro, Raimundo Nonato o Truth, Wildes e outros que continuam tecendo a história americana, como o Silvio Macedo, Chico Caçamba, Sergio Castro, Marlúcio Couto, Weliton Lima, Luiz Henrique, Celso Borges, Chico Tapajós e tantos outros.

Uma particularidade nas conquistas americanas dos quatro títulos já incluindo era da coordenação de esporte, em todos as últimas partidas houve empates e três vencidas nas penalidades.

EM 2017, O PRIMEIRO TÍTULO DO GRÊMIO ESPORTE CLUBE

Fotos: Cleydson Assis.

A gênese de Ita

O Grêmio criado pelo desportista e um dos maiores goleiros do futebol local, o Xavier, sempre teve boas campanhas, fazendo parte do cenário esportivo nos grandes campeonatos realizados, mas ainda não tinha um título itaitubense. Essa conquista inédita aconteceu em 2017. Cinco equipes filiadas à LIDA, Liga Itaitubense de Desportos Atléticos, participaram do certame.

- Associação Atlética Itaituba;
- Associação Atlética Superlar Paraense;
- Clube Recreativo do Flamengo;
- Clube de Jovens Genasc;
- Grêmio Esporte Clube;
- São Cristóvão Esporte Clube.

Segundo o relatório da LIDA, o campeonato teve seu início dia 28 de outubro de 2017 e finalizou no dia 13 de maio de 2018, no campo de Cabos e Soldados do 53 BIS, sendo que devido a um problema que envolveu as equipes do Itaituba e São Cristóvão, que se recusaram jogar a partida final por não ser repassada a premiação em dinheiro prometida pelo poder público do município, fato esse que culminou com a eliminação de ambas as equipes, credenciando assim o Genasc e o Grêmio para a grande decisão, ambas participantes das semifinais do campeonato.

O Grêmio venceu a partida com um golaço por cobertura do jogador Jarlison Embiriba, aos 15 minutos do segundo tempo, dando finalmente o primeiro título ao time tricolor. A equipe vencedora tinha como presidente Martim Correia de Freitas e Francisco Ribeiro como técnico. O elenco: David Marques, João Victor, Jakson, Wilson Leite,

Darlison, Marcos Soares, Wesley, Ivan Lopes, João Victor, Diego Sousa, Marcio Oliveira, Thiago Santos, Marcos Wambasth, Elycley Soares, Rafael, Matheus, João Everton, Carlos Rodrigo, Eulis da Silva, Jarlisom Imbiriba, Jordan Lago, Jardel Cunha e Bruno Maciel.

EM 2018, O 13 DE MAIO FATURA SEU TRICAMPEONATO

Foto: Acervo 13 de Maio.

Foi um ano muito conturbado para o futebol itaitubense da primeira divisão. Sem estádio, pouco apoio por parte do poder público municipal, as discussões entre a LIDA e os clubes eram se haveria possibilidade da realização do campeonato. Diante desse impasse, a Copa de Inverno e o Suburbano no campo da Cidade Alta, coordenada pelo DAFES (Departamento Autônomo de Futebol Suburbano), tomaram grandes proporções chamando a atenção da mídia local e, consequentemente, do público. Assim, as atenções tanto dos jogadores como de torcedores estavam voltadas para a Cidade Alta.

O presidente da LIDA nessa época, Francisco Tapajós Sobrinho, convocou uma assembleia com os clubes para uma decisão, na qual ficou acordada a realização do campeonato daquele ano. Mesmo sem apoio financeiro do município, participaram do campeonato São Cristóvão, Flamengo, Grêmio, Superlar e Genasc. Ficaram de fora os clubes mais tradicionais do futebol local, Auto Esporte, América e Itaituba.

O futebol é mesmo um esporte de integração e inclusão social, levando um grupo a centrar em objetivos comuns. Assim aconteceu com o comandante do 13 de Maio, o cidadão Odair José, conhecido como irmão. Odair é cadeirante e não mediu esforços, não olhou para sua limitação física, mas motivou seu grupo a chegar à vitória. Tinha em seu elenco os goleiros João Victor e Marlisom, os laterais Ronilson, Campos e Eskimó, os volantes Rubinho, Adriano e Rafael. Os meias Ricardo e Wilks e os atacantes André, Hugo, Neném, que não é o cearense, Tim Maia, André Almeida e Caçula. A comissão técnica era formada pelo presidente e técnico o próprio Odair José e o massagista Gilson Ramos.

O jogo decisivo foi realizado tradicionalmente no dia do aniversário da cidade, contra o Flamengo do José de Arimatéia. O 13 de Maio aplicou uma goleada por 7 a 1, se tornando tricampeão itaitubense.

2019, A ASSOCIAÇÃO ATLÉTICA ITAITUBA VOLTA AO CAMPEONATO COM TÍTULO

A TV Tapajoara nesse ano tinha montado em sua grade uma série de programas especiais para comemorar os 163 anos de Itaituba. Como havia um desgaste entre os presidentes de clubes e o governo municipal em função dos problemas acontecidos no ano anterior, era bem provável que não fosse realizada a edição do campeonato versão 2019.

A direção da emissora apresentou um projeto ao então prefeito Valmir Climaco para a realização do evento, aprovado pelo prefeito municipal. Weliton Lima reuniu com os dirigentes da LIDA, o presidente

Francisco Elenildo Almeida, o Sapinto e o secretário Raimundo Nonato Chaves, conhecido como Rato.

Fotos: Cleydson Assis.

Foi marcada então uma reunião geral e a definição do regulamento e premiação do campeonato. Em setembro, foi dado o início do certame, com a participação de Auto Esporte, Genasc, 13 de Maio, Grêmio, Itaituba e São Cristóvão.

A TV Tapajoara exibia os melhores momentos de todos os jogos na sua programação jornalística, um dado importante nessa parceria entre a emissora de Wilmar Freire, LIDA e a prefeitura é que não foi cobrado ingresso nos jogos e sim um quilo de alimento não perecível, para uma campanha social da emissora.

A grande final aconteceu em um domingo, 15 de dezembro, entre Auto Esporte e Itaituba. Uma grande solenidade foi montada pela coordenação para o encerramento. A cantora Alessandra Alexandre entoou o hino municipal de Itaituba e a banda do 53 BIS o hino nacional brasileiro.

A gênese de Ita

Finalmente a bola rolou entre azulinas e alvinegros. O leão fez a melhor campanha no campeonato, já o Itaituba teve muitas dificuldades, mas foi superando durante a competição. As duas equipes procuravam o gol, mas foi uma tarde em que os goleiros estavam muito bem, fazendo grandes defesas, tanto o Labilá, do Auto, como o Junior Parente, do Itaituba. O Auto Esporte ainda teve uma bola na trave.

Um fato inusitado nessa decisão foi que o prefeito Valmir Climaco, presente no jogo, ofereceu um valor de mil reais para quem fizesse o primeiro gol, anunciado pela Rádio Jacaré pelo locutor Garga Show. Foi um Deus nos acuda, todo mundo queria fazer gol, ainda tinha os torcedores que engrossaram o caldo oferecendo mais dinheiro, terminou que a coordenação teve que devolver o dinheiro, pois nada de gol, ficou mesmo no zero a zero e a decisão de 2019 foi para as penalidades máximas. Milton começou pelo Itaituba e Labilá defendeu, Mario pelo Auto converteu, Jiboia também faz o dele, Leonel pelo Auto faz, Bidú pelo Itaituba converteu, Marcio desperdiçou para o Auto Esporte, Josué fez para o Pantera, Rodrigo desperdiçou para o Auto e Hugo fez o gol do título do Pantera itaitubense 2019.

O jovem técnico Marcio Silva do Itaituba ficou emocionado com a conquista. Em entrevista à repórter Paula Lima, que cobriu jogo, falou que a sua equipe teve muitos problemas na competição, mas que foram compensados com o título.

O capitão do Itaituba, Boquinha, levantou o troféu de campeão, mais uma premiação em dinheiro de três mil reais. O Auto Esporte, vice, ficou com dois mil reais e o 13 de Maio, terceiro colocado, levou mil reais. Houve ainda a premiação individual. O melhor goleiro foi o Junior Parente do Itaituba. Elicley do 13 de Maio foi eleito o craque da competição e Gilsinho do Auto, o artilheiro com 11 gols, cada um ganhou trezentos reais. Toda premiação foi repassada pela prefeitura municipal como incentivo aos clubes.

A gênese de Ita

CAMPEONATO ITAITUBENSE 2020, PELA PRIMEIRA VEZ NO CAMPO DO AUTO ESPORTE

Foto: Acervo Auto Esporte.

Fazendo parte das comemorações dos 164 anos de Itaituba, a LIDA Liga Itaitubense de Desportos Atléticos realizou a edição 2020 do campeonato primeira divisão do município, no Centro de Treinamento do Auto Esporte, no KM 5. A grande final aconteceu no dia 15 de dezembro, com uma bonita festa no C.T. azulino, começando com a banda do 53 BIS. Auto Esporte e Superlar Tubarão decidiram o título. O Auto comandado pelo técnico Pipoca venceu com dois gols de cabeça do centroavante Gilsinho, dando o título ao leão azul itaitubense de 2020.

FATOS EXTRAORDINÁRIOS DO FUTEBOL ITAITUBENSE

Uma paixão nacional, como é chamado o futebol no Brasil, é o esporte mais popular do mundo, por suas lógicas imprevisíveis, lendas, paixões, contradições e suas particularidades.

"A bola veio para a esquerda, eu não chuto bem de esquerda,

A gênese de Ita

mas não dava pra trocar de pé. Então chutei de esquerda fazendo de conta que era de direita". Essa explicação foi de Mané Garrincha ao marcar um gol contra o Chile na Copa de 1962. Garrincha define bem o improviso constante no futebol, com humor, ginga e o jeitinho brasileiro.

A história do futebol Itaituba foi registrada com fatos inusitados que não poderiam deixar de ser relatados aqui. O Grêmio Esporte Clube foi o único time da primeira divisão a marcar 26 gols em uma única partida. O fato aconteceu em 1988 contra o Flamengo.

O Atleta Rosimar Viera Santos, o Pelado, marcou 10 gols em um único jogo. A proeza aconteceu na vitória do Grêmio conta Flamengo pelo elástico placar de 26 a 1. Raimundo Barros Maranhão, o Dinho, entrou para o livro dos recordes em Itaituba, ao realizar o incrível feito de assinalar dois gols olímpicos, em um único jogo.

A saga aconteceu em 2004 em um jogo da final da Copa Campeão dos Campões entre Bela Vista e Vasco da Gama, ainda marcou um de falta, lembrando que essa competição era coordenada pela LIDA e envolvia todos os campeões, incluindo a primeira divisão.

Jean Roberto Coelho, o Betinho do COMTRI, é outro que protagonizou um feito inusitado. No campeonato itaitubense de 2003, na partida envolvendo o Flamengo, que vencia por 6 a 0 o Superlar do Manoelzinho, Betinho estava no Banco, no segundo tempo entrou no jogo e empatou a partida marcando os 6 gols.

Parafraseando o craque das crônicas Nelson Rodrigues: "Em futebol, o pior cego é o que só vê a bola". Passamos por um período de miopia esportiva, em que, desde 2009, quando foi fechado o Teófilo Olegário Furtado para a construção do Hospital Regional, não se tem um campo adequado para o desenvolvimento do futebol. Com isso, as principais equipes estão desativadas.

A gênese de Ita

"As lágrimas alvinegras, azulinas e vermelhas não são de dores, são de paixões, saudades memoráveis das tardes no Olegário Furtado, ensolarados domingos de bandeiras, foguetes, risos, abraços e amores. O tempo passou, mas a história ficou do nosso futebol encantado."

1980: OS VEÍCULOS DE COMUNICAÇÃO E O PROTAGONISMO NO CONTEXTO SOCIAL

No final da década de 1970, o município de Itaituba ganha o seu primeiro veículo de comunicação de massa. Era a TV Itaituba canal 6, que funcionava na Rodovia Transamazônica KM-01 e que transmitia a grade de programação da Rede Globo de Televisão.

O projeto pioneiro foi graças à iniciativa dos empresários Samuel Bemerguy, Altamiro Raimundo da Silva e Francisco Fernandes da Silva, o lendário Chico Caçamba.

Nessa época, a exibição da programação acontecia da seguinte forma: no período da manhã, ficava no ar o logotipo da emissora, simbolizado por uma bateia (acessório que os garimpeiros até hoje utilizam para separar o ouro da terra), com um garimpeiro manuseando o equipamento, ou seja, garimpando. Dessa forma, nascia, então, a primeira televisão de Itaituba que vinha para se inserir nos fragmentos sociais e que mais tarde serviria de suporte para a construção de uma identidade cultural em uma sociedade plural e com intensa mobilidade, ascensão social e econômica.

Nesse contexto, com o seu sinal no ar, a TV Itaituba se mostrava para seus telespectadores. Nessa época, as propagandas eram bem poucas, a maioria eram avisos de utilidade pública, com ênfase para documentos perdidos, notas de falecimento, avisos e editais da prefeitura, pedidos para doações de sangue.

Os hospitais ou familiares ligavam para a emissora pedindo a veiculação do aviso que era assim: *Atenção doadores de sangue: no hospital*

A gênese de Ita

municipal um paciente está precisando com urgência de sangue tipo tal. Ajude a salvar uma vida. A TV Itaituba veiculava em média 10 avisos dessa modalidade por dia.

Quando entrava no ar, colocava seu logotipo trilhado com as músicas da época. Então, entrava no ar a programação gravada (show, novelas e programas de entretenimento). É importante ressaltar as dificuldades técnicas-operacionais para que essa programação fosse exibida.

Os VTs (videoteipes) eram gravados em Belém e encaminhados para Itaituba em um malote via aérea pela Empresa TABA (Transportes Aéreos da Bacia Amazônica). Mesmo diante das dificuldades técnicas, a emissora produzia comerciais e programas jornalísticos.

Francisco Fernandes da Silva, o nosso Chico Caçamba, um dos criadores da TV Itaituba, em uma entrevista de cinquenta e cinco minutos, gravada na orla da cidade, relatou as etapas do processo de instalação do primeiro canal de televisão em Itaituba. Aliás, Chico Caçamba foi o responsável também pela minha vinda para Itaituba, no ano de 1982, época em que a televisão itaitubense começava a engatinhar.

Em nossa entrevista, perguntei então ao Chico Caçamba como ele teve a ideia de trazer a televisão para Itaituba, com Altamiro e Samuca. Ele relatou os passos dessa caminhada.

Foto: Acervo TV Tapajoara – Chico Caçamba.

A gênese de Ita

"Eu sempre fui um sonhador e queria que a cidade que escolhi para morar tivesse desenvolvimento. Eu tinha uma loja de eletrodomésticos na Rua Hugo de Mendonça, chamada Tapajós Máquinas. Nas minhas viagens para São Paulo, comprei muitos aparelhos de televisão para vender, mesmo sem ainda ter um canal outorgado para Itaituba. Então, eu já acreditava."

"Como ninguém se manifestou em montar uma emissora, procurei o Altamiro e o Samuca e os convidei para o projeto ousado. Como tinha um bom relacionamento com o Rômulo Maiorana, da TV Liberal, o Altamiro tinha grande influência na política da região como prefeito por 17 anos em Itaituba e o Samuca tinha dinheiro, aí não foi tão difícil."

Chico falou também das dificuldades da mão de obra para o início do trabalho. Para montar a estrutura, trouxe um técnico muito criativo que improvisou uma mesa de corte, com um teclado de liquidificador e a mesa de áudio, que era uma caixa coberta com uma bandeja de servir café onde ficavam os potenciômetros que ajustavam o nível do áudio. Segundo Chico, o passo seguinte foi viajar para Manaus a fim de comprar equipamentos usados.

"Eu me lembro bem que fui até a sede da Rede Amazônica e falei com o Dr. Guilherme, um dos diretores da emissora, ele me apresentou a Nazaré Nanci, que trabalhava na emissora como chefe de programação, terminei negociando um videoteipe, câmera e outros equipamentos". Foi nessa visita a Manaus que o Chico terminou convidando a Nazaré para coordenar a programação da sua emissora.

Dunga. Foto: Nazaré Nanci.

O primeiro apresentador do informativo da emissora foi o locutor do serviço de alto-falante da cidade, Manoel Pinto, o Dunga, como era conhecido popularmente, dono do Som Columbia, o cinegrafista Elias

Araújo, os operadores de VT Norton Franklin e o Trisca, o repórter Sebastião Lima e o locutor de comerciais Jair de Sousa. A parte publicitária era Sergio Fonseca de Santarém. Essa foi a primeira equipe de uma emissora do município, a TV Itaituba canal 6.

"Jornal Seis" era o nome do informativo que teve como apresentadores: Dunga, nas reportagens, Sebastião Lima, na época funcionário do Banco do Brasil. Com a saída do Dunga, Sabá assumiu a bancada do jornal. Em seguida, Aroldo Pedrosa começou a fazer reportagens para o Sabá e terminou assumindo também o Jornal Seis, sendo substituído em 1984 por Emilio Carlos Piccardo.

Nazaré Nanci – Fachada da TV Itaituba.

Nazaré Nanci, a primeira mulher da televisão em Itaituba já com experiência profissional, ela me falou como ocorreu sua vinda para trabalhar na TV Itaituba. "Aconteceu após eu conhecer, em Manaus, Chico Caçamba, que me fez um convite. Eu não estava interessada, mas como ele insistiu e eu estava com algumas férias vencidas e a Rede Amazônica não me concedia, eu tomei a decisão de aceitar o convite, porém para trabalhar apenas em um período de tempo determinado até que a emissora tivesse condições técnicas de operacionalidade e uma equipe de pessoal para cobrir as demandas de trabalho."

A gênese de Ita

Nazaré acabou ficando no elenco de personagens que protagonizaram essa história por muito mais tempo, assumindo o departamento de programação da emissora.

Foram muitos os que participaram da primeira fase da televisão itaitubense. Depois de Sebastião Lima, o Jornal Seis passou ser apresentado pelo tropicalista Aroldo Pedrosa, que atuava também como repórter. Nesse período, a emissora ganhou um grande reforço com a contratação de Marilene Silva, que veio de Marabá, para assumir a editoria de jornalismo.

Equipe de jornalismo TV Itaituba.

Foto: Acervo pessoal Ivan Araújo.

A gênese de Ita

A minha vinda de Santarém, trabalhava na TV Tapajós, completou o time. Em seguida, vieram Jota Camargo, Roberto Lobo e Emilio Piccardo, que veio do Paraná para Itaituba e trabalhava em um escritório de contabilidade. Foi chamado para fazer um teste como apresentador, sendo aprovado pela Marilene Silva e a Nazaré Nanci, assumindo a bancada do Jornal Seis.

Outro personagem pioneiro nas reportagens da TV Itaituba foi Ray de Sousa, fazendo grande cobertura no carnaval da democracia com Aroldo Pedrosa em 1985, um dos maiores carnavais já realizados em Itaituba na época. A gestão municipal era de Fran Mendonça.

O primeiro programa esportivo foi comandado pelo Jota Camargo, dando ênfase para o campeonato itaitubense, que geralmente era disputado em alto nível no estádio Olegário Furtado, sendo um dos maiores entretenimentos nas tardes de domingo. A parte cultural da diversão e arte era comandada pelo professor Aroldo Pedrosa.

Esse desbravar da comunicação televisiva no município produziu algumas histórias inusitadas que vale a pena recordar para meu leitor e para os colegas que não conhecem o início da televisão itaitubense.

Certo dia, ocorreu uma daquelas enchentes que até hoje ainda acontecem em Itaituba, eu e o repórter Roberto Lobo, irmão do então tenente do 53º Batalhão de Infantaria e Selva, Lobão, fomos cobrir uma rua que estava completamente inundada, usando uma espécie de canoa oferecida pelo Galego. Roberto Lobo, não sabendo muito bem remar, e eu também, fomos dominados pela força da água que nos arrastou para muito longe. Fomos salvos por populares e a única câmera que tínhamos caiu na água.

Outra situação hilária ocorreu com Emilio Piccardo. Ele já estava sentado na bancada para apresentar o Jornal 6, quando entrou uma cobra no estúdio, era comum porque o estúdio da televisão ficava onde é hoje o Centro de Convenções Daniel Berg da Assembleia de Deus, na Rodovia Transamazônica, onde havia muito mato ainda. Desesperado, Emilio gritava; olha a cobra, olha a cobra!

Outra situação eu nem sei se devo contar, mas vou contar. Roberto Lobo tinha uma intriga pessoal com a Nazaré Nanci, coisas internas de bastidores, saiu com o Junior Silva (o Tucunaré) cinegrafista para fazer a cobertura de uma operação boina do 53º BIS. Entrando na selva e caminhando por longo tempo, disparou o pause da câmera, gravando o áudio de tudo que eles iam conversando, sem que eles soubessem. O colega repórter detonou a amiga. Chegando à emissora, a Nazaré foi fazer a decupagem da fita e ouviu tudo que ele falou dela. Aí o tempo fechou, a situação ficou difícil de controlar.

Não poderia deixar também de narrar outros dois episódios marcantes, um aconteceu comigo mesmo. Era um domingo, estava na sala de operação, sozinho na emissora, já tinha dobrado serviço, pois o operador do outro horário não apareceu e o vigia saiu para jantar, levando a chave e esqueceu de retornar. Já eram três da madrugada, quando chegaram da festa, Junior, o Tucunaré, e Carlos Felipe, vieram para dormir na emissora, isso era normal na época. Eles queriam entrar e eu queria sair.

Tive uma brilhante ideia, peguei um cabo elétrico resistente, abri a caixa do padrão elétrico e liguei em 220 volts nas pontas e, na outra extremidade, liguei no cadeado, aí acionei a chave geral, provocando um curto circuito para derreter o cadeado. Deu certo a ideia, mas o estrondo foi tão grande que parecia uma bomba acordando o seu Santiago da Autopeça Araçatuba, que morava na parte superior da loja ao lado.

No dia seguinte, ele foi me entregar para o senhor Samuel Bermerguy, o Samuca, que me demitiu pela atitude, mas uma semana depois meu padrinho Altamiro Raimundo da Silva reintegrou-me à equipe.

A gênese de Ita

O outro episódio era bastante comum, quando o Vasco da Gama jogava. Chico Caçamba, um dos proprietários da emissora, nessa época apresentava o *Bom Dia Itaituba*, às sete da manhã. Ele era vascaíno roxo e, numa decisão do campeonato carioca, não me recordo com qual equipe, o Vasco terminou sendo campeão. Na segunda-feira, ele foi apresentar o programa com a camisa do Vasco, fazendo a seguinte convocação: meus amigos, vascaínos! Vamos comemorar! Vista sua camisa, leve sua bandeira, vamos para as ruas, afinal, somos todos campões.

Equipe de jornalismo TV Itaituba. Foto: Acervo pessoal Ivan Araújo.

É importante ressaltar que, mesmo a emissora com suas limitações técnicas, prestou grandes serviços para a comunidade em suas coberturas jornalísticas. Tinha uma equipe de externa que produzia conteúdos jornalísticos e alguns programas de variedades, como o Porteira Aberta, que foi criado e apresentado pelo Sebastião Lima, também um programa da igreja, onde eram feitas as gravações das missas, comandado pelo Sebastião Lima e Eli Oliveira.

1982: BRASIL X ITÁLIA – ITAITUBA CALOU

Na Copa da Espanha, no ano de 1982, a Seleção Brasileira, comandada por Telê Santana, mostrava ao mundo o seu futebol arte com Zico, Sócrates, Junior e Falcão, entre outras estrelas dessa constelação. Via Embratel, a TV Itaituba exibia as transmissões ao vivo via Embratel, envolvendo os itaitubenses no torneio.

Naquele ano, a cidade de chuteiras, expressava o sentimento de nação com o verde e amarelo ornamentando as ruas e as bandeirinhas tremulando ao vento davam a certeza da conquista do título. Tudo ia muito bom, tudo ia muito bem até que, em uma tarde, a Seleção Brasileira jogando pelo empate iria enfrentar a Itália. Parecia um jogo fácil e o passaporte garantido para as quartas de final. Porém não foi bem assim.

No meio do caminho existia uma pedra, ou melhor, uma rocha. Paolo Rossi, em um dia inspirado, foi o carrasco do Brasil naquela tarde fatídica. Placar 3x2 para a Seleção Brasileira, sendo que os três gols foram dele, o Paolo Rossi.

Assistindo à partida em casa, eu não acreditava no que via. De repente, nem mais um foguete nos céus de Itaituba, silêncio absoluto as ruas desertas expressavam a condição da derrota. Instintivamente, fui para a TV Itaituba, quem sabe, buscar consolo com os colegas de trabalho.

Chegando lá, encontrei o Aroldo Pedrosa quase chorando segurando a cabeça com as duas mãos dizendo: "cara, o futebol arte perdeu, nem sei se estarei vivo para acompanhar outra copa, daqui a quatro anos". Claro que o Aroldo vem acompanhando todas lá em Macapá.

A gênese de Ita

Naquele contexto, eu era mais um sofredor e buscava refúgio em minha tristeza. Andei pelas ruas silenciosas, fui para a Praça do Centenário e fiquei por lá conversando com meus botões querendo entender as causas do que é imprevisível e inesperado. Resultado, não consegui voltar para casa, aliás, voltei depois de três dias. Enquanto isso, minha irmã Eunice e meu cunhado Raifran estavam preocupados com minha ausência. Bem, tratou-se de apenas amor ao futebol. Ao futebol arte. Simples assim. No outro dia, aos poucos a vida foi tomando seu rumo com a rotina da cidade.

UM SALTO PARA INOVAÇÃO: A PARABÓLICA VIA SAT

No ano de 1984, os VTs, que eram gravados nas fitas U-matic, foram substituídos pelo advento das parabólicas Via Sat *on-line*. A chegada da primeira parabólica no município se deu em setembro de 1984 e foi um acontecimento histórico para a Cidade Pepita.

A encomenda chegou pela Transportadora Reicom em grande festa. A carreta foi acompanhada por uma charanga musical, fez um percurso pelo centro da cidade com alguns carros acompanhando atrás e um carro volante anunciava "povo de Itaituba, chegou a nossa parabólica. Vamos comemorar minha gente. Agora vamos acompanhar as novelas todos os dias. Agora a programação é 24 horas. Vamos comemorar, vamos comemorar". Era só alegria: os fogos de artifícios anunciavam a boa-nova.

Naquela época, era impossível programação 24 horas da TV Globo pelos constantes racionamentos de energia elétrica. No final de 2005, um atentado aconteceu em Marabá, onde um apresentador foi assassinado ao vivo no estúdio quando apresentava o jornal local.

Esse fato lamentável levou o governo federal a suspender a permissão de todas as RTV's na Amazônia. Assim, a TV Itaituba Canal 6 teve seus transmissores lacrados pelo Dentel (Departamento Nacional de Telecomunicações) por não ter concessão definitiva do Ministério das Comunicações.

Na minha entrevista com Chico Caçamba, ele comentou o fato, dizendo que foi uma das maiores tristezas da sua vida, ou seja, ver o sonho que ele havia construído ser interrompido.

A gênese de Ita

INTERVALO: SEM COMUNICAÇÃO

Com o lacre da TV Itaituba canal 6, a pioneira, os moradores acostumados à programação da TV Globo passaram a fazer aquisições de antenas parabólicas. A cidade de Itaituba ficou conhecida como a cidade das parabólicas, ficando por três anos sem uma emissora de TV. O principal instrumento de informação nesse período foi a Folha de Itaituba, um informativo de propriedade de Luiz Fernando Sadeck, o Peninha, comandado pelo editor Salomão Silva.

No início do ano de 1988, chegou em definitivo um dos primeiros instrumentos fortes no processo de comunicação na cidade de Itaituba, a Rádio Itaituba AM, afinal, o mundo já vivia a experiência da globalização suprimindo as barreiras territoriais com a comunicação em Real Time. A Rádio Itaituba AM 850 kHz, localizada na Rodovia Transamazônica-KM01, veio com uma proposta inovadora de trabalho interagindo com os seus ouvintes.

Na sua grade de programação, o jornalismo teve o seu espaço, inovando com transmissões ao vivo, atingindo a cidade e região. A Rádio Itaituba chegou a transmitir partidas de futebol ao vivo, entre elas, o jogo da Seleção Brasileira e Uruguai, jogo realizado em Teresina Piauí, cuja narração foi feita por Rozza Paranatinga e comentários de Jota Parente e Lamberto de Carvalho.

Esse segmento de informação atendia as mais variadas demandas como, por exemplo, recados para o interior e garimpos, doação de sangue, documentos perdidos, entre outras notas de utilidade pública.

Além do investimento em equipamentos modernos, o empresário Aldo Inácio (Seu Mané) valorizou o capital humano fazendo contratações de profissionais capacitados para atuarem no veículo. Dois engenheiros vieram de São Paulo para a montagem técnica, mais o sonoplasta conhecidíssimo no mundo radiofônico, Peruca

A gênese de Ita

e Barbosa Neto, coordenador de programação, ambos de Brasília. Eles foram os mestres repassando os ensinamentos técnicos para os talentos da terra.

AS TRANSFORMAÇÕES DO RÁDIO NA ERA JOTA PARENTE

Completando o tempo dos profissionais que vieram de Brasília para a implantação da rádio, ficou na direção Esdras Baltar, que era administrador do seu Mané em uma agência de aviação com a Conceição Teles. Locutores como Jair de Sousa e Cidilena, entre outros.

Os discotecários, como eram chamados na época hoje DJ, Norton Franklin, Rose Paranatinga, Pachequinho e eu também.

Com uma visão de empreendedor, seu Mané precisava de alguém com maior experiência no ramo. Foi quando o Habib Bechara indicou José Parente de Sousa que, na época, desempenhava o cargo de gerente da Rádio Tropical de Santarém. Jota Parente aceitou o desafio e assumiu em novembro de 1988.

A nova programação trazia muitas novidades, Parente conseguiu trazer grandes nomes do Rádio Paraense, como Bena Lago, Nélio Miranda, Hélio José, Lamberto de Carvalho, o narrador esportivo João Carlos Callegari e, ao mesmo tempo, revelando muitos talentos da terra, como Galego, Rozza Paranatinga, Aroldo Araújo, Darlan Patrick, Rildo Lopes e, mais tarde, Jean Galego, Pierre e outros.

A PUBLICIDADE COTADA EM OURO

Como o município de Itaituba vivia o fluxo do ouro, esse metal precioso era utilizado como moeda corrente, um dos fatos relevantes da

A gênese de Ita

época é que as publicidades eram monetizadas de acordo com a cotação do ouro na bolsa de valores de São Paulo.

Um dos maiores contratos publicitários realizados até hoje no município teve como cliente uma compra de ouro: o Comercial João do Ouro, cujo *slogan* era "João do Ouro, o amigo do garimpeiro". Esse contrato valia 20 gramas de ouro/dia, totalizando 600 gramas/mês, o que em moeda corrente representa hoje a estimativa de 30 mil reais/mês.

ENTRETENIMENTO: UMA FERRAMENTA DE INTERAÇÃO SOCIAL

Preenchendo a lacuna deixada pela televisão, o rádio conquista o seu espaço junto à comunidade, prestando também serviços de utilidade pública e entretenimento. Foi uma verdadeira revolução no rádio a chegada de Jota Parente para comandar a emissora de Seu Mané. Vários programas inovadores foram criados como o programa de auditório semanal "Show da Manhã" apresentado pela locutora Bena Lago, no qual a população ficou conectada com as tendências musicais da época, entre elas, o brega.

Nesse aspecto, o programa transformou-se numa ferramenta eficiente de interação social com o público participando dos *shows*. Nesses eventos, Itaituba teve a oportunidade de assistir aos *shows* de artistas renomados da Rádio Nacional de Brasília, entre eles Márcia Ferreira e Adelson Moura, que encantaram o público com o ritmo da brega. Além deles, os artistas da terra também foram revelados como, por exemplo: Edson Fred, Black Eixo e Jair de Sousa.

Esse segmento de informação atendia as mais variadas demandas, principalmente os recados para o interior e garimpos. Os festivais juninos também fizeram parte das ações de interação social e de entretenimento da Rádio Itaituba. O criador oficial desse evento foi o locutor Rozza Paranatinga, fazendo do mesmo uma referência cultural em Itaituba e região por expressar diretamente a organização dos grupos de dança.

SEM OS LUSÍADAS

Acreditando que navegar é preciso, mas morrer não é preciso, o poeta e jornalista Nazareno Santos teve uma atuação memorável nas transmissões ao vivo da Rádio Itaituba. Em dia calmo, sem oscilações produzidas pelo tempo, a cidade não mais que de repente se viu diante de um acontecimento cinematográfico recheado de ações.

Parecia coisa de cinema. Era um assalto à mão armada na agência do banco Bamerindus, e escalado para cobrir o evento, o nosso poeta, agora repórter, foi com a equipe móvel para o local. Afinal, os ouvintes, pelas suas narrativas, precisavam acompanhar pelo rádio os acontecimentos do dia.

Com sua coragem e verve jornalística, o repórter se apropriou de todas as figuras de linguagem da gramática normativa narrando em conformidade com as ações que iam acontecendo no centro da cidade.

O prédio cercado, reféns e os bandidos não se rendiam. O espaço, a linha do tempo, uma eternidade e nada de desfecho. Após as negociações infrutíferas, houve troca de tiros e o Nazareno perto da ação, em dado momento, revelou ao vivo que o morto levou um tiro, enfim, morreu.

Sabemos que os poetas morrem, mas a poesia, não. Camões construiu o sentimento de origem de uma nação e os Lusíadas ainda ficam para dar sentido às epopeias e ao mundo lírico onde os heterônimos de Pessoa revelam o bom da vida para as pessoas.

TV TAPAJOARA CANAL 7:
O PRIMEIRO CANAL OFICIAL DE ITAITUBA

Em julho de 1988, com um empreendimento do empresário Sílvio de Paiva Macedo, Itaituba recebeu a TV Tapajoara transmitindo a grade de programação do SBT (Sistema Brasileiro de Televisão).

O nome da TV Tapajoara foi inspirado, segundo o seu idealizador, Sílvio Macedo, no Rio Tapajós, por ser uma das belezas naturais e grande fonte de riquezas da região, além de banhar a cidade de ponta a ponta. Outra fonte de inspiração foi a cultura tapajônica produzida pelas tribos indígenas.

Os índios Tapajós eram excelentes oleiros. As peças arqueológicas, hoje conservadas em grandes museus do país, atestam o grau de perfeição de sua cerâmica, influenciando mais tarde os caboclos ribeirinhos a cultivar esses costumes. Afinal, as práticas cotidianas são uma maneira oportuna de o homem caminhar fazendo da criatividade oculta uma ferramenta eficiente na invenção de uma maneira própria de ser.

AS PARABÓLICAS MUDAM A ESTÉTICA
DO ESPAÇO URBANO

Elas estavam em todos os lugares com seus receptores recebendo o sinal de alguma TV Aberta, transmitido por um satélite o que não se via nem em um céu de brigadeiro, onde o azul redundantemente era mais azul. Com tons cinza, as parabólicas, pelo seu formato impessoal, remetiam a concretude da realidade, mas, apesar de exercer poder coercitivo de consumo, não deixavam de ser impressionistas como a própria arte que expressa impressões e ocupa espaços vazios.

Eram bonitas no espaço aberto, mesmo desalinhadas e deselegantes. Enfim, as parabólicas mais que um ornamento, sua aquisição não era por uma questão de status, mas uma necessidade contemporânea de o telespectador estar conectado nos noticiários, novelas e nos mais diferentes formatos de programas de entretenimento. Essas antenas eram mesmo maximizadas e hoje são pequenas e mais discretas.

AS CONCESSÕES DE DOMÍNIO PÚBLICO PARA GRUPOS POLÍTICOS

Em conversa com Silvio Macedo e o que pudemos pesquisar em nossos arquivos históricos, foram vários objetivos que levaram para implantação da TV Tapajoara em Itaituba, a cidade vivia sem emissora de televisão nessa época, com a extinção da TV Itaituba, canal 6, a cidade foi tomada pelas antenas parabólicas recebendo diretamente imagens do satélite. Isso aproximava os telespectadores do resto do país, mas os afastava da própria identidade.

Com a redemocratização do país, o governo federal fez várias concessões de estações de rádio e TV, principalmente para grupos políticos. Na época, Silvio de Paiva Macedo tinha sido o primeiro prefeito eleito em Itaituba, democraticamente, após o golpe militar de 1964 e, por certo, tinha pretensões de continuar na política, consequentemente precisava de um veículo de comunicação de massa, ou seja, a TV Tapajoara.

Outro objetivo da emissora era informar e entreter o público com programação nacional e local. As temáticas levantadas no início do jornalismo local eram principalmente as mazelas sociais deixadas pela

A gênese de Ita

febre do ouro nas décadas de 1970 e 1980, a prostituição infantil e alta incidência de menores abandonados pelos pais que iam aventurar-se nos garimpos, a violência gerada nos garimpos, o chamado acerto de contas. Foram temas marcantes no jornalismo, muito embora fosse difícil naquela época transmitir essas notícias.

Os primeiros âncoras do jornalismo da emissora foram Sônia Lenise, sobrinha de Silvio Macedo, e Hélio José, na época locutor que tinha vindo de Santarém para a Rádio Itaituba e Siqueira Filho.

Os repórteres Sebastião Lima, Salomão Silva e, depois, Nazareno Santos, Pedro Filho e Mauro Torres, Queiróz Filho, Luís Oliveira, Jonas Oliveira, Jota Camargo, sob a direção de Leonildo e Marilene Silva Leite, coordenadora de jornalismo. A chefe de programação era Nazaré Nanci, ex-TV Itaituba.

Era o tempo de Telex que, segundo Ray Furtado, coordenadora de OPEC da TV Tapajoara, o aparelho tinha um formato estranho que lembrava uma máquina de escrever enorme, também um barulhinho. Segundo ela, ainda bem que ficava em uma sala sozinho recebendo as informações de São Paulo sobre a programação, os *breaks* de comerciais, os blocos net e o espaço para exibir a publicidade local.

Na época, além do jornalismo dinâmico, a TV Tapajoara abriu espaço também para a moda por meio de Jonas Oliver, que apresentava o programa semanal nominado Estilo e Charme, dando dicas de beleza e produtos com sorteios ao vivo. Em seguida, o espaço teve como pauta a cultura por meio do programa Diversão e Arte, apresentado por Aroldo Pedrosa.

Era também um programa semanal evidenciando os lançamentos do cinema e da música popular brasileira. Além disso, o programa evidenciou a produção musical regional trazendo a discografia do compositor e cantor paraense Nilson Chaves que, posteriormente, fez *shows* na cidade, angariando simpatia e grande público. Apaixonado pelo cineasta Glauber

A gênese de Ita

Rocha e pela essência do tropicalismo, Aroldo Pedrosa sempre referenciava a Tropicália e os criadores do tropicalismo como, por exemplo, Tom Zé, Caetano Veloso, Gilberto Gil e outros.

Sebastião Lima, outro remanescente da TV do Chico Caçamba, que assumira a bancada do Jornal Tapajoara, a gerência, disse que a linha editorial do noticiário pautava crescimento desordenado da cidade, a falta de saneamento básico, que ainda hoje são discutidos, e ainda, a evasão de impostos por meio da comercialização do ouro produzido no Alto Tapajós, que passava a maioria para Santarém, Cuiabá e Alta Floresta, deixando quase nada de impostos para o município como mero espectador de suas riquezas.

Além dessas questões sociais e econômicas, a cidade era penalizada diariamente com a interrupção no fornecimento da energia elétrica trazendo muitos prejuízos. A geração a diesel não atendia as demandas de consumo e o racionamento prolongado passou a fazer parte da agenda de serviços da concessionária Celpa. Se no meio do caminho existia uma pedra impedindo o fornecimento de energia, no fim dele estava a esperança redentora que era o Linhão de Tucuruí.

É interessante observar que o acontecimento consolidou a criação dos primeiros movimentos sociais do município de Itaituba como, por exemplo, o S.O.S Tapajós, que pleiteava a viabilização imediata das transmissões de energia elétrica com o Tramoeste, onde Itaituba seria beneficiada.

Essas temáticas foram bastante abordadas no início do jornalismo Tapajoara. Segundo Sebastião Lima, a TV Tapajoara revolucionou o jornalismo local, cobrindo os acontecimentos que entraram para a história de Itaituba, entre eles, o resgate das escravas brancas no garimpo do Creporizão, que saiu em rede nacional. As meninas do garimpo, matéria que retratava a prostituição infantil também ganhou destaque nacional.

A gênese de Ita

Um fato marcante, e até certo ponto inusitado, aconteceu nessa época com o repórter Nazareno Santos, depois de ter feito uma matéria de jornalismo falando do empresário Wirland Freire, que mais tarde compraria a emissora, levou uns tapas dele. Em conversa com o próprio Nazareno, ele nos confirmou como foi o episódio.

"Quando terminava o noticiário, era comum ficarmos na sala de edição adiantando algum trabalho. Mas naquela noite eu estava com a Marilene na referida sala tratando da pauta do dia seguinte que seria uma reportagem sobre o fato de Miritituba ter fontes naturais de água mineral e a comunidade não dispor desse bem de consumo. Nesse momento, ouvimos os gritos lá fora de uma pessoa, que era Wirland Freire, nem deu tempo de sairmos da sala. Ele foi pra cima de mim, furioso e me atingiu com uma cadeira, depois saiu. Bom, minha história particular com seu Wirland foi de muitos encontros e desencontros e o que posso dizer é que ele me admirava e respeitava, apesar das nossas divergências. Digo sempre que foi um homem do seu tempo com um carisma incomum e que imprimiu um estilo pessoal na sua vida econômica e política."

UMA ENTREVISTA EXCLUSIVA

Hélio da Mota Gueiros tinha uma relação afetiva até com o município de Itaituba, segundo ele, pelo fato de Dona Terezinha, sua esposa, ser de Fordlândia. É de conhecimento público que o governador gostava de tomar umas e outras, principalmente em época de campanha que ficava inspirado nos palanques. Em uma dessas jornadas, Hélio Gueiros estava dando chutes no nada porque não queria que Benigno Régis, que estava do lado de trás, subisse no palanque. O comício era no Campo da Johil e ficou mais animado com a entrada de um protagonista em cena, ou seja, um bêbado. Toda vez que o Hélio dava chutes, ele bradava: "Dá-lhe, velhinho bacana! Tu é um dos meus!".

Pulando para outro episódio, vamos para a entrevista exclusiva. Sílvio Macedo era amigo de Hélio Gueiros e fazia questão de se hospedar em sua casa quando vinha à cidade. Certa vez, o governador estava em Santarém e o Sílvio Macedo levou sua equipe de avião até aquela cidade para gravar uma entrevista que, com certeza, daria audiência pelo seu conteúdo. Depois de esperar um bom tempo, finalmente a entrevista foi gravada e todos estavam felizes.

Chegando a Itaituba, iria para o ar no outro dia, com direito à chamada de bloco, inclusive. Mas, para a surpresa de todos na edição, quando colocaram a fita no VT, a entrevista estava sem áudio. E isso aconteceu simplesmente porque o cinegrafista esqueceu-se de plugar o microfone. Enfim, o que viram na sala de edição foram quinze minutos de gravação, mas sem áudio. Claro que não foi para o ar. Não tinha como. Coisas que acontecem.

A POMBINHA QUE MUDOU DE COR

Cinegrafista bom é também aquele que capta imagens no momento da ação, pois muitas vezes ela não se repete e, se não ficar atento, perde o bonde da história e zás! No jornalismo da TV Tapajoara, aconteceu outro fato inusitado no final de 1989. O então prefeito Edílson Dias Botelho concorria à reeleição pelo seu partido, o PSB, cujo logotipo é uma pomba pronta para alçar voo. No último comício realizado no campo da Johil, estava programado o voo de uma pombinha branca. O público não sabia, mas a imprensa, sim. Câmeras preparadas. Ela ia alçar voo. Chegou a hora! Nesse momento, uma criança solta a ave e ela foi direto ao chão em um voo bem esquisito.

A gênese de Ita

Conversas de bastidores revelaram o motivo da pombinha não ter voado. Os assessores do prefeito não encontraram nessas paragens uma pomba branca. Mas, com certeza, seria com uma preta. E aí entrou o jeitinho brasileiro do improviso. Alguém teve a excelente ideia de pintar a pombinha com corretivo. Pronto! Estava branquinha. Só que o corretivo secou, pesou daí o motivo da queda. Se foi um mau presságio ou não, o fato é que o Botelho não conseguiu a reeleição.

ARQUIMEDES MESQUITA:
O FAZER FAZENDO PARA SER UM FEITO

Um personagem carismático da história política de Itaituba foi o então vereador Arquimedes Mesquita. Dava certo trabalho para a equipe de externa e de edição da TV Tapajoara.

Seu tipo físico enchia o vídeo, mas a sua voz não condizia com o biotipo. Era bem fininha. Ninguém conseguia modular para um timbre grave a voz do vereador. Certa vez, como lembra o repórter Nazareno Santos: fez perguntas sobre a sua atuação na câmara municipal e seus requerimentos e ele respondeu assim "Bichim, bichim, trabalho pra caramba. Oia meu povão, meu povinho, eu fiz requerimento para um banheiro em Miritituba, fiz requerimento pra fazer o muro do Gonzaga Barros porque ali tem muita vagabundagem, sabe? Fiz muita coisa. Fiz... fiz... Eu fiz o diabo por Itaituba".

TV TAPAJOARA:
UM NOVO TEMPO

No ano de 1993, o empresário Wirland Freire comprou os direitos de retransmissão do canal 7 em Itaituba. Socorro Oliveira, que usufruía de grandes prestígios, tanto com Wirland Freire quanto com Silvio Macedo, foi a intermediadora da negociação. Jota Parente, que dirigia a TV Eldorado de Wilmar Freire filho de Wirland, foi chamado para comandar a emissora. Parente convidou-me, com Fleury Colares e Maria do Carmo, para um novo desafio, reestruturar a emissora.

Depois de toda reforma técnica que fizemos, Jota Parente tinha o desejo de criar um programa bem popular, nos moldes do Aqui Agora do SBT, que fazia muito sucesso na época. Foi então que ele teve a ideia de criar o *Focalizando*. Em julho do mesmo ano, estreou com apresentação de Maria do Carmo e Fleury Colares e reportagens de Mauro Torres e Orlando Pierre.

Como Wirland Freire era prefeito e Jota Parente era seu chefe de gabinete, a senhora Elieide Batista (*in memoriam*), sua esposa, dirigia a emissora e eu era responsável pelo departamento técnico.

A equipe estava ainda incompleta: faltava um contato de vendas. Foi aí que chamei Marlúcio Couto, que estava na TV Eldorado. Fazíamos o contato comercial, redigíamos os textos, filmávamos e editávamos, foi o início de uma grande parceria.

No final dos anos 90, a diretora Elieide Batista foi acometida de uma grave doença, o que obrigava Jota Parente a viajar para acompanhá-la no tratamento em Belém.

A gênese de Ita

Diante dessa situação, ficou muito difícil para o amigo Jota Parente conciliar a assessoria política que prestava ao Wirland Freire e dirigir a emissora. Com o falecimento da Elieide, em 2001, Jota Parente, em 2002, passou o comando da direção para mim e Marlúcio Couto. Mais tarde, com a morte do prefeito Wirland Freire, dona Maria, sua esposa, nos confirmou no cargo com o apoio do Wilmar Freire.

UMA AMIZADE QUE FEZ HISTÓRIA NA NOVA TAPAJOARA

Marlúcio Couto e Ivan Araújo.

Conheci Marlúcio Couto, o popular "Cabeça de Galo" como chamo carinhosamente, por meio do esporte, um dos maiores jogadores do futebol itaitubense. Quem me apresentou foi Weliton Lima, que também tive o prazer de conhecer pelo futebol, em 1982, quando por essas terras de pedras miúdas cheguei.

Primeiro convidei Weliton Lima para comentarista esportivo na Rádio Itaituba, em 1989. Ele agradeceu o convite, mas rejeitou dizendo que não trabalharia com Seu Mané, proprietário na época da rádio. Já

A gênese de Ita

na década de 1990, Jota Parente, diretor da TV Eldorado, pediu para eu sondar uma pessoa que escrevesse para ser o auxiliar de Leal de Sousa, redator-chefe da emissora. Lancei novamente o convite para o então professor Weliton que, dessa vez, aceitou. Mais tarde, Weliton convidou Marlúcio para ser contato comercial na TV Eldorado.

Em 1993, com a compra da TV Tapajoara pelo empresário e então prefeito de Itaituba Wirland Freire, Jota Parente foi dirigir a emissora e me convidou com Fleury Colares e Maria do Carmo. Nessa época, fazíamos parte da equipe da TV Eldorado. Weliton Lima não ficou muito satisfeito com a ideia de minha saída da emissora e falou a seguinte frase: "é sempre mais fácil escolher o lado mais forte, não é Ivan?". Eu, sorrindo, respondi: "professor tem tempo para tudo abaixo do céu e nosso tempo chegará". Para completar ainda mais o dissabor entre a amizade, o Jota Parente pediu-me que indicasse um bom vendedor. Indiquei o Marlúcio Couto, que Weliton tinha levado para a TV Eldorado. Nesse mesmo ano, o Marlúcio foi contratado.

Mas a aproximação por meio do esporte entre mim e Marlúcio sempre foi muito forte e continuamos jogando futebol juntos. Em 1988 e 1989, deram-me o Bicampeonato Itaitubense de master, em que eu não tinha vaga no meu próprio time, pode? Em 2002, quando assumimos a direção da TV Tapajoara foi a vez de Marlúcio lançar o convite para Weliton Lima assumir o novo jornalismo da emissora.

AS AÇÕES SOCIAIS DA TV TAPAJOARA EM ITAITUBA

Com a chegada da globalização, automatizar era necessário e precisava de mudanças. Investir em tecnologia e capacitação de mão de obra foi a principal transição da primeira para segunda fase da emissora.

Os formatos da programação jornalística, alguns foram planejados; outros adaptados com a necessidade e a realidade do município. O editorial jornalístico da emissora tem como objetivo diversificar suas áreas abrangentes.

O *Focalizando* herdou o formato do extinto AQUI AGORA do SBT. Manteve a linha de um programa popular, porém com opinião do editor nos principais temas noticiados durante a semana. É o programa jornalístico de mais tempo no ar em Itaituba, 15 anos.

Fim de Semana é o jornalismo cultural da emissora, abrindo espaço para os artistas da terra, difundindo, incentivando novos valores e procurando resgatar as tradições e costumes de um povo.

Circuito Aberto é a linha jornalística de debates e entrevistas, em que são discutidas as mais diversas temáticas, como: política, comunidades, problemas sociais e como buscar soluções para os temas abordados etc.

Jornal Rural é o espaço do homem do campo, no qual o agronegócio é a principal fonte de informação.

Notícias de Sábado é um programa de auditório, com variedades. Todos esses programas com formatos diferentes convergem para um único sentido, o da informação.

A gênese de Ita

Por que a TV Tapajoara começou a investir no resgate da história do município? Talvez seja a mais importante pergunta. Havia um vazio entre o povo nativo e os que chegaram. Juntando isso, a falta de conhecimento do poder público ou de interesse das autoridades.

Começamos a nos preocupar com o futuro, já que a cultura existente ia aos poucos sendo dizimada e as informações importantes se perdendo com o falecimento dos antigos filhos nativos. Um exemplo bem prático foi o hino da cidade, composto em 1977 e somente gravado em 2005, no projeto da TV Tapajoara, *Ita em canções*. Tivemos que recorrer ao compositor Emir Bemerguy, em Santarém, para obtermos as partituras originais.

Parafraseando o poeta Sebastião Lima, Itaituba é uma colcha de retalho montada com vários povos e costumes diferentes. Ressente-se do sentimento nativo. Embora algumas canções timidamente já se conheciam, como as de David Salomão, Black-Eixo, Silvio Macedo, professora Lourdes, Zé Maria e Amilton Ramos, que gravou vários discos com músicas voltadas para a cultura garimpeira.

Em 1999, no governo de Edílson Botelho, foi realizado um festival (Fectan), em que uma boa safra musical foi apresentada. O projeto incluía um CD, mas não se concretizou. Faltava difundir essas obras e incentivar o grande número de talentos existentes nessa terra de pedras miúdas.

A valorização e o incentivo começaram em maior proporção com a nossa primeira experiência. Em homenagem aos 15 anos da TV Tapajoara, gravamos duas músicas dos cantores e compositores Naldo Mota e Jeconias Miranda, interpretadas por Sildomar Santos.

Os *shows* de calouros dos bairros e de escolas no programa notícias de sábado foram marcantes. Sucessivas exibições de *clips* e matérias especiais contribuíram também para a mudança do quadro.

O sentimento nativo da região começou a ser despertado quando as músicas da terra passaram a ser tocadas nos bares, nas escolas e nas

A gênese de Ita

programações culturais. As danças folclóricas começaram a coreografar as nossas próprias músicas e apresentar nos festivais.

José Maria e Naldo Mota fizeram juntos a canção *Canto Nativo*, que foi um dos pontos marcantes para o início desse resgate. Nato Aguiar teve grande influência nesse processo. Ele foi um dos primeiros a gravar e interpretar canções na noite itaitubense.

Edson Fred, Herrison Willian, Black Eixo, Jeconias Miranda, Cabelinho, David Salomão, Sildomar Santos, Silvio Macedo são também responsáveis por esse processo que veio desencadear o mais importante projeto cultural até hoje realizado em Itaituba, o CD *Ita em Canções*, em 2005.

O projeto foi idealizado pela equipe da TV Tapajoara com a participação dos cantores, compositores e músicos da terra (regionais). No final do ano de 2006, lançamos também o DVD do Ita, outro importante documento da história cultural do município.

Fazendo parte das comemorações dos 150 anos de Itaituba, a TV Tapajoara lançou 12 (doze) documentários históricos da cidade. Projetos que foram incorporados na segunda tiragem, como extras no DVD *Ita em Canções*.

A moeda corrente é a informação, seja ela jornalística, cultural, esportiva ou turística. É isso que oferecemos aos nossos parceiros, aliada a uma dose de criatividade e credibilidade, possibilitando às empresas associarem suas imagens com uma verdadeira identificação com nossa gente.

Algumas empresas, tais como: Serabi Mineração, Grupo Cimaq, Itafrigo Supermercados, Fricon, Faculdade de Itaituba (FAI) D'gold, Delub distribuidora, Ponto com e outras, têm apoiado a extensão desses projetos à comunidade por meio de parcerias firmadas com a TV Tapajoara.

As verdadeiras atribuições de um veículo de comunicação são informar, registrar, denunciar e conscientizar para que certos fatos nunca mais aconteçam. As ações paralelas realizadas pela emissora são preocupações constantes da direção, já que as entidades governamentais não têm políticas públicas voltadas para esses segmentos e as demais entidades privadas participam pouco ou quase nada.

Mesmo assim, para quem se mantém informado nas notícias locais sabe dos trabalhos realizados em Barreiras, no Festival do Piau e Aracú em parceria com a Amazônia Viva. O apoio constante no turismo rural do hotel fazenda, as boas-novas na Maloquinha, além do incentivo na prática esportiva em parceria com a obra social da Mão Cooperadora, além de parcerias montadas com empresas de turismo para excursões em São Luiz do Tapajós e o Parque Nacional da Amazônia, realizadas no mínimo duas por ano.

A falta de infraestrutura nesses locais com grande potencial turístico é a principal causa de um investimento menor por parte da emissora em atividades e conscientização ecológica.

O direcionamento nesses trabalhos tem sido mais em forma de vinhetas institucionais mostrando o grande potencial para o turismo, conscientizando nosso povo para a preservação dos recursos naturais.

A TV Tapajoara mantém diretamente quatro projetos anuais que já fazem parte do calendário de eventos da emissora. Projetos esses que têm como objetivo a humanização, a inclusão e a integração social:

Copa Ouro, abrindo sua programação de eventos anuais, nos meses de março e abril, quando é realizada essa tão importante competição do futsal. A copa é realizada em duas versões, a principal e a estudantil. As inclusões pelo esporte vêm tirando muitos jovens das ruas, das drogas e motivando a prática esportiva para melhor qualidade de vida. No ano de 2007, durante os jogos da Copa Ouro, foi realizada a campanha torcedor solidário em parceria com o 53 BIS, o ingresso custava um quilo de alimento. No final da competição, foram arrecadadas mais de 12 (doze) toneladas de alimentos, que foram transformados em cestas básicas distribuídas para famílias carentes.

A gênese de Ita

Festival Folclórico Estudantil, o segundo evento do ano da emissora, realizado sempre no mês de junho. É a inclusão pela dança. Outro aspecto importante desse festival é a grande oportunidade que a escola tem de mostrar a arte e a cultura.

Excursão ao Sairé, terceiro evento anual da emissora realizado no mês de setembro. Essa é uma ação de conscientização turística que visa a uma maior integração e intercâmbio com o município de Santarém, proporcionando ao itaitubense conhecer mais os valores naturais da nossa região.

Ita em Canções, quarto projeto da agenda de eventos finalizando o ano. A TV Tapajoara acredita que a linguagem musical nos aproxima daquilo que amamos, por isso reuniu artistas e compositores para aclamar Itaituba pela música no festival *Ita em Canções* no mês de aniversário da cidade.

Essas são as ações realizadas diretamente pela emissora. Existem também os apoios por meio da divulgação de projetos sociais de entidades ligadas à filantropia, como Rotary Clube, APAE, A Mão Cooperadora e outras.

Todos os eventos promovidos pela emissora são de cunho educativo e cultural, além de campanhas de conscientização, como foi o Pacto Pela Vida em 99/2000. Uma campanha em que várias entidades participaram e a TV Tapajoara entrou ativamente na produção do *clip* e na divulgação da campanha.

Outra importante campanha encabeçada pela TV Tapajoara, que conseguiu unir todas as emissoras locais, foi "Também faço parte dessa história" (2004), em prol da APAE. A campanha tinha como objetivo esclarecer a comunidade sobre a importância do trabalho com crianças portadoras de necessidades especiais e a construção da sua sede.

O que você está fazendo pela sua cidade? Essa foi uma campanha educativa que se estende até os dias de hoje. A repórter Andréia Siqueira leva um convidado em ponto histórico onde é feito um trabalho simbólico de limpeza para conscientizar a população da importância de preservar os logradouros públicos. Praia do Sapo, Praça do Centenário, Sonda e outros locais já receberam visitas da campanha.

Hoje, a TV Tapajoara tenta fazer um trabalho voltado para a imparcialidade, mostrando o passado político e o presente, para que a população possa fazer as próprias escolhas democraticamente no futuro.

Como todo empreendimento na sua fase inicial tem dificuldades, não foi diferente com a TV Tapajoara. Em 1988, quando o empresário Silvio Macedo instalou o sistema operacional da emissora, funcionava com apenas uma câmera portátil, dois videocassetes, um transmissor e alguns acessórios. As condições técnicas eram precárias. Com muita dedicação, a equipe inicial conseguia fazer um programa local.

Em 1993, o empresário Wirland da Luz Machado Freire comprou os direitos de transmissão da TV Tapajoara. A partir dessa data, começaram os investimentos na emissora, tanto na parte técnica como na grade de programação local. Hoje, a TV Tapajoara é uma das emissoras mais bem equipadas do oeste do Pará.

CRONOLOGIA DA COMUNICAÇÃO

A partir do ano 1989, o mesmo canal 6 pertencente a Ita Negócios e Participações Ltda., que fora lacrado em 1985, foi negociado com o empresário Aldo Inácio, o "Seu Mané". Ele legalizou e instalou em anexo a Rádio Itaituba no Chapéu do Povo. Na época, eu trabalhava na rádio e o Alexandre Perim era revelador no Foto RI, também pertencente a "Seu Mané". Fomos chamados para montar a TV, tecnicamente, e toda programação com o nome de RTVI. Foi lá que surgiu a Maria do Carmo.

A emissora ficou poucos meses funcionando no Chapéu do Povo e foi vendida para Wilmar Freire. Jota Parente, que era o grande articulador das campanhas políticas do então candidato a deputado estadual Wilmar Freire, assumiu o processo de transferência e montagem da emissora na 17ª Rua do Bairro Bela Vista, nascendo assim a TV Eldorado canal 6.

Jota Parente, que era o diretor, me convidou para acompanhar todo processo de montagem com Elias Silva. Chamamos o técnico Fortunato, o "Nato da ITEL", que nos ajudou a montar. Em 1990, eu e Jota Parente fomos a São Paulo na sede da Rede Bandeirantes, onde Jota Parente assinou todas as documentações necessárias para a retransmissora da Rede Bandeirantes. No mesmo ano, estreamos a programação local com o jornal Eldorado na apresentação de Maria do Carmo e Carlos Cavalcante.

Fizeram parte da primeira equipe de reportagem Fleury Colares, Lamberto de Carvalho e, na parte técnica, Norton Franklin e José Mário

A gênese de Ita

Dutra, Elias Felipe, Elias Alencar e eu. Uma das grandes coberturas da TV Eldorado foi de um incêndio na Travessa 13 de Maio.

SEBASTIÃO LIMA: NAVEGANDO NO EMPREENDEDORISMO

Em 1991, o jornalista Thompson Mota, que prestava assessoria ao então prefeito Benigno Régis, conseguiu a permissão junto ao Ministério das Comunicações de mais um canal de retransmissora para Itaituba.

Sebastião Lima, que tinha uma produtora de nome Mídia Produções, a qual produzia a publicidade da prefeitura, foi convidado para implantar o canal dois, retransmissor da Rede Record, usando como contrapartida seus equipamentos da Mídia Produções. Esse canal funcionou em caráter experimental por poucos meses, saindo do ar pela queda da torre depois de um forte temporal.

Benigno, não querendo mais a sociedade, deixa Sabá sozinho e Thompsom Mota vende os direitos de retransmissão da TV Itaituba Canal Dois (Record) para Silvio de Paiva Macedo, fazendo parte das negociações um fusca de entrada e o restante em dinheiro. Silvio montou novamente a emissora. Dessa vez, no bairro Jardim das Araras, onde aconteceu o improvável, a torre veio novamente ao chão.

Depois dessas intempéries, a emissora teve uma rápida passagem pelo clube Chapéu do Povo, até sua transferência para a Hugo de Mendonça. Depois, foi feito um consórcio de empresários tendo à frente Hilton Aguiar fechando a compra do Silvio Macedo, começando oficialmente sua programação local. Em meados de 2012, um forte temporal provocou outra tragédia com a torre. Diante dessas problemáticas, o Deputado Hilton Aguiar, diretor da emissora, resolve mudar em definitivo para a cidade alta.

A gênese de Ita

TV MUIRAQUITÃ SURGE NO CENÁRIO ITAITUBENSE

O canal treze que usava o nome TV Muiraquitã e transmitia a programação da Rede Globo foi instalado em 1993. É o quarto na ordem histórica, hoje TV Liberal. Sebastião Lima ficou no prédio de Benigno Régis, com equipamento, mas sem rede e sem canal, então foi a Belém e negociou com a TV Liberal os direitos de retransmissão da Rede Globo e o canal treze.

Para fortalecer o empreendimento, convidou o empresário Valmir Climaco para ser seu sócio na emissora, que começou com o nome de TV Muiraquitã, onde ele mesmo era o diretor, repórter e apresentador. Mais tarde, em virtude de problemas políticos, Valmir comprou a parte da sociedade de Sebastião Lima.

Nessa época, a emissora teve como diretor-geral o senhor Emilio Carlos Piccardo. Em 2002, a TV Liberal faz uma intervenção assumindo o controle administrativo e troca o nome de Muiraquitã para TV Liberal Itaituba.

O repórter jornalístico Eliel Sodré assumiu a direção. Mesmo não tendo programação local, a emissora possui um núcleo de jornalismo que cobre os fatos importantes de Itaituba e região e as matérias são exibidas por meio do programa Bom Dia Pará, Jornal Liberal I Edição e Jornal Liberal II Edição.

Em agosto de 2004, surgiu o primeiro canal UHF em Itaituba, o 28 da TV Nazaré. Em 2004, também foi instalado o canal 4 da Rede TV, dando início à sua programação local somente no ano de 2006, pela TV Cidade Dourada.

A Rádio Itaituba foi a primeira da cidade, inaugurada em julho de 1988. Dois anos depois, a Ita Negócios e Participações ganhou uma nova concessão, que deu origem à Rádio Clube de Itaituba, vendida para a Assembleia de Deus em 1993. Em 2001, inaugurou seu próprio estúdio.

A gênese de Ita

O projeto de implantação da Rádio Comunitária Alternativa FM começou em1999, por cinco entidades: Associação São Francisco de Assis, Associação Comunitária São Sebastião, Movimento S.O.S. Tapajós, Sindicato dos Trabalhadores Rurais de Itaituba e Prelazia de Itaituba.

A equipe de viabilização do projeto passou por muitas dificuldades burocráticas e financeiras. Mas, em setembro de 2002, foi autorizada pela Anatel, órgão regulador dos meios de comunicação, a começar sua transmissão em caráter experimental. Depois de quatro anos de luta, finalmente a inauguração em 15 de janeiro de 2003.

A Associação Rádio Comunitária Alternativa FM tem na sua grade de programação programas voltados para o interesse da comunidade itaitubense, com o objetivo de formar e informar a todos em busca de uma comunidade mais justa e solidária.

TV TAPAJOARA NAS ONDAS DO RÁDIO

Em 2009, a Rádio Itaituba, totalmente desestruturada tanto na sua programação como tecnicamente, funcionava precariamente na nova de Santana, ao lado da praça do congresso, e ainda com cinco anos de outorga junto ao Ministério das Comunicações vencida. Wilmar Freire chamou eu e o Marlúcio Couto para nos entregar a mesma. Eu disse ao nobre chefe que não queria, já tinha problema demais com a TV. Ele, em tom de brincadeira, disse: "você não está entendendo. Eu não estou pedindo, estou mandando".

Ordem dada, missão assumida. Imediatamente, começamos o processo de reestruturação da emissora, agora com o nome de Rádio Tapajoara. Seus estúdios foram anexados no prédio TV Tapajoara.

A gênese de Ita

PARCERIA DE GREGO

A torre da Rádio Itaituba instalada no bairro Bom Jardim servia também a Rádio Clube, desde 1993, quando a Igreja Assembleia de Deus comprou do "Seu Mané". Em 2010, a torre caiu e ficaram fora do ar as duas por um determinado tempo. A liderança da Assembleia de Deus em Itaituba já tinha construído uma torre no bairro Laranjal, mas não tinha energia.

Havia um agravante em relação a essa situação devido ao bairro Laranjal integrar uma área indígena. Em uma das visitas da governadora Ana Julia, por meio do deputado Federal Zé Geraldo, eu e Weliton Lima solicitamos uma audiência. Na ocasião, o deputado já havia exposto o problema e a governadora determinou que o chefe de gabinete Poty se reunisse com a nossa equipe.

A reunião aconteceu na casa da Suely, onde Weliton Lima expôs toda a situação ao secretário. Em quinze dias, chegou uma autorização para a CELPA fazer a extensão da rede elétrica. Então, passou a Rádio Clube a dividir sua torre com a Rádio Tapajoara. Mas em julho de 2014, o diretor da Rádio Clube, Antônio Bernardo, em um documento nos comunicava que não seria mais viável a permanência da Rádio Tapajoara em sua torre, e nem sequer deu um tempo, simplesmente tirou a emissora do ar.

Eu, com meu diretor Wilmar Freire, ainda nos reunimos com ele, pedindo mais um tempo, mas ele foi radicalmente contrário, esquecendo-se dos dezesseis anos que foi servido e, fundamentalmente, um dos princípios cristãos que sua igreja prega, ou seja, servir primeiro.

Em setembro de 2014, a torre da Rádio Tapajoara voltou a ser instalada no Bom Jardim e a direção da emissora criou no local uma área de lazer para os funcionários.

Em 2012, foi instalado outro canal UHF, canal 45, retransmitindo o sinal da Record News. Funcionou em um clube da cidade, depois no

Porto Seguro. Em 2017, a outorga do canal foi devolvida ao grupo Cachoeira do Sul TV, pertencente à Igreja Adventista do Sétimo Dia, que foi transferida para uma de suas igrejas que funciona no Bairro Piracanã.

Em 10 de novembro de 2017, foi inaugurada com o nome de TV Novo Tempo, a sua programação é toda nacional no segmento evangélico.

A RÁDIO ITAITUBA, QUE FOI TAPAJOARA, MIGRA PARA ITA FM

Após a diretoria da Tapajoara ter feito todo o processo de legalidade e renovação da outorga 850 Kits, entregou para o diretor presidente da Ita negócios e participações ltda., Wilmar Freire, em 1º de março de 2018, em que terceirizou para um grupo oriundo do Estado do Mato Grosso, tendo à frente o radialista Aroldo Bernardo de Sousa, que realizou o processo de migração para a frequência modulada. Começando a sua programação em 17 de dezembro de 2018.

DA MESA DE CORTE COM UM TECLADO DE LIQUIDIFICADOR PARA A ERA DA TV DIGITAL

A história é vivida, escrita e renovada a cada dia, a evolução da televisão em Itaituba foi de um passo gigantesco. Eu fui muito abençoando por Deus, pois tive o privilégio de ser um personagem participante da história oficial do analógico ao digital, colaborando com o processo de construção dessa historiografia de uma ponta a outra. Da mesinha de corte de imagem, feita com teclado de um liquidificador, às plataformas digitais e à televisão de alta definição HDTV, as principais emissoras de Itaituba são referências nessa região.

A gênese de Ita

A primeira a fazer a migração para o sistema digital foi a TV Itaituba, afiliada da Rede Record, pertencente ao deputado estadual Hilton Aguiar. O processo de implantação foi curto, mais ou menos em três anos, entre projetos, compra de equipamentos e montagem, em que veio um técnico da Hitachi para ativação do transmissor digital. A inauguração oficial do canal 33 digital e 2,1 virtual aconteceu em 21 de junho de 2018.

A TV Itaituba é dirigida pelo advogado Igor Aguiar e tem na sua grade de programação local um jornalismo bem atuante, com os repórteres e apresentadores Pedro Filho, Junior Ribeiro, Marinaldo Silva e outros.

Em 2018, a TV Tapajoara também deu mais um passo importante no processo evolutivo da comunicação em Itaituba. Nesse ano, a emissora montou uma superprogramação com cinco eventos para comemorar seus trinta anos de atuação na cidade e lançar seu sinal HDTV.

Com o *slogan* "TV Tapajoara 100% digital lado a lado com Itaituba, assim como o Rio Tapajós", inaugurou seu sinal em 16 de outubro de 2018.

A TV Tapajoara pertence ao grupo Wilmar Freire, tem na sua grade de programação local cinco programas voltados todos com a visão de televisão de aproximação e com a maior equipe de jornalismo e experientes repórteres e apresentadores: Fleury Colares, Weliton Lima, Mauro Torres, Marcio Viera, Sammya Ferreira e Yngredy Barreto.

O ano de 2018 foi muito especial para a comunicação itaitubense, pois duas emissoras de televisão migraram para o HDTV e uma de rádio para FM (Frequência Modulada).

FOCALIZANDO NO AR

Tudo começou no ano de 1993. Nessa época, no aspecto econômico, o município de Itaituba ainda vivia os fortes reflexos deixados pelo ciclo do ouro. No Brasil, a dupla Chitãozinho e Xororó estourava na música sertaneja com o sucesso "Pensando em minha amada". Enquanto isso, o cantor e compositor Amilton Ramos mostrava a Itaituba e região o "Brasil do Ouro". Nesse ano, Itaituba dava seus primeiros passos em direção à redemocratização política, pois vivia apenas o terceiro mandato de um governo municipal eleito democraticamente após o regime militar.

Os problemas sociais começavam a aumentar com o alto índice de criminalidade e prostituição, além da extração do ouro que cada vez ficava mais escasso, obrigando muitos trabalhadores dessa área a retornarem para a cidade e formarem um exército de reserva excluído do mercado de emprego. No esporte, a equipe do América ganhava seu primeiro título, após a criação da Lida Esportiva de Itaituba.

Em meio desses e de outros acontecimentos, o empresário Wirland da Luz Machado Freire começava a escrever sua história política em Itaituba, adquirindo, junto ao ex-prefeito Silvio Macedo, os diretos de transmissão da TV Tapajoara canal 7, afiliada ao Sistema Brasileiro de Televisão (SBT).

Dia 15 de julho de 1993 foi uma data especial para a emissora, agora com nova direção: o programa jornalístico "Focalizando" fez a sua estreia tendo como apresentadores Maria do Carmo e Fleury Colares. O programa foi idealizado pelo jornalista Jota Parente, garantindo um formato específico de câmeras soltas e *stand ups* herdados do programa da rede "Aqui Agora".

O "Focalizando" começou logo a criar sua identidade própria, passando a ser o principal instrumento de informação social e aproximação comunitária. Dessa forma, inseriu em suas pautas as questões sociais da cidade e das comunidades do interior. Nesse sentido, transformou-se em um verdadeiro porta-voz da população, principalmente da população de menor poder aquisitivo.

A gênese de Ita

O *Focalizando* testemunhou e registrou a chegada de alguns dos instrumentos que fazem parte do processo de aceleração da globalização no município como, por exemplo, o Linhão de Tucuruí, a internet e alguns veículos de comunicação.

A equipe do *Focalizando* vem produzindo um noticiário de profundidade, conduzindo o telespectador ao palco das ações, demonstrando os sentidos dos fatos, relacionando-os com as diferentes dimensões da realidade social, econômica e política.

O noticiário foi e continua sendo responsável por muitas transformações na comunidade, por meio das denúncias dos telespectadores, opinião emitida pelo seu editor e a informação mostrando os dois lados da notícia, para o telespectador também fazer sua análise.

Fleury Colares, que está há quase três décadas na bancada do *Focalizando* apresentando o informativo, recorda fatos que marcaram muito sua trajetória como apresentador: "O maior incêndio da história de Itaituba aconteceu na travessa Treze de Maio. Nós íamos passando no exato momento que iniciava o incêndio e registramos tudo. Nessa época, não havia o corpo de bombeiros, a situação foi dramática com muita gente chorando. Os moradores faziam o que podiam para apagar aquele fogaréu todo", relembrou Fleury.

Conforme Fleury, outro fato marcante foi a chegada do corpo do então prefeito Wirland Freire, que faleceu em agosto de 2002, na capital paulista. Uma multidão tomava conta do aeroporto, muitos carros, motocicletas, bicicletas e até mesmo muitas pessoas seguiam andando para acompanhar o cortejo até a residência dos Freire. As margens da Rodovia Transamazônica também concentravam muita gente chorando pela perda do líder mais popular de Itaituba.

Fleury relata também um momento de medo: "Tive medo ao cobrir o acidente que aconteceu com o avião do empresário Valmir Climaco em uma floresta alagada. Eu e o cinegrafista Dioney Alves fomos os primeiros a chegar no local, porém nos perdemos na mata e fomos encontrados por colegas da Rede TV, que também cobriam o acidente", assim concluiu Fleury Colares, falando de suas experiências como apresentador do mais importante informativo itaitubense.

Outro caso marcante na história do "Focalizando" aconteceu no ano de 2009, no governo do Roselito Soares. O então líder do governo Luís Fernando Sadeque, o Peninha, entrou na minha sala, se sentou na cadeira do meu colega de direção Marlúcio Couto e exigiu que uma matéria não fosse para o ar. Eu não sabia qual o teor da denúncia e chamei o diretor de jornalismo Weliton Lima para conversar com o Peninha. O nobre vereador, ainda sentado na cadeira da direção, ligou para Da. Maria, matriarca da família Freire, proprietária da TV Tapajoara, dizendo que, se a matéria fosse ao ar, mandava suspender a verba publicitária que a prefeitura pagava para a emissora. Terminou que a matéria foi mesmo ao ar.

Um ano depois, prestava conta com a história tanto o prefeito como o vereador. História essa contada à luz da verdade pelo próprio "Focalizando". Em 2013, o vereador trocou de partido, foi para o PMDB e conseguiu seus direitos políticos, sendo eleito, mas não assumindo a cadeira no primeiro momento, somente em 2014, por decisão do TRE, foi diplomado e voltou para a câmara como salvador da pátria e mais uma vez o *Focalizando* registrando.

QUEM SOU EU?

IVAN, QUAL DIA, ANO, CIDADE E ESTADO EM QUE VOCÊ NASCEU?

Nasci na madrugada do Dia de Reis (6 de janeiro) de 1963, na cidade de Pinheiro, estado do Maranhão, um ano antes do Golpe Militar no Brasil, quando José Sarney já era poeta e dono daquele lugar.

COMO FOI SUA INFÂNCIA? MUITOS SONHOS?

Fui vivendo e crescendo com meus sonhos de jogador frustrado, entre as aulas do grupo escolar e as peladas em um campinho improvisado. De um igarapé ao outro, com meu calção encharcado e os pés enlameados do que chamamos de tabatinga dos igapós, assim corria como a maioria dos meninos, sem nenhum medo da vida. Brinquei muito, estudei. Minha primeira professora foi minha irmã mais velha.

Aprendi a rezar com minha mãe, também comecei a ajudar meu pai muitas vezes na lavoura no plantio de tabaco, onde recebia um trocado. Aos 7 anos, realizei um grande sonho, tomar uma lata de leite moça sozinho, e assim fiz nos altos de um cajueiro. Portanto tive uma infância e adolescência felizes nas devidas proporções.

QUAL FATOR QUE PESOU PARA A MIGRAÇÃO DE SUA FAMÍLIA PARA O PARÁ?

Como acontece com a maioria dos nordestinos, a migração para outras regiões é sempre a questão econômica e, consequentemente, a busca por uma melhor qualidade de vida.

No caso da minha família, não foi diferente e o processo migratório foi acontecendo gradativo. Na metade dos anos 70, enquanto o Brasil ganhava mais uma copa, uma das minhas irmãs casou com um topógrafo que trabalhava no 8º Batalhão de Engelharia em Santarém. Esse casamento foi um divisor de águas para nossas vidas.

Eu e meus pais fomos os últimos da família a vir para terras santarenas. Em 1974, tinha eu então 11 anos de idade.

SUA VIDA ESCOLAR, COMO FOI?

Concluí o ensino fundamental na escola Almirante Soares Dutra, em Santarém, e o ensino Médio, no Álvaro Adolfo da Silveira. Em paralelo, também estudei 2 anos de eletricidade no SENAI e fiz uma graduação em Sociologia na ULBRA.

COMO SE DEU O INÍCIO DE SUA VIDA NO MERCADO DE TRABALHO?

Minhas primeiras ocupações foram trabalhando como autônomo, aos 16 anos. Com o curso que tinha feito no SENAI, fazia

A gênese de Ita

pequenas instalações elétricas e rebobinagem de motores. Desisti da profissão quando tive que enrolar uma bobina que era maior que eu, não conseguindo colocar na ranhura do rotor. Isso aconteceu em Santarém. Meu primeiro emprego de carteira assinada foi na TV Tapajós.

COMO FOI SEU INGRESSO NO RAMO DE COMUNICAÇÃO?

Em 1978, a TV Tapajós de Santarém começava suas transmissões em fase experimental. O Dr. Denis Brandão, engenheiro responsável pelo projeto, precisava de alguns estagiários para a emissora, eu era recém-formado no curso técnico. Wilson Calderaro, diretor do Serviço Nacional de Aprendizagem Industrial, onde fiz o curso me indicou. E assim foi meu ingresso no ramo da comunicação.

EM QUAIS SETORES VOCÊ ATUOU NA TV TAPAJÓS?

Tudo começou mesmo na TV Tapajós de Santarém, como estagiário, depois operador de áudio, de VT, iluminador, cinegrafista, telecine, revisor de filme, operador de telex e assistente técnico. Tudo isso foi um grande aprendizado, pois tive a oportunidade de trabalhar com grandes nomes da televisão, como o engenheiro eletrônico Denis Brandão, hoje chefe do núcleo de engenharia da TV Liberal e outros.

A TV Tapajós foi minha grande escola. Na época da sua implantação, era a afiliada da Globo mais moderna da região norte, isso foi notícia dentro do Jornal Nacional.

A gênese de Ita

COMO SE DEU SUA MUDANÇA PARA ITAITUBA?

Foi bem inusitada minha mudança da Pérola do Tapajós para a cidade Pepita. Enquanto lamentava a derrota do Brasil para Itália, em 1982, aproveitei para tirar férias do Tapajós e vir para Itaituba a passeio. Fiquei na casa da minha irmã e do meu cunhado Rai-Fran. Tudo aconteceu no aniversário da Ana Lídia Oliveira, quando me deparei com Chico Caçamba e Altamiro Raimundo sentados em uma mesa com suas respectivas esposas e fui apresentado pelo Rai-Fran aos pais da televisão Itaitubense.

Chico Caçamba sonhava com uma televisão de verdade, e eu embarquei nesse sonho do Chico, aceitando seu convite para trabalhar em sua televisão. Depois de um banho delicioso nas águas da sonda, voltei para Santarém somente para pedir desligamento da Tapajós e pegar minhas coisas, e ser um itaitubense por convicção.

COMO FOI O PROCESSO DE MUDANÇA?

A mudança foi algo paradoxalmente estonteante, pois sair de uma emissora que era tecnicamente referência nacional na época e deparar com algo muito doméstico foi um tremendo choque. Só para você ter uma ideia, a betoneira de corte era um teclado de liquidificador e a mesa de áudio, uma caixa coberta com uma bandeja daquelas de servir café, onde ficavam os potenciômetros. Mesmo assim, eram produzidos programas locais.

Já havia grandes profissionais que faziam verdadeiras mágicas, como: Nazaré Nanci, que tinha vindo da Rede Amazonas e era diretora de pro-

A gênese de Ita

gramação, além de Marilene Silva, Aroldo Pedrosa, Norton Franklin, Sebastião Lima e outros. A TV Itaituba, canal 6, era retransmissora da programação da Globo. Funcionou de 1979 até 1985, quando teve seus transmissores lacrados por irregularidade pelo Departamento Nacional de Telecomunicações DENTEL.

COMO ERA A QUESTÃO SALARIAL NA ÉPOCA?

O salário pago pelos diretores não era grande coisa, mas dentro da realidade econômica do município dava para sobreviver, até porque a emissora era subsidiada pelos próprios diretores, que eram empresários bem-sucedidos em Itaituba.

QUAIS ERAM OS DESAFIOS TÉCNICOS?

Lembro-me de muitas dificuldades, principalmente na área técnica. Para se gravar uma externa, tinha que levar uma câmera que tinha um vídeo externo e grande. A gente empurrava em um carrinho de mão e ainda uma bateria de moto, que era a menor que tinha.

O refletor era uma cruz com várias lâmpadas. Um dia fomos gravar um incêndio na Hugo de Mendonça. No corre-corre, o carrinho quebrou. Foi equipamento para tudo que foi lado, terminou que não gravamos nada.

Em relação à interferência dos donos, isso sempre existiu. Mas um fato marcante para mim foi quando o Antônio Cardoso, o Popular Dafinha, veio para Itaituba e fez um trabalho no Estádio Olegário Furtado, cercando-o todo de madeira para um jogo que ele estava promovendo. Então, se dirigiu até a casa do Samuel Bemerguy, o Samuca, que também era um dos donos da emissora, pedindo que ele tirasse a TV do ar, devido ao seu evento, pois atrapalharia. Imagine só quem era o jogo que ia passar, era somente da Seleção Brasileira.

COMO ERA O CONTEXTO SOCIOECONÔMICO NA ÉPOCA?

Apesar da violência e conflitos sociais, o município naquela época ainda era área de segurança nacional, pois vivíamos sob o regime militar. A direção da emissora tinha grande amizade com o comando do BIS, que nos respaldava muito. Mesmo assim, o próprio exército levou o colega Aroldo Pedrosa para passear por duas vezes. O motivo, um evento de música chamado Festival da Democracia, mas nada de mal lhe aconteceu.

COMO FOI SUA EXPERIÊNCIA NA RÁDIO ITAITUBA?

Minha passagem pela rádio Itaituba foi em função do fechamento da TV em 1985. Ficamos sem emissora de televisão por 3 anos. Nesse período, o principal veículo de comunicação era o jornal Folha de Itaituba, do Peninha. Então fiquei quase 3 anos trabalhando com meu cunhado comprando ouro.

No início de 1988, o empresário Aldo Inácio montou a Rádio Itaituba e me convidou para trabalhar como operador. Mais tarde, o jornalista Jota Parente veio de Santarém para dirigir a emissora. Precisava, além de montar toda a programação, de uma equipe de esporte, e me convidou para fazer um teste. Assim, começou minha curta carreira de repórter esportivo. A lembrança maior é que saí de um jogo entre Grêmio e América escoltado pela polícia, pois a torcida queria me pegar.

A gênese de Ita

E SUA PASSAGEM PROFISSIONAL PELA BAND, COMO FOI?

Foi uma ótima fase de crescimento profissional. Recordo-me de que o empresário Wilmar Freire comprou os direitos de retransmissão do canal 6 do Seu Mané, entregando para o Jota Parente cuidar de toda restauração da emissora, foi quando fui chamado novamente para trabalhar na parte de implantação técnica, com Jota Parente, onde ficamos até 1993.

E A QUESTÃO SOCIAL?

Em 1990, nós ainda estávamos na Eldorado. Itaituba passava por grandes transformações socioeconômicas, o ouro já se tornava escasso e as mazelas sociais aumentavam, mas o processo de aceleração da globalização avançava, com chegada do Linhão de Tucuruí e abertura de novas emissoras de rádio, televisão e internet. A cidade começava a ganhar cara de administração pública, com o calçamento das ruas.

COMO A TV DE PROXIMIDADE COLETIVA PASSOU A FAZER PAUTA DA INFORMAÇÃO?

Eu sempre imaginei fazer uma televisão mais próxima da comunidade possível, com qualidade técnica, o que sempre foi uma dificuldade no interior. A construção dessa ideia já havia, tanto na gestão do Silvio Macedo por ser muito popular, como a do Jota Parente, que popularizou o esporte no SBT, que nunca teve nenhuma tradição, também a criação do *Focalizando*. Então a vocação por um conceito televisão de proximidade já existia.

ITA, MEU DESEJO

Eu queria gravar o ITA em pedras grandes, para que as gerações futuras conhecessem. Porém agora gostaria que fosse gravado no coração de cada itaitubense. Assim, poderemos amar muito mais essa cidade de pedras miúdas e de muitas nascentes de águas.

Ao longo desses 149 anos, essa terra-mãe-diva tem acolhido a tantos e saciado a sede e a fome de um povo com suas terras férteis, sustentado o sonho de muitos nordestinos que bateram asas como a *Asa Branca*, de Luiz Gonzaga, e aportaram nessa terra que tudo que se planta dá. Filhos adotados de outras regiões também comungam da fartura, dos seus lençóis, mananciais e do exuberante Tapajós.

Eu que também vim de lugar distante, plantei minhas raízes e fiquei, mas reconheço que temos feito quase nada por essa terra que tem nos dado tudo. A ideia do Ita é chamar atenção para uma reflexão sobre o nosso modo de viver, de pensar e produzir.

Ivan Araújo

REFERÊNCIAS

COSTA, FRANCISCO DE ASSIS *In:* Grande capital e agricultura na amazônia - A experiência Ford no Tapajós - Belém NAEA, 2012, p. 27.

FGV. *Revolta de Jacareacanga.* Disponível em: <https://cpdoc.fgv.br/producao/dossies/JK/artigos/Politica/Jacareacanga>. Acesso em: nov. de 2019.

IBGE, Cidades. Disponível em: <https://www.ibge.gov.br/cidades-e-estados/pa/itaituba.html>. Acesso em: nov. de 2019.

Lei 1790/05. Associação dos Filhos de Itaituba - ASFITA.

LEOPOLDIANUM: revista de Estudos e Comunicação da Universidade Católica de Santos, Ano 27 de Abril/2002 – nº. 76. p. 88.

MUSEU ARACY PARAGUASSÚ. Acervo Documental – 2020.

PAES LOUREIRO, João de Jesus. *Cultura amazônica: uma poética do imaginário.* São Paulo: Escrituras Editora, 2000.

REVISTA DE SOCIOLOGIA E POLÍTICA Nº 919. *O Estado Novo.*

TURISMO FONTE DE DESENVOLVIMENTO. Disponível em: <https://www.itaituba.pa.gov.br/noticia/42/turismo-fonte-de-desenvolvimento/>. Acesso em: set. de 2019.

VIGILÂNCIA SOCIOASSISTENCIAL, 2019. Diagnóstico Socioterritorial de Itaituba, 2018.

Livro impresso pela Gráfica Paym.
Composto pelas tipologias Adobe Garamond Pro e Cinzel.